职业教育新课标新形态教材系列·新能源汽车技术

新能源汽车轻量化技术

主　编　龙海强　吕向飞　韩洋祺
副主编　谭正生　邓钦文　邱　红
参　编　李星月　古永明　路军锋

本书按照新能源汽车相关专业技能人才培养中的轻量化技术相关课程要求组织编写，并紧密围绕新能源汽车等车辆结构材料特性、材料选用和轻量化技术等方面展开，充分发挥校企合作优势，具有明显的实践性特色。本书涵盖了工程材料基本特性、汽车常用材料、汽车节能减排与轻量化、汽车轻量化技术路径、汽车结构基本性能、结构仿真优化案例等内容。

本书适合作为职业院校汽车类专业、机械类专业结构轻量化技术相关课程的教材，也可以作为职业技能培训教材或者机械类工程技术人员的学习用书。

图书在版编目（CIP）数据

新能源汽车轻量化技术 / 龙海强，吕向飞，韩洋祺主编. -- 北京：机械工业出版社，2024.11. --（职业教育新课标新形态教材系列）. -- ISBN 978-7-111-77196-8

Ⅰ. U465

中国国家版本馆CIP数据核字第2024MT1244号

机械工业出版社（北京市百万庄大街22号 邮政编码100037）
策划编辑：李　军　　　　　责任编辑：李　军　丁　锋
责任校对：郑　婕　张昕妍　　封面设计：马精明
责任印制：刘　媛
涿州市般润文化传播有限公司印刷
2025年1月第1版第1次印刷
184mm×260mm·12印张·295千字
标准书号：ISBN 978-7-111-77196-8
定价：59.90元

电话服务　　　　　　　网络服务
客服电话：010-88361066　机　工　官　网：www.cmpbook.com
　　　　　010-88379833　机　工　官　博：weibo.com/cmp1952
　　　　　010-68326294　金　书　网：www.golden-book.com
封底无防伪标均为盗版　机工教育服务网：www.cmpedu.com

编委会

主　任：王　勇（重庆电子科技职业大学）

副主任：龙海强（重庆城市管理职业学院）
　　　　陈保帆（重庆水利水电职业学院）
　　　　刘　洋（重庆轻工职业学院）
　　　　谭正生（重庆化工职业学院）
　　　　张俊峰（重庆电子科技职业大学）
　　　　段海林（重庆长安汽车股份有限公司）

委　员：韩　颖（重庆水利水电职业学院）
　　　　罗　宏（重庆水利水电职业学院）
　　　　赵馨月（重庆水利水电职业学院）
　　　　罗富娟（重庆电讯职业学院）
　　　　熊思琴（重庆水利水电职业学院）
　　　　肖　尧（重庆水利水电职业学院）
　　　　吕世明（重庆水利水电职业学院）
　　　　周　欢（重庆水利水电职业学院）
　　　　李翠兰（重庆轻工职业学院）
　　　　任　飞（重庆科创职业学院）
　　　　吕向飞（重庆城市管理职业学院）
　　　　陈永康（重庆轻工职业学院）
　　　　周超军（重庆化工职业学院）
　　　　侯　博（重庆海联职业技术学院）
　　　　谭志存（重庆青年职业学院）
　　　　苏仕见（重庆水利电力职业学院）
　　　　韩洋祺（重庆建筑科技职业学院）

前　言

为了深入贯彻《国家职业教育改革实施方案》等文件精神，落实高等职业院校新能源汽车技术专业教学标准，满足新能源汽车技术专业课程资源更新需要，本书围绕新能源汽车产业轻量化领域的新材料、新工艺、新技术应用等特点开展编写。随着我国新能源汽车产业的快速发展和新能源汽车消费市场的高速增长，新能源汽车已成为我国汽车工业的重要增长点。我国汽车保有量不断增长带来了能源消耗增加和环境污染等问题。2020年9月，我国明确提出2030年"碳达峰"与2060年"碳中和"的"双碳"目标。为此，以轻量化为核心的新技术研究和应用正成为我国新能源汽车发展的热点和重要趋势。

本书采用项目制形式组织内容。项目1介绍工程材料基本特性认识，包括材料物理特性、材料力学性能与测试等内容；项目2重点阐述了汽车常用材料，包括钢材、铸铁、铝合金、镁合金、塑料材料、玻璃材料、橡胶材料、纤维材料等常用材料及应用实例；项目3分别讨论了汽车节能减排与轻量化的意义，主要包括我国能源需求发展、汽车节能与轻量化、汽车轻量化与安全等内容；项目4介绍了汽车轻量化技术路径，主要包括轻量化材料技术、先进成形工艺技术，以及轻量化设计技术在新能源汽车开发中的应用；项目5介绍了汽车结构基本性能要求，主要包括结构模态性能、刚度性能和结构优化基础理论；项目6讨论了结构仿真优化案例，包括结构静力学分析、结构模态分析、拓扑优化与案例应用、形貌优化与案例应用等内容。

本书编写团队由高等职业学院专业教师和企业工程师组成，编写团队在新能源汽车设计制造、新能源汽车教学等方面拥有丰富的教学经验和企业实践经验。本书由重庆城市管理职业学院龙海强、吕向飞，重庆建筑科技职业学院韩洋祺担任主编；重庆化工职业学院谭正生，重庆城市管理职业学院邓钦文、邱红担任副主编；重庆城市管理职业学院李星月，重庆福呗汽车技术股份有限公司古永明、路军锋等也参与本书编写。龙海强主要完成项目3编写及全书统稿；吕向飞主要完成项目4和项目5部分内容编写；韩洋祺参与完成项目1部分内容编写；谭正生参与项目1和项目5部分内容编写；邓钦文、邱红、李星月参与项目2、项目3及项目6等部分内容编写；古永明、路军锋为本书编写提供了企业应用案例支持。

本书作者团队依托产教融合和科教融汇平台，深度挖掘校企合作资源，旨在适应新能源汽车产业最新发展趋势和新能源汽车产业高技能人才培养最新需要，及时丰富和完善新能源汽车轻量化技术知识和技能教学资源，尽可能地收集最新的行业发展动态和最新技术及应用

成果，以使内容更加丰富和具有前瞻性。本书可以作为高职专科、职教本科等院校汽车类、机械类相关专业师生教材，也可作为汽车设计制造、机械设计等相关工程技术人员学习参考用书。由于新能源汽车产业的飞速发展，汽车材料与轻量化技术涉及的内容广泛且复杂，本书可能无法涵盖所有的细节和最新进展。同时，鉴于时间和编者专业能力等因素，本书在编写中难免有疏漏和不足之处，敬请各位同行、专家学者批评指正。欢迎读者提出宝贵的意见和建议，以便不断改进和完善教材。

在此，我们要感谢所有为本书撰写提供支持和帮助的专家和学者，感谢他们的辛勤付出和无私奉献，使本书得以顺利编写完成并出版。此外，本书编写工作得到重庆城市管理职业学院新能源汽车电安全仿真与热平衡智能控制实验室建设等项目支持，在此表示感谢。同时，我们也希望本书能够对汽车材料与轻量化技术的发展起到一定的推动作用，为建设美好的生态环境和可持续发展的未来做出一定贡献。

编　者

目 录

前言

项目 1　工程材料基本特性认识

任务 1　材料基本物理特性认识 / 002
1.1　任务导入 / 002
1.2　密度的认识 / 002
1.3　材料热学基础知识 / 004

任务 2　材料基本力学性能认识 / 008
2.1　任务导入 / 008
2.2　拉伸试验相关认识 / 008
2.3　基本力学性能参数 / 011

任务 3　材料其他力学性能认识 / 015
3.1　任务导入 / 015
3.2　硬度的认识 / 015
3.3　疲劳的认识 / 018

任务 4　构件负荷与材料工艺性认识 / 023
4.1　任务导入 / 023
4.2　构件的力学负荷 / 023
4.3　材料制造工艺性 / 025

任务 5　材料基础特性实践 / 029
5.1　任务目标 / 029
5.2　任务分析 / 029
5.3　实施计划 / 030
5.4　任务实施 / 031
5.5　实施评价 / 032
5.6　调整改进 / 033

拓展阅读 / 034

项目 2　汽车常用材料认识

任务 1　汽车常用黑色金属介绍 / 036
1.1　任务导入 / 036
1.2　金属材料分类 / 036
1.3　钢材分类及应用 / 037
1.4　铸铁及应用 / 043

任务 2　汽车常用有色金属介绍 / 047
2.1　任务导入 / 047
2.2　轻质有色金属的认识 / 047
2.3　铝合金及其应用介绍 / 048
2.4　镁合金及其应用介绍 / 050
2.5　其他有色金属应用 / 052

任务 3　汽车常用非金属介绍 / 054
3.1　任务导入 / 054
3.2　非金属材料的认识 / 054
3.3　塑料材料及其应用 / 055
3.4　玻璃材料及其应用 / 057
3.5　皮革材料及其应用 / 059
3.6　橡胶材料及其应用 / 061
3.7　纤维材料及其应用 / 063

任务 4　镁铝合金材料应用实践 / 066
4.1　任务目标 / 066
4.2　任务分析 / 066
4.3　实施计划 / 067
4.4　任务实施 / 067
4.5　实施评价 / 068
4.6　调整改进 / 069

拓展阅读 / 070

项目 3　汽车节能减排与轻量化介绍

任务 1　我国汽车发展与能源消费介绍 / 072
1.1　任务导入 / 072
1.2　我国汽车产业发展概述 / 072
1.3　我国能源需求发展概述 / 076

任务 2　节能减排与新能源汽车认识 / 078
2.1　任务导入 / 078

2.2 汽车节能减排认识 / 078
2.3 我国新能源汽车发展介绍 / 080

任务 3　汽车轻量化发展介绍 / 083
3.1 任务导入 / 083
3.2 汽车轻量化相关知识介绍 / 083
3.3 国内外汽车轻量化发展介绍 / 086

任务 4　汽车轻量化政策调查 / 089
4.1 任务目标 / 089
4.2 任务分析 / 089
4.3 实施计划 / 090
4.4 任务实施 / 090
4.5 实施评价 / 091
4.6 调整改进 / 092

拓展阅读 / 093

项目 4　汽车轻量化技术路径认识

任务 1　轻量化材料技术应用 / 096
1.1 任务导入 / 096
1.2 动力系统轻量化材料应用 / 096
1.3 底盘系统轻量化材料应用 / 098
1.4 车身系统轻量化材料应用 / 101
1.5 内外饰系统轻量化材料应用 / 104

任务 2　轻量化工艺技术认识 / 105
2.1 任务导入 / 105
2.2 激光拼焊技术 / 105
2.3 液压成型技术应用 / 107
2.4 热成形技术应用 / 109
2.5 其他工艺技术应用 / 111

任务 3　轻量化结构技术认识 / 113
3.1 任务导入 / 113
3.2 拓扑优化设计应用 / 113
3.3 形貌优化设计应用 / 115
3.4 形状优化设计应用 / 117

任务 4　典型零件成形工艺分析 / 118
4.1 任务目标 / 118
4.2 任务分析 / 118

4.3 实施计划 / 119
4.4 任务实施 / 119
4.5 实施评价 / 120
4.6 调整改进 / 121

拓展阅读 / 122

项目 5　汽车结构基本性能认识

任务 1　结构性能仿真认识 / 124
1.1 任务导入 / 124
1.2 有限元法简介 / 124
1.3 HyperWorks 介绍 / 126

任务 2　结构模态性能介绍 / 130
2.1 任务导入 / 130
2.2 车辆 NVH 性能介绍 / 130
2.3 车身系统模态认识 / 130
2.4 排气系统模态认识 / 133

任务 3　结构刚度性能认识 / 135
3.1 任务导入 / 135
3.2 车身刚度性能介绍 / 135
3.3 车身轻量化系数介绍 / 138
3.4 部件系统刚度介绍 / 139

任务 4　结构优化基础理论介绍 / 142
4.1 任务导入 / 142
4.2 结构优化基本认识 / 142
4.3 结构优化基础理论 / 144

任务 5　模态性能仿真实践 / 145
5.1 任务目标 / 145
5.2 任务分析 / 145
5.3 实施计划 / 146
5.4 任务实施 / 146
5.5 任务评价 / 147
5.6 调整改进 / 148

拓展阅读 / 149

项目 6　结构仿真优化案例介绍

任务 1　结构静力分析优化 / 152
1.1　任务导入 / 152
1.2　C 形结构静力分析 / 152
1.3　C 形结构拓扑优化 / 155

任务 2　碟形片模态分析优化 / 160
2.1　任务导入 / 160
2.2　碟形片自由模态仿真 / 160
2.3　碟形片约束模态 / 164
2.4　碟形片模态优化 / 165

任务 3　控制臂结构拓扑优化 / 168
3.1　任务导入 / 168
3.2　控制臂拓扑优化 / 168

任务 4　支架模态形貌优化 / 172
4.1　任务导入 / 172
4.2　任务描述 / 172
4.3　支架形貌优化 / 173

任务 5　优化案例实践 / 176
5.1　任务目标 / 176
5.2　任务分析 / 176
5.3　实施计划 / 178
5.4　任务实施 / 178
5.5　任务评价 / 179
5.6　调整改进 / 180

拓展阅读 / 181

参考文献 / 182

项目 1　工程材料基本特性认识

汽车工业是我国重要的经济产业,也是集先进技术、先进制造、优质材料等于一体的先进制造产业。优质的汽车产品生产制造离不开先进材料科学和技术的支持,汽车整车产品包括成千上万个零部件,整车零部件制造往往涉及数百种细分材料。汽车行业各类技术技能岗位从业人员也应该了解工程材料基本知识,以更好地适应专业岗位工作需要。

项目目标

学员完成本项目学习应当达成以下学习目标。

知识目标

- 理解工程材料密度、热膨胀性等基本物理特性。
- 理解金属材料拉伸实验及相关规范,了解材料硬度和疲劳相关知识。
- 理解构件常用负荷类型及特点,掌握常用材料制造工艺特性。

技能目标

- 能准确认识常见材料密度特性。
- 能正确解释金属材料拉伸曲线主要特征。
- 能根据金属材料拉伸实验数据计算屈服强度、抗拉强度等参数。

职业素养目标

- 培养自觉遵守技术标准、技术规范的敬业精神。
- 培养爱岗敬业、安全环保、规范操作的职业素养。

任务 1　材料基本物理特性认识

1.1　任务导入

物理性能是材料的基本性能之一，其通常指的是材料在各种不同的环境条件下，所表现出来的性质。材料的物理性能主要包括材料的热学、电学、磁学等几个方面的性能，其中每个方面都由多个内容组成，如材料的热学性能包括热容、热膨胀、热传导、热稳定性等。

1) 你知道相同大小的不同物体为什么会有质量差异吗？
2) 为什么不同零件装配后因为温度变化会引起连接松动或过于紧固？

本学习任务将结合新能源汽车结构常用材料介绍其基本物理性能，有助于让你认识和了解更多汽车材料相关知识。

1.2　密度的认识

高山流水、森林草原、飞禽走兽、人类及人类生活所需的各种物品都是由物质组成的，因此，世间万物都是物质的世界。物体所含物质的多少称为质量（mass），质量的基本单位是千克（kg）。材料是具有一定性能，是人类社会可以用来制造各类器件、构件、工具等各类物品的物质。因此，从这个角度讲，世界万物，凡能用者都可以称为材料。材料是人类文明、社会进步、科技发展的重要基础和标志。

1.2.1　密度的概念

生活中不难发现，不同物质组成同样大小的物体，其质量并不相同。例如，1m³ 的铁块和 1m³ 的木块质量差异明显。人们为了更客观地认识这种差异，就引入密度的概念。材料的密度是指单位体积内材料的质量，这也通常用来描述物质的紧密程度或者集中度。密度的定义是一个物体的质量除以其体积。在国际制度中，密度的单位是 kg/m³。结合密度的定义，我们可以用公式（1-1）所示的数学表达式来描述材料的密度。

$$\rho = \frac{m}{V} \tag{1-1}$$

式中，ρ 是材料密度，单位为 kg/m³；m 是物体的质量，单位为 kg；V 是物体的体积，单位为 m³。例如，通常 1m³ 的冰块的质量为 920kg，据此计算所得冰块的密度为 920kg/m³。根据实际情况需要，密度单位可以进行必要的等价换算，如 1000kg/m³=1kg/dm³。此外，液体的体积常常采用升（L）作为体积单位，1m³=1000L，因此，液体的密度单位也可以根据需要转为 kg/L。

密度是材料基本的物理特性，熟悉生活和工程技术常用材料密度有助于增强我们对材料的基本认识。表 1-1 收集整理了常见材料在常用测量条件下的密度信息。

表 1-1 常见材料的密度

材料名称	密度/（kg/m³）	材料名称	密度/（kg/m³）
水	1000	玻璃	2600
冰	920	铅	11400
银	10500	酒精	790
水银（汞）	13600	汽油	750
灰口铸铁	6600~7400	软木	250
白口铸铁	7400~7700	锌	7100
可锻铸铁	7200~7400	纯铜	8900
工业纯铁	7870	铅黄铜	8500
纯铝	2700	高强度合金钢	7820

注：工程参考数据，不同测量条件存在一定差异。

1.2.2 密度的特性

密度是材料在一定条件下反映出来的基本物理性能，然而密度并不是一个固定不变的物理量。当外界条件发生变化时，材料的密度也会相应地发生变化，如温度、压力等环境条件改变都会不同程度地影响材料的密度。

大多数物质在温度升高时密度会减小，因为分子间的热运动随温度升高而加剧，导致物体膨胀，其结果是物体体积增加、密度降低。因此，通常来说，多数气体、液体和固体在温度升高时都会引起密度减小，但有例外。例如，水在 4℃ 以下时，其密度随温度降低而增大；4℃ 以上时，其密度随温度增加而减小。这是由于水的分子结构在这个温度范围内发生变化，另外冰块随着温度升高而融化，由固体变为液态后其体积减小，密度增大。对于气体来说，根据理想气体定律，当压力升高时，如果温度保持不变，气体的密度也会增加。对于液体和固体，压力的变化通常对密度的影响较小，特别是在压力变化不明显时，液体和固体密度几乎不会变化。

1.2.3 密度的测量及应用

密度的测量方法通常有称量法和比重杯法两种。其中，称量法就是根据材料密度的意义，分别测量物体体积和质量，并应用公式（1-1）计算质量与体积的比值而获得材料的密度。

比重杯法是以常温下水的密度和相对密度为基础，通过将物体浸入装满水的量杯中，分别记录装满水的量杯质量 m_1、置入物体溢出水后的量杯质量 m_2 和取出物体后的量杯质量 m_3

三个状态的质量数据，然后应用公式（1-2）计算获得材料的密度。

$$\rho = \rho_{水}(m_2-m_3)/(m_1-m_3) \qquad (1-2)$$

密度是材料的基本物理属性，在工程建筑、航空航天、化学工业、食品工业、环境科学等各个领域都有不同的应用。在建筑和工程中，密度是结构设计和材料选择的重要考虑因素，不同材料的密度影响到结构的整体质量和稳定性。工程师使用密度来计算材料的体积和质量，从而确定结构的负载和耐久性。

在航空航天工业中，了解材料的密度对于轻量化结构设计至关重要。轻量化可以减少飞行器的燃料消耗和提高性能。密度特性在燃料和液体推进剂设计中也发挥着重要作用。在化学工业中，密度可以用于确定溶液中物质的浓度。浓度是在制备溶液、反应和控制反应条件时需要考虑的重要参数。此外，密度还在化学品的生产和质量控制中发挥着关键的作用。在地球科学中，密度是研究地球内部结构和成分的关键参数。地球不同层次的密度变化提供了关于地幔和地核的信息。密度也在勘探和挖掘矿产资源时有着重要的应用，帮助确定地下物质的性质。在食品工业中，密度常用于测量食品中各种成分的浓度，如糖浓度、脂肪含量等。密度测量还可用于检测食品中的空气被混入的程度，这对于保持食品的质量和口感至关重要。在环境科学中，密度可用于研究大气和水体的物理特性，密度差异可以影响气体和液体的运动和循环。密度测量在研究海洋中的盐度和温度分布时也同样发挥了重要作用。

1.3 材料热学基础知识

材料的基本热学性能主要包括热容、热膨胀、热传导、热稳定性等内容。从微观结构角度理解，材料的这些热学特性都直接与晶格振动有关。晶格是构成材料晶体的质点阵，这些质点总是在各自平衡位置附近做微小的振动，这被称为晶体的晶格振动或点阵振动。温度高低反映了晶格振动的强弱程度，因此晶格振动也常常被称为热振动。

1.3.1 热容的认识

热容是一个物理学概念，它描述了一定条件下的物质系统与环境之间进行热量交换的能力。具体来说，热容是指当系统因受到微小的热量增量 dQ 而导致温度增量 dT 时，这个增量的比值 dQ/dT。热容通常用符号 C 表示，其单位是焦耳每开尔文（J/K）。从物质的微观角度讲，热容也是晶格振动在宏观性质上的表现之一。热容也是指当物质吸收热量温度升高时，温度每升高 1K 所吸收的热量。单位质量材料的热容称为比热容或质量热容，单位为 J/(kg·K)。生产生活中常见材料的比热容见表 1-2。

表 1-2 常见材料比热容

材料名称	比热容/(J/kg·K)	材料名称	比热容/(J/kg·K)
水	4200	锂	3580
导热油	2000~3000	乙醇	2460
木材（松）	2400	石蜡	2200

(续)

材料名称	比热容/(J/kg·K)	材料名称	比热容/(J/kg·K)
空气（室温）	1030	软木塞	2000
钢	450	尼龙	1700
铁	450	铝	900
氢	14000	陶瓷	840
氨	2050	玻璃	600
汽油	2200	铜	380

注：工程参考数据，不同测量条件存在一定差异。

1.3.2 热膨胀系数

物体由于温度变化通常会表现出体积膨胀或者收缩现象。物理学中采用热膨胀系数表示物体的体积胀缩变化能力。即压力一定的条件下，单位温度变化所引起的物体的尺寸变化。不同物体的热膨胀系数不尽相同。线胀系数是指固态物质当温度改变1℃时，其某一方向上的长度的变化和它在20℃（即标准实验室环境）时的长度的比值。

材料的热膨胀系数大多数情况之下为正值。也就是说温度变化与长度变化成正比，温度升高体积增大，温度降低体积减小，这也就是常说的"热胀冷缩"现象。但是也有例外，如水在0~4℃之间，水的体积随温度增加而减小；而一些陶瓷材料在温度变化情况下，几乎不会发生几何尺寸变化，也就说它的热膨胀系数接近0。

材料的热膨胀系数在工程中具有广泛的应用，了解材料的热膨胀性能有助于产品设计时正确选用材料。零件尺寸是影响零件质量和安装配合的重要因素，然而材料的热膨胀性能决定了温度变化会引起零件尺寸变化，这将进一步影响零件质量和装配配合。因此，正确理解材料的热膨胀性能和热膨胀系数是研究不同工作温度条件下零件正常服役的重要基础。尤其是涉及多种不同热膨胀性能差异明显的材料时相互配合的工作场景。例如，汽车发动机的活塞缸和活塞机构。活塞机构一方面要求活塞能在活塞缸内相对运动，另一方面又要求活塞与活塞缸能够有效密封才能满足工作要求，并且发动机活塞机构还处于高温工作环境，活塞和活塞缸材料的热膨胀协调性对机构的正常工作具有至关重要的影响。工程中常见材料的热膨胀系数见表1-3，其中测量环境温度为20℃。

微课视频：
材料的热膨胀
性认识

表1-3 常见材料热膨胀系数

材料名称	热膨胀系数	材料名称	热膨胀系数
锑	10.5×10^{-6}/℃	镁	26.0×10^{-6}/℃
铜	17.5×10^{-6}/℃	水银	180×10^{-6}/℃
铬	6.2×10^{-6}/℃	水	208×10^{-6}/℃

（续）

材料名称	热膨胀系数	材料名称	热膨胀系数
镍	13.0×10^{-6}/℃	汽油	950×10^{-6}/℃
银	19.5×10^{-6}/℃	聚乙烯	200×10^{-6}/℃
铝	23.3×10^{-6}/℃	聚丙烯	$(70\sim150) \times 10^{-6}$/℃
铅	29.3×10^{-6}/℃	玻璃	10×10^{-6}/℃
铁	12.2×10^{-6}/℃	石英	1×10^{-6}/℃

注：工程参考数据，不同测量条件存在一定差异。

1.3.3 熔点的认识

材料在缓慢加热时由固态转变为液态，并有一定潜热吸收或放出时的转变温度称为熔点。工程应用中，常常关注不同材料的熔点特性并根据熔点差异加以利用。例如，熔点低的金属（如 Pb、Sn 等）可以用来制造钎焊的钎料、熔体（熔丝）和铅字等；熔点高的金属（如 Fe、Ni、Cr、Mo 等）可以用来制造高温零件，如加热炉构件、电热元件、喷气机叶片，以及火箭、导弹中的耐高温零件。非金属材料中的陶瓷有一定熔点，如石英（SiO_2）熔点为 1670℃，苦土（MgO）熔点为 2800℃，常用作耐火材料；而塑料和一般玻璃等非晶态材料则没有熔点，只有软化点或称玻璃化温度。常见材料的熔点或软化点见表 1-4。

表 1-4 常见材料熔点或软化点

材料名称	熔点或软化点	材料名称	熔点或软化点
冰	0℃	青铜	900℃
银	962℃	黄铜	1000℃
金	1064℃	铜	1084℃
钢	1300~1400℃	铝	660℃
铅	327℃	硅	1420℃
碳	3500℃	钨	3387℃
ABS	150~180℃	PET	245~260℃

注：工程参考数据，不同测量条件存在一定差异。

1.3.4 热传导的认识

热量从物体温度较高的部分沿着物体传到温度较低的部分的传递方式称为热传导。每种物质都能够传热，但不同的物质其传热的能力却各有差异。传热系数是一个描述热量传递能力的物理参数，它反映了在稳定传热条件下，单位时间内通过单位面积传递的热量。传热系数通常可以用来评估材料的导热能力,特别是在建筑、机械等工程应用领域,常用于分析建筑物围挡结构的隔热能力。

热传导系数有导热系数和传热系数两种常见的表示方法。导热系数是指在稳定传热条件下,截面积为 $1m^2$ 的圆柱体沿轴向 1m 距离的温差为 1K 时的热传导功率。导热系数的单位为 $W/m·K$。材料的导热系数值越高,表明材料的导热性能就越好。传热系数是在稳定传热条件下,围挡结构两侧流体温差为 1℃或 1K 的情况下,单位时间内通过 $1m^2$ 面积传递的热量。传热系数的单位为 $W/m^2·K$,也可以表示为 $W/m^2·℃$。工程应用中,常见材料的导热系数见表 1–5。

表 1–5　常见材料导热系数　　　　　　　　　（单位：$W/m·K$）

材料名称	导热系数	材料名称	导热系数
纯铜	400	水	0.5~0.7
纯铝	237	PC	0.2
镁	150	PP	0.21~0.26
黄铜	70~180	PVC	0.14~0.17
铁	50~80	PU	0.25
钢	35~55	玻璃	0.5~1.0
不锈钢	15~20	空气	0.01~0.04
纯铅	35	瓷砖	1.99
纯镍	90	泡沫	0.045

注：工程参考数据,不同测量条件存在一定差异。

复习与思考

1. 请简要说明密度测量的称重法是什么。
2. 请简要说明密度测量比重杯法的原理。
3. 请分析,温差明显的工作环境,有配合连接要求的零件材料选用方法。

任务2 材料基本力学性能认识

2.1 任务导入

材料的力学性能是指材料在不同环境因素（温度、介质）下，承受外加载荷作用时所表现的行为，这种行为通常表现为材料的变形和断裂。因此，材料的力学性能可以简化理解为材料抵抗外加载荷引起的变形和断裂的能力。金属材料是汽车工业、机械制造业中应用最广的材料之一，大多数机械零件或构件都是用金属材料制造，并在不同的载荷与环境条件下服役。

1）你了解汽车常用材料有哪些关键力学性能吗？
2）你知道汽车零部件设计时材料选用需要考虑哪些主要因素吗？

本学习任务将结合新能源汽车等汽车零部件结构常用金属材料介绍其基本力学性能，有助于让你认识和了解更多汽车材料特性。

2.2 拉伸试验相关认识

拉伸试验是指在承受轴向拉伸载荷下测定材料特性的试验方法。以金属材料为例，应用拉伸试验得到的数据可以确定材料的弹性极限、伸长率、弹性模量、比例极限、面积缩减量、拉伸强度、屈服点、屈服强度和其他拉伸性能指标。在高温条件下进行的拉伸试验还可以得到金属材料的蠕变数据。金属材料的力学性能拉伸试验研究起步较早并已经形成一系列试验规范，如金属常温拉伸试验方法和步骤可参见 GB/T 228.1—2021《金属材料 拉伸试验 第1部分：室温试验方法》。

2.2.1 拉伸试验机

拉伸试验机（Cupping Machine）也叫材料拉伸试验机、万能拉伸强度试验机，是集计算机控制、自动测量、数据采集、屏幕显示、试验结果处理为一体的新一代力学检测设备。常用的伺服拉力试验机主要特点是采用光电编码器进行位移测量，控制器采用嵌入式单片微机结构，内置功能强大的测控软件，集测量、控制、计算、存储功能于一体。具有自动计算应力、延伸率（需加配引伸计）、抗拉强度、弹性模量的功能，自动统计结果；自动记录最大点、断裂点、指定点的力值或伸长量；采用计算机进行试验过程及试验曲线的动态显示，并进行数据处理，试验结束后可通过图形处理模块对曲线放大进行数据再分析编辑，并可打印试验报表。

拉伸试验机可用于各类金属及非金属材料的测试，如橡胶、塑料、电线电缆、光纤光缆、安全带、保险带、皮革皮带复合材料、塑料型材、防水卷材、钢管等材料力学性能测试。常用拉伸试验机有液压式万能材料试验机和电子万能材料试验机。液压式万能材料试验机主要由主体和测力机构两部分组成，可以进行拉伸、压缩、剪切、弯曲等材料力学性能试验。国内生产的液压式万能材料试验机的型号为 WE 型。其系列产品有 WE100、WE300、WE600、WE1000 型等类型，如图 1-1 为液压式万能试验机。电子万能材料试验机是一种采用电子技术控制和测试的机械式万能试验机。它除了具有普通万能试验机的功能外，还具有较宽的、可调节的加力速度和测力范围，以及较高的变形测量精度和快速的动态反应速度，能实时显示数据和绘制足够放大比例的拉伸曲线或其他试验曲线。

图 1-1　液压式万能试验机

2.2.2　拉伸试验样件

拉伸试验是测试金属材料力学性能的重要方法之一，不同测试需要和测试规范对测试样件都有相关的规定。常见的拉伸试验标准试件有圆柱形试件、平板试件和棒状试件等类型。拉伸试验标准试件的尺寸和形状必须符合相关国际标准或行业标准，以确保测试结果的准确性和可比性。尺寸包括试件长度、直径或宽度、厚度等参数，应根据具体测试要求确定。试验试样参照 GB/T 228.1—2021《金属材料 拉伸试验第 1 部分：室温试验方法》相关规定执行。

此外，制备拉伸试验标准试件应采用标准化的方法，以确保试件的质量和准确性。具体制备方法包括材料取样、试件加工、热处理、表面处理等步骤。试件制作和试验过程应满足测试标准要求。例如，试件的表面应无裂纹、划痕等缺陷，以避免表面缺陷对试验结果的影响；试件应处于相同的测试条件进行测试，如温度、湿度、拉伸速率等；试件在拉伸过程中应避免侧向力的作用，以保证拉伸力的纯直线方向；试验前应检查仪器设备，确保测试结果的精确度和可靠性。不同的试验需要和试验标准对试验试样有不同的规定，具体可以参照相关试样标准执行。以金属棒材为例，制作拉伸试样如图 1-2 所示。

图 1-2　拉伸试样

2.2.3　金属拉伸特性的认识

材料拉伸曲线是指材料受到单向拉伸力作用下的力变形曲线，反映了试验样件受到外力作用的变形情况。拉伸曲线对评价材料性能具有重要意义，尤其是金属材料的拉伸曲线可以反映出金属材料许多典型的性能参数。金属材料常见的拉伸曲线有两种：一种是有明显屈服点的拉伸曲线；另一种是无明显屈服点的拉伸曲线。屈服点代表金属对起始塑性变形的抗力。这是工程技术上最为重要的力学性能指标之一。通常工程上不允许机构零件发生塑性变形，因而屈服点就显得尤为重要了，它成为机械零件是否发生失效的关键指标。对于可以发生拉伸塑性变形的材料，拉伸试验直接获得的曲线称为工程应力应变曲线，这是以试样初始横截面面积为基础计算所得的应力。

以带有明显拉伸塑性变形的金属拉伸试验为例，其典型的拉伸试验所得的力－位移曲线如图1-3所示。拉伸曲线的纵坐标通常为拉伸载荷 F，其单位为牛顿（N）或者千牛（kN），横坐标为试验样件标记段的伸长量，单位为毫米（mm）。图1-3所示的金属材料拉伸曲线反映了塑性金属典型的拉伸过程，其曲线可以分为四个典型的阶段。

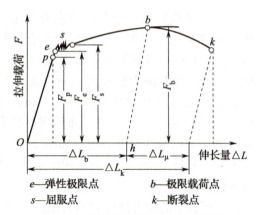

图1-3　金属拉伸试验力－位移曲线

1. 弹性阶段 op

这一阶段试样的变形属于线弹性变形，全部卸除荷载后，试样将恢复其初始长度。通过此阶段的载荷与变形特征可以测定材料的弹性模量 E。该阶段的拉伸曲线呈现从原点出发的一条倾斜直线，并且直线的斜率一致，该斜率值就是对应材料的弹性模量 E。

2. 屈服阶段 es

拉伸曲线在这一阶段表现出试样的伸长量明显增加，而万能试验机上的荷载读数却在较小范围内呈锯齿状波动。忽略去这种荷载读数的微小波动不计，这一阶段的拉伸载荷可以视为一条水平线段，即拉伸载荷几乎不增加，而拉伸变形持续增加。

3. 强化阶段 sb

多数金属材料经历屈服变形后将被进一步强化，对应的拉伸曲线反映出试样经过屈服阶段后进一步加载，拉伸曲线的载荷可以进一步增加。但该阶段试样相同变形对应的载荷增量明显不如弹性阶段，该阶段拉伸曲线中的变形和载荷也不再保持相对稳定的比例关系。

4. 颈缩与断裂阶段 bk

当拉伸载荷达到曲线的最高点 b 时，试样的截面开始快速收缩并最终在曲线 k 点位置被拉断。拉伸曲线的 bk 阶段，就是拉伸载荷达到峰值后，开始下降并且伴随试样截面颈缩并断裂。从工程力应变曲线上看，试样断裂点 k 的载荷一般会明显小于曲线顶点 b 的拉伸载荷。

微课视频：
金属材料拉伸试验

> **小知识**
>
> 试验表明，不同的金属材料其对应的拉伸试验曲线也可能有明显差异。例如，以铸铁为代表的脆性材料，其拉伸曲线并不会表现出明显的屈服现象。图1-4所示为经过计算处理的典型的低塑性金属材料拉伸应力应变曲线。该应力应变曲线的特征是没有明显的屈服点，拉伸应力随拉伸应变增加而增加，直到拉伸断裂出现。工程应用中为了评价这类材料的使用强度，通常采用0.2%应变对应的应力作为该类材料屈服强度的评价参考，如图1-4应力应变曲线中所示的 s 点。
>
>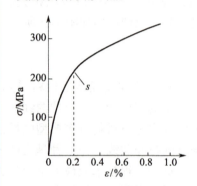
>
> 图1-4　金属材料拉伸应力应变曲线

2.3 基本力学性能参数

2.3.1 弹性模量

将拉伸试验曲线作数据处理得到图 1-5 所示工程应力应变曲线。以应变 ε 为坐标横轴，应力 σ 为坐标纵轴组成的 σ-ε 曲线中，Ob 阶段为该材料试样的弹性阶段，当外部拉伸载荷去掉后，试件变形立即恢复。通常这种弹性变形的值较小，其对应 b 点的应力 σ_e 称为弹性极限。在曲线的 Ob 范围内，试样的拉伸应力与应变成正比，其中点 a 对应的应力也称为比例极限。通常 a 点与 b 点很接近，工程中可以视为等同。在材料弹性范围内，应力与应变的比值称为弹性模量，其关系式如式（1-3）所示。

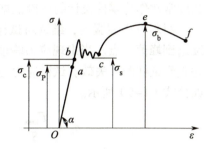

图 1-5 塑性金属拉伸应力应变曲线

弹性模量又称杨氏模量，弹性材料的一种最重要、最具特征的力学性质，是物体弹性变形难易程度的表征，用字母 E 表示。弹性模量定义为理想材料有小形变时应力与相应的应变之比。弹性模量可视为衡量材料产生弹性变形难易程度的指标，其值越大，使材料发生一定弹性变形的应力也越大，即材料刚度越大，亦即在一定应力作用下，发生弹性变形越小。根据弹性模量意义和拉伸曲线，其材料对应的弹性模量可以用公式（1-3）来表示。

$$E = \frac{F/S}{dL/L} \tag{1-3}$$

式中，F 为拉伸载荷，S 为拉伸试样测量段横截面面积，L 为拉伸试样变形测量段的初始长度，dL 为拉伸载荷 F 对应的测试变形测量段对应的变形量。弹性模量的单位为 MPa，通常钢材的弹性模量为 $2.0 \times 10^5 \sim 2.1 \times 10^5$ MPa；灰铸铁的弹性模量约为 $0.8 \times 10^5 \sim 1.0 \times 10^5$ MPa；球墨铸铁的弹性模量约为 $1.5 \times 10^5 \sim 1.7 \times 10^5$ MPa；铝合金的弹性模量为 $6.9 \times 10^4 \sim 8.1 \times 10^4$ MPa；玻璃的弹性模量约为 7×10^4 MPa。

弹性模量 E 是表征材料抗弹性变形的能力，可以用于表示材料的刚度。当拉伸载荷单位为牛顿（N），试样截面积单位为平方毫米（mm^2）时，其对应的弹性模量单位为兆帕（MPa）。弹性模量主要取决于材料物理特性，加工方法、热处理等工艺对其影响较小。材料弹性模量与材料密度的比值（E/ρ）称为比刚度。

工程应用中，比刚度是一个重要参数，尤其是在结构轻量化设计选材应用非常广泛。例如，常见的钢材的弹性模量为 2×10^5 MPa，材料密度为 7.85×10^3 kg/m³，其比刚度约为 25.4；常见的铝合金材料弹性模量为 8×10^4 MPa，材料密度为 2.7×10^3 kg/m³，其比刚度约为 30。由此可见，铝合金材料的比刚度优于钢材，这也是铝合金材料在结构轻量化设计方面得到广泛应用的原因。

2.3.2 屈服强度

在图 1-5 中，当试件拉伸应力 σ 超过 b 点时，试件除弹性变形外，还将产生塑性变形。在应力应变曲线的 b-c 阶段，应力基本不增加，而应变则明显增大，该现象称为屈服。因此，b 点对应的应力 σ_e 也称为材料的屈服强度，其计算方法如公式（1-4）所示。

$$\sigma_e = \frac{F}{S} \tag{1-4}$$

式中，F 为试件产生屈服时所承受的最大外部载荷，单位为 N；S 为试件原始截面面积，单位为 mm²。铸铁等脆性材料的拉伸应力应变曲线中没有明显屈服现象发生，这类材料的屈服强度通常采用试样产生 0.2% 塑性变形时的应力值作为该材料的屈服强度，表示为 $\sigma_{0.2}$。屈服强度常常作为零件设计的评价依据，尤其是不允许产生塑性变形的零件。

材料发生屈服后，继续对试样加载，其应力应变曲线发展趋势如图 1-5 所示，从 c 点继续增到峰值 e 点。当出现应力峰值后，试件产生颈缩现象，试件被迅速拉长，应力随之下降并直到试样断裂失效。试样应力应变曲线中的峰值应力 σ_b 称为材料的抗拉强度，其计算方法如公式（1-5）所示。

$$\sigma_b = \frac{F_{\max}}{S} \tag{1-5}$$

式中 $F_{\max}$ 为试样失效前承载的最大拉伸载荷。抗拉强度 σ_b 反映了试件材料最大失效应力，是评价材料承载能力的主要指标。在实际设计应用中，通常需要考虑设计的安全余量，所以采用材料抗拉强度除以一定安全系数来评价结构设计强度。

> **小知识**
> 仔细观察是不是会发现塑性金属材料的拉伸曲线像极了我们的人生感悟？人们生活中有弹性，也有曲折和妥协。但，"屈服"不是终点，短暂的"屈服"之后我们还要去实现更高的目标。

2.3.3 断裂延伸率

断裂延伸率是一个重要的材料力学性能参数，可以用来衡量材料在受力作用下的延伸能力和延展性能，是影响材料加工性的重要因素之一。断裂延伸率是指拉伸试验中的试样标距长度的伸长量与原标距长度的百分比，其表示方法如式（1-6）所示。在汽车车身、底盘等钣金零部件生产制造中常常采用模具冲压成型再焊接构成零件总成。钣金材料的断裂延伸率是评价金属材料塑性成形能力的重要参数，在冲压成型工艺设计中应用非常广泛。

$$A = \frac{L_u - L_0}{L_0} \times 100\% \tag{1-6}$$

2.3.4 断面收缩率

断面收缩率是一个描述材料在受拉伸载荷后，试样断面尺寸相对于原始尺寸变化的性能指标。具体来说，它是试样拉断后颈缩部位截面积与原始截面积之差除以原始截面积得到的百分数。断面收缩率的大小反映了材料的塑性和韧性。一个较高的断面收缩率表明材料具有良好的塑性和韧性，能够承受较大的变形而不易断裂。例如，优质低碳钢的断面收缩率通常在 50% 左右，这表明它是一种塑性较好的材料，适合用于制造耐冲击、耐磨损的零件。拉伸试验中的试样断面收缩率可以用公式（1-7）表示，其中 A_0 为试件原始截面积，A_1 为试件拉伸断裂时颈缩出的截面积。

$$\varphi = \frac{A_0 - A_1}{A_0} \times 100\% \tag{1-7}$$

2.3.5 弹性与塑性

弹性是指材料在受到外力作用后，当这个外力解除时，能够完全恢复到初始形状和尺寸的性质。简而言之，弹性是一种可以恢复形状的性质。在弹性阶段，材料会发生弹性变形，即使受到一定的应力，它会迅速产生相应的应变，但在外力去除后会完全恢复。比如说直尺、橡皮经受力会发生形变，不受力时又恢复到原来的形状，物体的这种特性称为弹性。其主要应用包括汽车悬架及弹簧、工程机械的弹性减振结构等。

塑性是指材料在受到外力作用后，即使这个外力解除，也会产生永久形变的性质。塑性变形是可逆的，但只有部分可逆，余下的则是不可逆的。塑性阶段下，材料在受力作用时会产生可见的形变，这些形变在去除外力后只能部分或完全保留。各类金属材料的塑性加工就是利用金属材料的塑性特性，如冷拔、冷轧、锻造、冲压等工艺利用金属的塑性来制造各种零部件。

弹性与塑性的区分主要可以从变形恢复性、应力应变曲线特征等方面对比。弹性材料具有完全的恢复性，弹性变形是短暂的、可逆的；而塑性材料在受力后的形变是不可完全恢复的，塑性变形是不完全可逆，会有一部分永久性变形。在应力应变曲线上，材料弹性变形阶段的应力应变曲线是一条直线；而材料塑性变形阶段应力应变曲线主要是指屈服点以后的非线性曲线段。

本节主要以金属材料为例介绍了典型的拉伸试验和拉伸曲线相关知识。根据不同试验标准和测试需求，拉伸试样制作和试验略有不同。更进一步的知识内容可以从相关试验要求和试验标准中获取。除了拉伸试验外，还有弯曲、冲击强度等一系列试验内容，本书不作过多介绍。金属拉伸试验方法发展比较成熟，也常被发展用于其他材料力学性能测试。

2.3.6　名义应力与真应力 *

图1-4展示了典型低碳钢材料试件拉伸过程，其应力应变曲线反映的是以试件拉伸试验的初始尺寸计算所得。在实际拉伸试验过程中，试样长度随着拉伸载荷的持续增加而增加。结合体积不变原理，试样横截面积将随试样拉伸长度增加而减小。由此可知，以试样初始截面积计算所得拉伸应力不能反映试件真实应力情况。

在金属试样拉伸试验中，以试样变形前面积计算的应力称为名义应力（Norminal stress），与之对应的应变称为名义应变（Norminal strain）。从试样曲线不难看出，当试样发生颈缩变形和断裂失效时其对应的应力却明显小于材料抗拉强度极限。出现这一现象，其实就是因为拉伸试验的应力应变曲线没有考虑试件受载过程的截面尺寸变化，其所得的应力应变曲线也叫名义应力应变曲线。试样拉伸过程真实应力表示为公式（1-8）所示。

$$\sigma = \frac{F}{S_r} \tag{1-8}$$

式中，F为加载于拉伸试样上的作用力，S_r为加载力F作用下试样当前截面面积。当拉伸试样轴线伸长量无限接近0的极限情况下，拉伸和压缩应变相同，即当$\Delta l \to \mathrm{d}l \to 0$时，应变增量可以表示为式（1-9）。对式（1-9）积分计算可得公式（1-10）。

$$\mathrm{d}\varepsilon = \frac{\mathrm{d}l}{l} \tag{1-9}$$

$$\varepsilon = \int_{l_0}^{l} \frac{\mathrm{d}l}{l} = \ln\left(\frac{l}{l_0}\right) \tag{1-10}$$

式中，l为试样加载外载荷F作用下的标识刻度对应的当前长度，l_0为试样拉伸试验的初始长度，ε 为试样材料真实应变（True strain）。由材料真实应力和真实应变绘制的曲线称为材料真实应力应变曲线，该曲线能更真实反映材料力学性能。

实验测试的材料力学参数常常是以名义应力和名义应变的形式输出测试值。因此需要结合名义应力应变与真实应力应变的关系，进行试验数据转换才能得到材料的名义应力曲线。名义应变可以采用公式（1-11）表达。

$$\varepsilon_{nom} = \frac{l-l_0}{l_0} = \frac{l}{l_0} - \frac{l_0}{l_0} = \frac{l}{l_0} - 1 \tag{1-11}$$

式中，l 为试样在外加拉伸载荷作用下标识刻度的现实长度，l_0 为试样标识刻度线的初始长度，ε_{nom} 为名义应变。结合公式（1-11）名义应变的定义，将公式（1-11）两边分别加1并取自然对数可得真实应变与名义应变的关系如公式（1-12）。

$$\varepsilon = \ln(1+\varepsilon_{nom}) \tag{1-12}$$

在分析试样断口截面面积时，应用体积不变原理，建立公式（1-13）所示的等量关系。进而求得试样当前截面面积与初始截面面积的关系如公式（1-14）所示。

$$l_0 S_0 = lS \tag{1-13}$$

$$S = S_0 \frac{l_0}{l} \tag{1-14}$$

将当前截面面积代入计算真实应力可得：

$$\sigma = \frac{F}{S} = \frac{F}{S_0} \frac{l}{l_0} = \sigma_{nom}\left(\frac{l}{l_0}\right) = \sigma_{nom}(1+\varepsilon_{nom}) \tag{1-15}$$

根据以上所述的材料应力应变关系以及名义应力应变与真实应力应变的转换关系，以某材料测试的名义应力应变曲线如图1-6的虚线所示，应用转换关系式转换后的真实应力应变曲线如图1-6的实线所示。对比分析不难发现，名义应力应变曲线中的应力达到应力峰值后开始下降，而真实应力应变曲线中的应力呈持续增加的趋势。

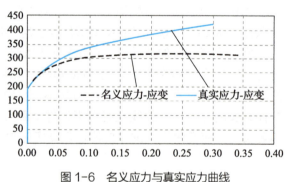

图1-6 名义应力与真实应力曲线

复习与思考

1. 请简要说明典型金属材料拉伸试验曲线的特点。
2. 请简要分析金属材料屈服强度、抗拉强度的概念。
3. 请分析工程应力应变曲线和真实应力应变曲线的差异。

任务3 材料其他力学性能认识

3.1 任务导入

生活中我们不难发现有的产品材料质地硬,而有的产品其材料较软,这是由于不同材料具有不同的硬度特性。我们还注意到,机械零件承受单次载荷满足强度要求,而反复加载时就很容易出现断裂现象,这就是材料的疲劳失效现象。

1)你了解材料的硬度特性和常用的硬度表示方法吗?
2)你了解材料疲劳失效特性和影响因素吗?

本学习任务将结合常用新能源汽车结构材料介绍材料的硬度、疲劳等性能,有助于让你认识和了解更多汽车材料特性。

3.2 硬度的认识

硬度是材料在物理学上的一个专业术语,指的是材料局部抵抗硬物压入其表面的能力,是比较各种材料软硬的指标。硬度主要关注材料的表面耐磨性和刮擦性,金属的晶粒尺寸和方向、合金元素的添加、热处理等都可以对硬度产生影响。硬度可以分为划痕硬度、回跳硬度和压入硬度。划痕硬度主要用于比较不同矿物的软硬程度,方法是选一根一端硬一端软的棒,将被测材料沿棒划过,根据出现划痕的位置确定被测材料的软硬。回跳硬度主要用于金属材料,方法是使用一个特制的小锤从一定高度自由下落冲击被测材料的试样,通过小锤的回跳高度测定确定材料的硬度。压入硬度主要用于金属材料,方法是用一定的载荷将规定的压头压入被测材料,以材料表面局部塑性变形的大小比较被测材料的软硬,压入法是应用最为广泛的方法。由于压头、载荷以及载荷持续时间的不同,压入硬度有多种,其中最常用的有布氏硬度、洛氏硬度、维氏硬度等几种。

3.2.1 布氏硬度

布氏硬度是表示材料硬度的一种标准,它是由瑞典人布瑞纳(J.A.Brinell)首先提出,因此被称为布氏硬度。布氏硬度测试原理如图1-7所示,用一定大小的载荷F把直径为D的淬火钢球压入被测金属材料表面,保持一

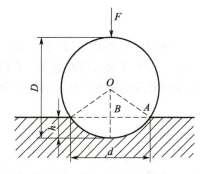

图1-7 布氏硬度测试示意

段时间后卸除载荷。载荷 F 与压痕表面积 S 的比值即为布氏硬度值，记作 HB。

如图 1-7 所示，钢球直径为 Dmm，在被测材料表面形成的压痕直径为 $d$mm，压痕深度为 $h$mm。被测材料的布什硬度计算如公式（1-16）所示。

$$HB = \frac{F}{S} = \frac{2F}{\pi D(D-\sqrt{D^2-d^2})} \quad (1-16)$$

由公式（1-16）可见，材料布氏硬度测试中，只要测出加载力 F 对应的被测材料表面压痕直径就可以计算获得。实际应用中通常根据测试标准，整理形成不同压痕对应的布氏硬度值，查表就可以很方便地求出被测材料的不同硬度值。试验时根据材料的性质和形状选用不同的载荷和钢球直径。布氏硬度的试验方法和技术要求可参见 GB/T231.1—2018《金属材料布氏硬度试验 第 1 部分：试验方法》。

实践表明，布氏硬度测试钢球直径较大时，其在金属材料表面上留下的压痕也较大，压痕直径测量误差相对小，因此测得的硬度值比较准确。如被试金属硬度过高，将影响硬度值的准确性，所以布氏硬度试验一般适于测定布氏硬度值小于 650 的金属材料。试验中也发现，布氏硬度压痕较大，故不宜测定成品及薄片材料。布氏硬度值和抗拉强度之间有一定的关系，因此可按布氏硬度值近似确定金属材料的抗拉强度。

3.2.2 洛氏硬度

洛氏硬度是美国的 S.P. 洛克韦尔于 1919 年提出的测定方法，它基本上克服了布氏测定法的上述不足。洛氏硬度所采用的压头是锥角为 120° 的金刚石圆锥或直径为 1/16in（1in 约等于 25.4mm）的钢球，并用压痕深度作为标定硬度值的依据。测量时，总载荷分初载荷和主载荷（总载荷减去初载荷）两次施加，初载荷一般选用 10kgf（1kgf 约等于 9.8N），加至总载荷后卸去主载荷，并以这时的压痕深度来衡量材料的硬度，其测试原理如图 1-8 所示。

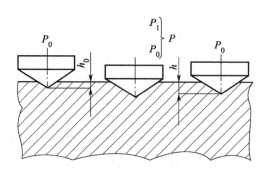

图 1-8 洛氏硬度测试原理示意

测试中，洛氏硬度记为 HR，所测数值写在 HR 后，洛氏硬度值计算方法如公式（1-17）所示。式中 h 表示塑性变形压痕深度（mm）；k 是规定的常量；分母中的 0.002mm 是每洛氏硬度单位对应的压痕深度。对应于金刚石圆锥压头的 k=0.20mm，对应于钢球压头的 k=0.26mm。

$$HR = \frac{h-k}{0.002} \quad (1-17)$$

材料洛氏硬度测试为了适应极宽阔的测量范围，可采用改变载荷和更换压头两种办法。不同的载荷和压头组成了不同的洛氏硬度标尺，常用的标尺有 A、B、C 三种，其中标尺 B

和 C 是洛氏硬度的标准标尺。标尺 B 的压头为直径 1/16in 的钢球，载荷为 100kgf，其主要用于中等硬度的金属材料测量，如退火的低碳钢和中碳钢，黄铜、青铜和硬铝合金。标尺 B 测量标记为 HRB，其范围是 HRB0 到 HRB100。标尺 C 采用的压头为顶角 120°的金刚石圆锥，加载载荷为 150kgf，其用于硬度高于 HRB100 的材料，如淬火钢、各种淬火和回火合金钢。标尺 C 测量标记为 HRC，使用范围是 HRC20 到 HRC70。标尺 A 用于钨、硬质合金及其他硬材料，还用于淬硬的薄钢带，载荷改为 60kgf。标尺 A 是所有洛氏硬度标尺中唯一能在退火黄铜到硬质合金这样广阔的硬度范围内使用的标尺。

3.2.3 维氏硬度

维氏硬度试验方法是英国史密斯（R.L.Smith）和塞德兰德（C.E.Sandland）于 1925 年提出的。英国的维克斯-阿姆斯特朗（Vickers-Armstrong）公司试制了第一台以此方法进行试验的硬度计，该硬度测试计应用广泛，故得名为维氏硬度。和布氏、洛氏硬度试验相比，维氏硬度试验测量范围较宽，从较软材料到超硬材料，几乎涵盖各种材料。

维氏硬度的测定原理基本上和布氏硬度相同，也是根据压痕单位面积上的载荷来计算硬度值。所不同的是维氏硬度试验的压头是金刚石的正四棱锥体。试验时，在一定载荷的作用下，试样表面上压出一个四方锥形的压痕，测量压痕对角线长度，计算压痕的表面积，载荷除以表面积的数值就是试样的硬度值，用符号 HV 表示。主要用于确定钢的表面渗氮硬化程度。维氏硬度测量法所用的压头是金刚石正四棱锥，如图 1-9 所示，它的两相对面间的夹角为 136°，载荷有 5kgf、10kgf、20kgf、30kgf、50kgf、100kgf 等几种，用压出的四棱锥压痕表面积除载荷所得的值作为维氏硬度值，记为 HV。

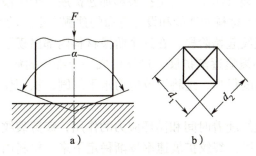

图 1-9 维氏硬度测试示意

a）金刚石锥体压头 b）维氏硬度压痕

维氏硬度计算如公式（1-18）所示，其中 F 为测试加载载荷，s 为压头在被测材料表面压痕的对角线长度（mm），α 为四棱锥压头相对面夹角，$\alpha=136°$。

$$HV = \frac{2F\sin\frac{\alpha}{2}}{s^2} = 1.8544\frac{F}{s^2} \qquad (1-18)$$

此外，出于不同测试需要，还有很多硬度测试方法，如主要用于确定很薄的材料、细金属丝、小型精密零件材料硬度的显微硬度；应用冲击反弹测量材料硬度的里氏硬度；应用自由落体冲击回跳的肖氏硬度；以及巴氏硬度、韦氏硬度等。材料的硬度与材料抗拉强度有一定关系，可以进一步查阅材料抗拉强度主要硬度的对照表了解不同硬度的对比关系。

3.3 疲劳的认识

疲劳失效是一种材料在远低于正常强度情况下的往复交替和周期循环应力下，产生逐渐扩展的脆性裂纹，导致最终断裂的倾向。疲劳失效是各类机械构件（尤其是金属材料构件）最主要的失效方式，研究疲劳失效是各类机械结构设计的重要工作。目前，机械构件疲劳失效的研究有两个方面，一是根据给定的载荷谱和确定加载程序在试验室或者试验台上对机械进行疲劳试验，得出机械构件（材料）的 S-N 曲线并用来分析各类机械构件（材料）的特性；二是根据机械构件（材料）的特性与载荷谱并且用相应的疲劳准则（如 Miner 准则）来预测机械构件的疲劳寿命。

无论是做疲劳试验还是估计疲劳寿命，载荷谱的统计都是关键，现在机械工程领域统计载荷谱的主要方法就是雨流计数法。但是传统的雨流计数法在对载荷进行统计的时候需要将信号从最大值或者最小值处分开，前后两段进行首尾对接后才能够进行雨流法计数。通过对雨流法计数模型的改进，可以在采样的时候就开始进行雨流法计数，将不满足计数条件的点删除，不影响剩下的点，并且在试验的同时还可以看到大致的载荷谱，在试验结束后，能够很快求出完整的载荷。利用这种方法需要先采集完信号才能够处理，在长时间的试验中，需要存储空间来存储数据，给试验带来了诸多的不便。在现代测试技术中，应用计算机来处理测试信号已经是现代测试技术的标志，利用 A/D 转换板将传感器的输出信号进行数字采样，得出数字信号，将数字信号输入计算机，利用编写的相应程序来处理数字信号。

3.3.1 疲劳失效的基本过程

疲劳失效过程经历了裂纹萌生、稳定扩展和加速扩展三个阶段。这三个阶段是疲劳裂纹扩展过程的基本特征，对于材料的性能和设计寿命的预测有重要的参考价值。

裂纹萌生阶段也是裂纹起始阶段，在这个阶段材料内部出现了微小裂痕或缺陷，在应力循环的作用下，这些微小裂痕逐渐扩展，最终形成一个细小的疲劳裂纹。裂纹的长度很短，但裂纹末端的应力集中程度很高，这将导致应力水平加剧，从而使裂纹在较小应力作用下也可能进一步稳定地扩展。

稳定扩展阶段是指裂纹随着时间和循环应力的作用，疲劳裂纹逐渐加深和扩展，裂纹长度也不断增加。在这个阶段，裂纹扩展速率逐渐稳定下来，材料内部的阻力也逐渐增加。由于此时裂纹在内部会绕过一些材料微粒，使得裂纹扩展速度不再单一，而是呈现出波动的状态。

加速扩展阶段是指疲劳裂纹长度增大，应力集中程度提高到一定程度时，疲劳裂纹的扩展速度将急剧加快，这就进入了加速扩展阶段。裂纹扩展速度随着时间呈现指数增长，材料的强度和断裂韧度也会随之下降和减小。最终，裂纹扩展到一定程度时，材料的失效就不可逆转，断裂失效就会发生。

3.3.2 疲劳失效类型

构件的疲劳失效类型通常可以分为冲击疲劳、接触疲劳、热疲劳和腐蚀疲劳等基本类型。

1. 冲击疲劳

冲击疲劳是指重复冲击载荷所引起的构件疲劳失效。当冲击载荷循环次数 N 小于 500~1000 次即出现失效时，零件的断裂形式与一次性极限载荷断裂基本一致；当冲击载荷循环次数大于 10 万次引起构件失效时，零件断裂特征属于疲劳断裂。疲劳失效构件的断口具有疲劳源区、疲劳裂纹扩展区和瞬断区等典型特征。疲劳源区是疲劳裂纹的起始点，通常出现在材料中微观缺陷较为集中的区域，如晶界、夹杂物、显微裂纹等。疲劳裂纹扩展区是疲劳裂纹在循环载荷作用下不断扩展的区域。在这个区域中，裂纹会逐渐扩展，最终导致材料失效。瞬断区是材料最终失效的区域，通常出现在疲劳裂纹扩展到一定长度后，材料会突然断裂，导致材料失效。以金属棒材为例，其典型的弯曲疲劳失效断面如图 1-10 所示。其中疲劳源区的裂纹细密，断面光泽；裂纹扩展区断面比较细密，从源区到扩展区呈辐射状扩展；最后瞬断区断面很粗糙。

图 1-10　金属构件疲劳失效断面

2. 接触疲劳

接触疲劳是指构件（如齿轮、滚动轴承、钢轨和轮箍等）表面在接触压应力的长期不断反复作用下而引起的一种表面疲劳破坏现象。齿轮、滚动轴承等典型构件通过周期性表面接触传递载荷，表现为接触表面反复受到接触应力作用而在接触表面逐渐出现针状或痘状的凹坑，称点蚀或麻点磨损。有的凹坑很深，呈"贝壳"状，有疲劳裂纹发展线的痕迹存在。在刚出现少数麻点时，一般仍能继续工作，但随着工作时间的延续，麻点剥落现象将不断增多和扩大，如齿轮表面点蚀后啮合情况恶化，磨损将进一步加剧，发生较大的附加冲击力、噪声增大，甚至引起齿根折断。因此，研究金属的接触疲劳问题对提高接触传动机件的使用寿命有着重大的意义。

长期以来的研究积累显示，接触疲劳主要有点蚀、剥落和分层三种典型类型。点蚀也称表面磨损，是典型的涂层接触疲劳失效模式，一般情况下，涂层接触疲劳失效是在较低接触应力作用下产生的。剥落失效也是涂层典型的接触失效模式之一，一般是在较高接触应力作用下产生的，可以看出在涂层滚动接触区域出现不规则形状的剥落坑，剥落坑面积相比点蚀坑要大，剥落坑深度大约为 50~80 μm。分层失效是在很高接触应力作用下产生的，主要有层内分层失效和界面分层失效形式。分层区域面积较大，宽度较宽，一般都远远超出磨痕轨迹，深度较剥落坑深得多，一般为 80~120 μm，并且有陡峭的呈梯度分布的边缘，底部比较平整。典型的齿面点蚀失效如图 1-11 所示。

3. 热疲劳

由于温度循环产生循环热应力所导致的材料或零件的疲劳称为热疲劳。温度循环变化导致材料体积循环变化，当材料的自由膨胀或收缩受到约束时，产生循环热应力或循环热应变。温度交变作用，除了产生热应力外，还会导致材料内部组织变化，使强度和塑性降低。热疲劳条件下

图 1-11　齿面点蚀失效

的温度分布不是均匀的，在温度梯度大的地方，塑性变形严重，热应变集中较大。热疲劳裂纹从表面开始向内部扩展，方向与表面垂直。如图 1-12 所示为汽车排气歧管热疲劳失效。

热应力是导致构件热疲劳的主要因素，机械构件产生热应力的原因主要有两方面。一种是构件因工作环境温度变化的热膨胀与被安装固定约束或者多个装配构件热膨胀量不一致而引起热应力；另一种是构件受热不均而引起内部应力，如局部热处理工艺引起热应力。机械构件的热变

图 1-12　汽车排气歧管热疲劳失效

形的大小与热膨胀系数成正比，热膨胀系数越大，热变形量越大。所以在选材时要考虑材料的匹配，即不同材料热膨胀系数的差别不能太大。在相同的热应变条件下，材料的弹性模量越大，热应力就越大；温度循环变化越大，即上下限温差越大，则热应力就越大；材料的热导率越低，则快速加速或冷却过程中，温度梯度越陡，热应力也越大。

4. 腐蚀疲劳

由腐蚀介质和循环应力（应变）的复合作用所导致的疲劳称为腐蚀疲劳。腐蚀疲劳在任何腐蚀环境及循环应力复合作用下，都会发生腐蚀疲劳断裂。应力腐蚀开裂，有一个临界应力强度因子 K_{ISCC}，当应力强度因子 $K_I \leqslant K_{ISCC}$，就不会发生应力腐蚀开裂；而腐蚀疲劳不存在临界应力强度因子，只要在腐蚀环境中有循环应力继续作用，断裂总是会发生的。

腐蚀疲劳与空气中的疲劳区别在于，腐蚀疲劳过程中，除不锈钢和渗氮钢以外，机械零部件表面均变色。腐蚀疲劳形成的裂纹数目较多，即呈多裂纹形态。腐蚀疲劳的 S-N 曲线没有水平部分，因此，对于腐蚀疲劳极限，一定要指出是某一寿命下的值，即只存在条件腐蚀疲劳极限。影响腐蚀疲劳强度的因素要比空气中疲劳多而且复杂，如在空气中，疲劳试验频率小于 1000Hz 时，频率基本上对疲劳极限没有影响，但腐蚀疲劳在频率的整个范围内都有影响。

3.3.3　材料疲劳强度

疲劳强度是指构件或者材料在无限多次交变载荷作用下而不会产生破坏的最大应力，称为疲劳强度或疲劳极限。在实际应用中，各类材料并不可能作无限多次交变载荷试验。因此，工程应用一般以钢材经过 1000 万次交变载荷，有色金属材料经受 1 亿次交变载荷作用不产生断裂的最大应力作为该材料的疲劳强度。值得注意的是，疲劳强度计算通常是以名义应力为基础。

图 1-13 所示的材料疲劳曲线是典型的金属材料以应力比 $R = -1$ 测试获得的 σ-N 疲劳曲线。曲线的 B 点之前，材料对应的试件经历较少的应力循环次数就发生了失效，结合前述知识，这类失效与一次载荷断裂基本一致。D 点以后的曲线表现为一条水平直线，其代表的意思就是保持应力循环水平 σ_r 不变，试件继续试验也不会失效（理想情况）。σ_r 就称为该材料的疲劳强度，这也就是说，制作精良的构件承受不高于其疲劳强度的交变应力作用，结构不会发生疲劳失效。构件设计疲劳寿命应用中，通常关注曲线 C-D 段的材料特性，也就是关心构件承受交变载荷作用跟构件使用寿命的关系，以便合理设计构件结构和材料选用。

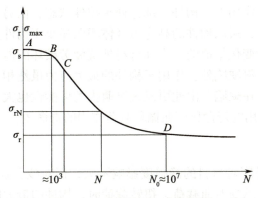

图 1-13 典型的 σ-N 疲劳曲线

机械结构疲劳强度问题研究是机械工程领域重要的研究内容，数百年的研究积累了丰富研究成果，并且广泛应用于航空航天、交通运输、工程机械等各个领域。构件疲劳寿命研究从早期的试验方法陆续发展到平均应力及其修正方法，如 Goodman 方法、Gerber 方法、Soderberg 方法等。随着断裂力学研究的出现，裂纹扩展理论被提出并不断发展，并用于构件全寿命周期的计算。随着计算机技术和有限元方法的发展，各种仿真计算软件和方法在工程中得到广泛应用。总之，疲劳失效问题是机械工程领域重要的工作内容，本书重点介绍基本概念，有专业深入发展需要的学生和工程技术人员可以进一步深入学习相关知识。

3.3.4 影响疲劳寿命的因素

导致构件材料产生疲劳失效的原因很多，总体上可以分为内部原因和外部原因。其中，内部原因主要是构件材料的化学成分、组织、内部缺陷、材料强韧化等；外部原因主要指构件几何形状及表面质量、装配与连接、使用环境因素、结构设计、载荷特性等多种因素。构件材料选定并制作完成后，其内部因素基本就确定了，这时更重要的就是外部因素对构件疲劳寿命的影响。

1. 载荷的影响

载荷是造成构件疲劳失效的关键，载荷对构件疲劳失效的影响包括载荷形式和载荷变化特征两个方面。结合材料力学相关知识，载荷作用于构件的典型形式有拉伸、压缩、弯曲、扭转及其组合形式。通常，拉伸对构件材料的破坏要明显高于压缩的载荷影响，如金属杆件拉伸失效的载荷明显小于压缩失效的载荷（构件不压缩失稳）。此外，承受弯曲载荷为主的梁结构通常是一边受拉应力作用，另一边受压应力作用，其失效都是从拉伸应力侧开始。

构件承受交变应力循环载荷时，应力比 R（$\sigma_{min}/\sigma_{max}$）、应力幅值（$\sigma_{max}-\sigma_{min}$）等都会影响构件的疲劳寿命。研究结果表明，应力幅值不变，增加应力比 R 将增加应力循环的平均应力（应力幅值的二分之一），这将导致循环载荷中的拉应力增大，这将加速裂纹萌生和裂纹扩展，从而降低构件的疲劳寿命。同样，不论应力 R 高低，应力幅值增加，都将增加拉伸部分的应力载荷，从而加速构件疲劳。

2. 载荷类型的影响

作用于构件的应力水平相同，拉压应力状态时，构件整体受力均匀，整个构件体积内应力水平一致；而弯曲载荷作用下，构件一部分处于拉伸状态，而另一部分处于压缩状态，构件内部组织应力并不一致，所以构件的高应力区体积明显小于构件整体体积。我们知道疲劳破坏主要取决于作用应力变化幅值的大小和材料抵抗疲劳破坏的能力两个因素，即疲劳破坏通常发生在高应力区或材料缺陷处。作用于构件的最大应力虽然相当，但拉压循环时高应力区域的材料体积较大，存在缺陷并由此引发裂纹萌生的可能性也大。所以，同样的应力水平作用下，拉压循环载荷作用的寿命比弯曲循环载荷作用的寿命短。

3. 表面质量影响

构件表面加工的粗糙度对材料的静强度影响不大，但对疲劳强度则有非常明显的影响。根据受力分析可知，构件承受弯曲载荷、扭转载荷时，构件的最大应力都是集中在表面。大量疲劳失效分析表明，绝大多数构件疲劳断裂都起源于构件的表面。因此，凡是制造工艺过程中产生各类裂纹（如淬火裂纹）、尖锐缺口（如表面粗糙度不符合要求、加工刀痕等）都是导致疲劳裂纹形成并降低构件疲劳寿命的重要因素。研究表明，构件表面加工粗糙度值越低，试件材料的疲劳极限越高，这表明表面粗糙度对疲劳极限的影响越显著。

4. 几何形状及尺寸影响

零件的几何形状不合理，如存在槽、孔、圆角、缺口和螺纹等常见的外形不连续形式，就会产生应力集中。大的应力集中对疲劳裂纹形成和扩展有很大作用。零件尺寸对疲劳强度也有较大的影响，在弯曲、扭转载荷作用下其影响更大。一般来说，随着零件尺寸的增大，其疲劳极限下降。而且缺口试样比光滑试样的尺寸效应更为显著。疲劳强度尺寸效应的原因，第一是尺寸增大会增加表面的各种缺陷，增大疲劳裂纹的萌生概率；第二是零件尺寸增大会降低弯曲、扭转零件截面的应力梯度，增大表层高应力的体积，增加萌生疲劳裂纹的概率，因而其疲劳强度就降低。

复习与思考

1. 请简要说明常用硬度表示的方法。
2. 请简要说明疲劳载荷和静态载荷的差异。
3. 请简要说明影响结构疲劳寿命的因素。

任务 4 构件负荷与材料工艺性认识

4.1 任务导入

机械零件在工作条件下可能受到力学负荷、热负荷或者环境介质的作用。有时只受到一种负荷作用,更多时候受到两种或三种负荷的同时作用。机械零件受到力负荷主要表现为内部的变形方式、应力分布状态以及缺口效应作用等。热负荷主要表现为外界高温在构件或零件内部产生的热冲击、热应力以及随温度升高而引起的构件承载能力降低。

1) 那么你知道常见机械构件在工作中会受到怎样的负荷呢?
2) 机械结构负荷会使结构产生怎样的现象呢?
3) 不同结构或者不同材料的零部件会采用不同的生产制造方式,这跟材料哪些特性有关系呢?

本学习任务将介绍机械构件典型的受力状态及材料的加工特性。这有助于我们更好地理解零件的制造工艺方法、质量和制造成本。

微课视频:
构件典型载荷
类型分析

4.2 构件的力学负荷

力学负荷可以根据载荷是否随时间变化分为静态载荷和动态载荷。简单地说,不随时间变化而变化的载荷称为静态载荷,随时间变化而变化的载荷称为动态载荷。按载荷随时间变化的方式,动态载荷又可以分为交变载荷和冲击载荷。交变载荷是随时间作用呈周期性变化的载荷,如齿轮匀速转动时作用于每一个齿上的力都是随时间按周期性变化。冲击载荷则是物体的运动在瞬间内发生突然性的变化,如车辆碰撞、锻造时的锤击等。工程应用中,若载荷缓慢地由零增加到某一值然后保持不变或者变化不明显,这类载荷也视为静态载荷。作用于构件的静载荷通常可以分为拉伸或压缩、剪切、扭转和弯曲等四类基本载荷。

4.2.1 拉伸或压缩载荷

杆件典型的拉伸载荷如图 1-14a 所示,杆件两端承受大小相等、方向相反的拉伸载荷作用。杆件在拉伸载荷作用下沿拉伸载荷方向变形,促使杆件变得更细长。压缩载荷如图 1-14b 所示,表现为杆件两端承载压缩载荷,促使杆件呈现压缩变形。拉伸或压缩载荷的典型特征是由大小相等、方向相反、作用线与杆件轴线重合的一对力组成,杆件变形主

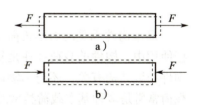

图 1-14 典型拉伸或压缩载荷

要体现在沿杆件轴向伸长或者缩短。常见的活塞连杆、转向拉杆、吊机钢索、桁架杆件等零件工作承受的载荷都是典型的拉压载荷。承受拉压载荷的杆件内部截面应力主要表现为沿截面法向的应力，构件承载能力由材料抗拉强度决定。

4.2.2 剪切载荷

如图 1-15 所示，剪切载荷的作用方向与构件轴线垂直，且载荷作用距离很近。构件受剪切载荷作用其变形形式表现为沿垂直构件轴线的面错动变形。例如，齿轮与轴连接中的键，在齿轮传动中的齿轮与转轴具有绕轴转动的相对运动趋势，键的作用就是阻止齿轮与转轴的相对运动。键的两侧分别受到大小相等、方向相反、作用线垂直键轴线的载荷作用，键的载荷作用交界面形成剪切载荷作用面。承受剪切载荷的构件内部截面应力主要表现为沿截面方向的剪切应力，构件抗剪切破坏能力明显低于构件拉压强度。

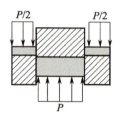

图 1-15 典型剪切载荷

4.2.3 扭转载荷

如图 1-16 所示，构件两端承受大小相等、方向相反、作用面垂直于杆件轴线的一对力矩载荷作用，构件将绕构件轴线发展相等转动的变形。汽车转向柱、转动轴、电机轴等传递扭矩载荷的构件工作变形均是典型的扭转变形。扭转变形构件的失效形式一方面是结构受扭转载荷作用出现破坏失效，另一方面主要是构件扭转变形角度过大。

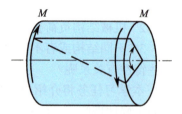

图 1-16 典型扭转载荷

4.2.4 弯曲载荷

如图 1-17 所示，构件两端承受大小相等、方向相反且作用于构件轴线平面的力矩载荷，或者构件两端承受垂直于杆件轴线、方向相同的一对横向力作用，构件的变形表现为沿轴线弯曲变形。弯曲载荷作用的案例很多，火轮轴、整体式车桥、桥式吊车大梁等构件承受的载荷都是典型的弯曲载荷。承受弯曲载荷的构件，其结构沿中性面分开，一边受压缩载荷作用，另一边受拉伸载荷作用，其应力表现分别为压缩应力和拉伸应力。

图 1-17 典型弯曲载荷

简单构件承受的力学负荷主要可以简化为上述拉压、扭转、剪切、弯曲等类型。实际工程使用中，构件的载荷往往是复杂多样的，尤其是汽车结构。汽车零件结构工作载荷不仅与构件布置结构有关，还与车辆运行时外部载荷激励有关。因此，汽车零部件产品构件的工作载荷常常是多种基本载荷类型的组合。

4.2.5 构件的热负荷

汽车发动机及其部分附件的工作环境是典型高温环境，燃料在发动机缸内燃烧为车辆行驶输出动力。发动机刚体、活塞、排气歧管、涡轮等构件的工作温度可以高达几百摄氏度，甚至瞬时温度接近 1000℃。零件承受高温和温度反复变化将引起热疲劳、高温氧化等故障，同时高温环境还将降低材料力学性能，产生蠕变现象。

试验表明高温环境下，材料力学性能随温度升高而降低。此外，高温下载荷加载持续时间对构件强度有明显影响，强度随加载时间延长而降低。材料在长时间的高温作用下，即使应力小于屈服强度也会慢慢产生塑性变形，这种现象称为高温蠕变。一般来说，只有当热力学温度超过 $0.3T_m$（T_m 为材料熔点的热力学温度）时才会比较明显地出现蠕变现象。

此外，构件的热负荷也是导致其热疲劳失效的载荷源。如图 1-18 所示的发动机排气歧管，是发动机排气系统重要的组成。排气歧管安装在发动机缸体排气口，内部气流温度高达 950~1000℃水平。排气歧管内部气流温度受发动机杠内排气影响，保持较高频率的变化，高温冲击载荷是导致排气管热疲劳失效的主要原因，这也是典型构件热负荷失效案例。

图 1-18 发动机排气歧管热疲劳

4.3 材料制造工艺性

材料的制造工艺性主要是指材料在加工、成形中表现出的性能特点。不同材料类型其制造工艺性关注的内容不尽相同，本书以常用的金属材料为例，其制造工艺性主要包括可加工性、成形性能、焊接性能、热处理和表面处理性能等内容。这些性能对金属构件设计的材料选用、制造工艺以及制品的质量、制造成本等都具有重要的影响。

4.3.1 铸造性能

金属铸造成型是将熔炼的金属液体浇注入铸型内，经冷却凝固获得所需形状和性能的零件的制造工艺。铸造是机械制造领域常用的制造方法之一，具有制造成本低、工艺灵活性大、可以获得复杂形状和大型零件等优点。据统计，铸造成型工艺在机械制造领域的占比很大，如机床制造中占比 60%~80%，汽车制造领域占比 25%，拖拉机制造中占比 50%~60%。随着铸造技术的发展和市场要求的提高，铸造技术向着精密化、大型化、高质量、自动化和清洁化的方向发展。金属材料的铸造工艺性主要是指金属材料在铸造过程中所表现出来的，直接影响到铸件的质量和生产效率的性能。金属材料的铸造性能主要包括流动性、收缩性、偏析、吸气性等方面。

1. 流动性

金属材料的流动性是反映该液态金属流动能力的重要参数，是金属材料重要的工艺性能。流动性好的金属液在浇铸过程中能够均匀地填满模具的各个角落，从而得到形状完整、尺寸精确的铸件，这也是直接影响铸件的补缩效果及其他铸造缺陷产生的因素。铸造金属液的流动性通常经历纯液相流动和液固两相混合流动两个阶段。纯液相流动能力受熔液铸型之间的摩擦力与熔液内部摩擦阻力的影响，内部摩擦阻力与熔液内部运动黏度成正比。内部摩擦阻力增大熔液黏滞性，抑制其流动，其流动能力减弱。

熔液温度、合金成分、铸造型面阻力等都会影响金属铸造液的流动性能。通常，熔液温度越高，流动性越好，随着熔液温度降低，金属液体黏度增大，其流动能力下降。铸造型面阻力和型面复杂程度也影响铸造金属液流动。在充型的过程中，复杂的型面和型面阻力将阻止金属流动，且在流动过程熔液热量不断逸散，其流动能力不断变化，直至停止流动。化学成分的影响表现为改变熔体结构和密度，使其黏度发生变化；改变液相线温度；元素形成化合物，提高熔液黏度等方面。通常可以在相同工艺条件下采用浇筑螺旋线的方法来比较不同金属材料的相对流动性。

2. 收缩性

收缩性指金属液从浇注温度冷却到室温的过程中，体积逐渐缩小、尺寸减小的现象。收缩性是金属铸造过程中一个重要的工艺参数，铸造收缩性是铸件中许多缺陷，如缩孔、缩松、热裂、应力、变形和裂纹等产生的根本原因，是合金的重要铸造性能之一，对铸件质量有着很大的影响。不同金属材料的收缩率不同，且收缩率与铸造工艺、冷却速度等因素有关。

收缩性直接影响铸件的质量。液态收缩和凝固收缩若得不到补足，会使铸件产生缩孔和缩松缺陷，固态收缩若受到阻碍会产生铸造内应力，导致铸件变形开裂。缩孔是由于金属的液态收缩和凝固收缩部分得不到补足时，在铸件的最后凝固处出现的较大的集中孔洞；缩松是分散在铸件内的细小的缩孔。缩孔和缩松都会使铸件的力学性能下降，缩松还能使铸件在气密性试验和水压试验时出现渗漏现象。生产中可通过在铸件的厚壁处设置冒口的工艺措施，使缩孔转移至最后凝固的冒口处，从而获得完整的铸件。铸件在凝固后继续冷却过程中，若固态收缩受到阻碍就会产生铸造内应力，当内应力达到一定数值时，铸件便产生变形甚至开裂。

3. 偏析

偏析指金属液在冷却过程中，由于结晶速度不同而引起的化学成分不均匀的现象。偏析的存在会导致铸件内部出现组织不均匀、性能不均匀等现象，严重时甚至会导致铸件报废。晶内偏析、区域偏析和比重偏析是最常见的三种偏析类型。铸造偏析不仅会影响铸件的使用寿命，而且会导致铸件断面上的机械性能不一致。因此，在生产铸件时，应尽量避免偏析的发生。

晶内偏析也叫枝晶偏析，这是指铸件材料的晶粒内部，化学成分分布不均匀的现象。这种偏析出现在具有一定凝固温度范围的合金铸件中。为防止和减少晶内偏析的产生，在生产中常采取缓慢冷却或孕育处理的方法。区域偏析指的是铸件整体上各部位化学成分不一致。

避免区域偏析的发生，主要应该采取预防措施，如控制浇注温度不要太高，采取快速冷却使偏析来不及发生，或采取工艺措施造成铸件断面较低的温度梯度，使表层和中心部分接近同时凝固。比重偏析指铸件上、下部分化学成分不均匀的现象，主要是由于组成合金元素的密度相差悬殊所致。在铸件完全凝固后，密度小的元素大多集中在上部，而密度大的元素则较多地集中在下部。为了避免比重偏析，可以在浇注时采取措施，比如充分搅拌或加速金属液的冷却，以减少不同密度元素之间的分离。

除此之外，金属铸造工艺性还有热裂倾向性、吸气性等内容，铸造工艺条件改变，金属熔液的性能也随之变化。构件铸造材料和铸造工艺选择需要综合考虑构件功能和材料性能。根据金属铸造流动性、收缩性、偏析等相关性能，常见铸造材料性能对比见表1-6。

表1-6 常见铸造材料性能对比

材料	流动性	收缩性		偏析	其他
		体收缩	线收缩		
灰铸铁	好	小	小	小	铸造内应力小
球墨铸铁	稍差	大	小	小	易缩孔、缩松
铸钢	差	小	大	大	导热性差，易冷裂
铸造黄铜	好	小	较小	较小	易形成集中缩孔
铸铝	较好	小	小	较大	易吸气、易氧化

4.3.2 压力加工性能

金属材料的压力加工是利用外力作用使加工材料产生塑性变形，来获得具有一定形状、尺寸和力学性能的原材料、毛坯或零件的生产加工方法。根据其加工成形特点，也被称为金属塑性加工。压力加工性能与材料的成分、组织、形状、温度等因素密切相关，直接影响了材料加工过程中的变形、制造缺陷和工艺性能。压力加工具有力学性能好、节省金属材料、生产效率高等许多优点。金属压力加工的方法包括轧制、挤压、锻造、冲压、拉拔等，这些方法可以使金属坯料细化显微组织，提高材料组织的致密性，从而提高金属的机械性能。同时，压力加工也可以直接使金属坯料成为所需形状和尺寸的零件，大大减少了后续的加工量，提高了生产效率。对于一些形状复杂的零件，可以通过模锻等精密压力加工方法来实现。

金属材料的压力加工性主要是指材料在压力加工时的塑性成形的难易程度。根据压力加工的特点可知，材料在压力加工过程将发生明显的塑性变形，因此，材料的抗塑性变形的能力是决定其压力加工性能的关键。材料的塑性越好，抗变形力越小，其压力加工性能就越好。较低的塑性变形抗力将减少压力加工设备能耗，易于获得准确、复杂的外形并保持零件不开裂。一般而言，纯金属的压力加工性能良好，含合金元素和杂质越多的材料，其压力加工性越差。例如，纯铁的压力加工性很好，优质低碳钢的压力加工性明显优于高碳钢材料，而合金元素和杂质多的铸铁则不能进行压力加工。总的来说，压力加工性能在材料科学和工程技术领域有着至关重要的意义，对于制造行业的发展也有着重要的作用。

4.3.3 焊接性能

焊接制造工艺是连接两个金属零件或多个金属零件，使其成为一个具有特定功能的部件。其制造工艺是在加热或者加压，或者两者并用的条件下，应用填充材料（或者不用填充材料）将待连接部件结合到一起。焊接具有连接方便、封闭性能好、强度高等优点，不仅对同种材料，而且对异种材料也能起到连接作用。在大型装备的制造及组装方面，焊接能根据具体要求对型材以及锻造件等进行有机的结合，对制造大型工程机械、火车等具有重要作用。焊接件的焊接接头在良好的焊接工艺以及高性能的焊丝条件下，能得到焊接接头的强度高于母材的焊件，大大提高焊接接头的力学性能。焊接是一门独立的学科，并广泛应用于核工业、造船、建筑及机械制造等工业部门，在推动工业的发展和产品的技术进步以及促进国民经济的发展方面都发挥着重要作用。

材料的焊接性能通常包括工艺焊接性和使用焊接性两个方面。工艺焊接性是指一定焊接工艺条件下能否获得优质、无缺陷的连接接头的性能；使用焊接性是指焊接接头或者整体结构满足结构技术要求所规定的各种使用性能的程度，如力学性能、耐蚀性等。研究指出，钢材的碳当量是影响钢材焊接性能的重要参数，钢的碳当量是把钢材中的合金元素（包括碳元素）的含量按公式（1-19）进行换算所得。钢材的碳当量越高，钢材的焊接性越差，将碳当量 $CE < 0.4\%$，钢材的焊接性良好；$CE=0.4\%\sim 0.6\%$ 时，焊接性较差；$CE > 0.6\%$ 时，焊接性差。通常，低碳钢和低碳合金钢的焊接性良好，焊接工艺简单，易于保证焊接质量；高碳钢和高碳合金钢焊接性能较差，需要采用焊接预热、气体保护等复杂工艺，且焊接质量保证困难。

$$CE = \left(C + \frac{Mn}{6} + \frac{Cr+Mo+V}{5} + \frac{Ni+Cu}{15} \right) \times 100\% \qquad (1-19)$$

4.3.4 切削加工性能

切削加工是常用也是最重要的去除材料加工工艺之一，切削加工可以制造各种复杂结构，是获得高尺寸精度和高表面加工质量的制造工艺。常用的切削加工工艺包括车削加工、铣削加工、刨削加工、磨削加工等。

材料的切削加工性能是各种切削加工工艺制造的难易程度。研究结果表明，一般情况下，影响材料切削加工工艺性能的主要因素是材料的硬度和组织状态。工程实践显示，金属材料的布氏硬度在 170~230HBS 区间，其切削加工性能较好。常用材料中，铸铁以及经过恰当热处理的碳钢具有良好的切削加工性能，而高合金钢的切削加工性能较差。材料切削加工性能的优劣直接影响零件表面加工质量、加工工具使用寿命和加工成本，因此材料的切削加工性能是材料设计选用的重要考虑因素。

复习与思考

1. 请简要说明常见结构典型的载荷类型。
2. 请简要说明金属铸造性能的主要因素。
3. 请简要分析金属焊接性能分类。

任务 5　材料基础特性实践

5.1　任务目标

我们已经学习了材料密度、金属拉伸试验等基础知识。我们已经从理论上了解到，同一个汽车零部件，采用不同密度的材料设计制造其总体质量将会随之发生变化。同样地，不同材料拉伸试验所得的力学性能参数也会因材料差异而明显不同。

1）生活中我们是否直观感受或者体验过材料密度差异引起的汽车零部件质量变化？
2）根据材料试样拉伸试验数据，我们能否正确解释材料拉伸曲线关键特征及其成因？

为增强知识学习和应用实践相结合，本实践任务采用虚拟仿真的形式探索材料密度对零部件质量的影响和进一步理解材料拉伸试验，达到理实结合的教学目标。

5.2　任务分析

5.2.1　任务目标解读

密度是材料的基本物理特性之一，同时也是决定零件质量的重要因素。根据理论知识学习，同一零件采用材料的密度与零件质量正相关。此外，拉伸试验是测量材料基本力学性能的重要方法，掌握和正确解读材料拉伸试验数据特征是深入认识材料力学性能的基础。

根据任务实践提供的某汽车转向节、汽车摆臂等零件模型，根据材料设定情况分别查看并记录不同材料对应的零件质量。根据实践任务提供的材料试验数据，应用表格绘制拉伸试验力学性能曲线并说明拉伸试验曲线关键特征及其原理。

5.2.2　任务内容

1. 零件质量测量

汽车转向节零部件质量测量实践项目采用 3D 数据软件导入设计数据，分别对零件定义不同密度的材料，测量零件体积和质量记录测量数据。完成测量记录并对比分析材料差异对零件质量的影响。本任务主要实践内容如下：

1）测量并记录转向节零件体积。
2）至少完成两种及以上常见金属材料密度参数。
3）对转向节零件赋予材料并测量和记录零件质量信息。

4）分析材料选用对汽车轻量化的意义。

2. 零件材料拉伸模拟实验

拉伸试验是指标准试样在承受轴向拉伸载荷下测定并获得材料拉伸试验对应的力位移曲线的试验方法。阅读金属常温拉伸试验方法和步骤可参见 GB/T 228.1—2021《金属材料 拉伸试验 第1部分：室温试验方法》，熟悉试验标准相关知识。根据本实践任务提供的拉伸试验数据绘制材料力学性能曲线，解读材料性能曲线的关键特征参数及意义；根据试验样件尺寸信息，计算材料屈服强度、抗拉强度等参数。本任务主要实践内容如下：

1）查看并记录基础模型的材料牌号。
2）检查模型并记录拉伸试样尺寸参数。
3）查看拉伸试验仿真结果，生成拉伸曲线并标记特征参数。
4）解读试验数据并完善实践报告。

3. 任务拓展

车辆结构设计制造中涉及几十上百种材料，通过本任务实践和相关方法应用可以进一步拓展其他材料。例如，进一步测量镁合金、高强度钢材、灰铸铁、可锻铸铁等汽车常用材料的密度和拉伸试验数据处理，为各种材料应用选择积累数据基础。

5.3 实施计划

材料密度特性、材料拉伸试验数据处理实践活动以小组为单位完成。通过小组实践活动，培养团队分工合作、相互协作的团队精神。实训小组充分发挥头脑风暴、交流讨论优势，深入理解实践任务的理论背景，培养实践操作能力。为促进高质量完成实践任务，达到实践目标，实践小组制订实施计划，包括基础理论回顾、实践任务分解、小组分工、方案设计、讨论决策等内容。小组活动实施计划参照表1-7完成记录。

表1-7 实施计划记录

班级：	组长：	任务名称：
组员：		
成员任务职责	组长负责本学习任务的组织、决策、安全管理等 组员负责： 1. 安全监督以及完成组内其他学习任务 2. 工具备料以及完成组内其他学习任务 3. 技术资料以及完成组内其他学习任务 4. 常规操作以及完成组内其他学习任务 5. 文本记录以及完成组内其他学习任务	

（续）

班级：	组长：	任务名称：
组员：		
任务实施计划	实施计划： 1. 成员任务分工、团队协作 2. 任务目标分解与讨论 3. 任务实施结果与讨论分析 4. 任务实施记录整理提升	

5.4 任务实施

5.4.1 实施准备

本次实践任务实施前根据任务内容和要求，完成实践任务提供的模型文件、试验数据下载归档管理。完成实践所需软件、计算机、基础理论知识等内容准备。提前熟悉办公软件、图形软件、数据分析软件等基本操作技能。

5.4.2 实施过程记录

本任务实施过程及各阶段主要实践内容记录参照表 1-8 所示的记录表执行。

表 1-8 实施记录

流程序号	任务流程及描述	完成情况	
1	小组确定：明确成员、任务、职责	□是	□否
2	主题明确：明确调查对象，主题清晰	□是	□否
3	零件体积：	□是	□否
4	材料 A 的零件质量：	□是	□否
5	材料 B 的零件质量：	□是	□否
6	材料 A 拉伸数据分析：	□是	□否
7	材料 B 拉伸数据分析：	□是	□否
8	持续改善：团队协作、持续改善、全过程 5S 管理	□是	□否

5.5 实施评价

5.5.1 小组自评

各小组对照表1-9所示检查项目任务实施执行情况，对项目实施过程进行再次检查确认，完成小组自评，注重任务完成质量。

表1-9 任务实施自评

流程序号	任务流程执行检查与评价	完成情况
1	小组确定：检查规范性	□是 □否
2	主题明确：检查分析对象是否明确、重要	□是 □否
3	零件体积：检查数据准确性、完整性	□是 □否
4	零件质量：检查不同材料零件质量的准确性、差异性	□是 □否
5	拉伸数据：检查拉伸数据处理、数据分析的合理性	□是 □否
6	总结讨论：检查合理性	□是 □否
7	持续改善：检查完整性	□是 □否
8	总体评价：小组实践任务总体自评是否合格	□是 □否

5.5.2 教师评价

课程指导教师根据各小组实践任务完成情况，参照表1-10清单对任务实施进行质量检查和评价，并对各小组任务实施过程中所存在的问题提出改进措施与建议。

表1-10 教师检查评价

效果评价表			
班级：	组名：		成绩：
实践任务名称：			
评价项目		分值分配	教师评价
职业素养（25分）	团队协作能力	10	
	计划组织能力	10	
	质量意识	5	
职业技能（65分）	任务理解与计划完整性	10	
	任务执行完整性	20	
	任务完成质量	20	
	讨论与总结归纳	15	

（续）

效果评价表		
评价项目	分值分配	教师评价
绿色安全考评（10分） 落实"5S"、绿色节能意识	10	
存在问题及改进措施		

5.6 调整改进

任务实践小组成员和指导教师结合实践完成情况，整理任务实践中存在的收获和不足。重点针对任务实践发现的不足，制定调整改善方案，讨论调整方案可行性，并进一步完善实践训练。本实践任务总结反思和改进设计记录如下。

1. 记录本次实践任务的主要收获、重点、难点和不足。针对不足有何思考和建议？

_____
_____
_____
_____

2. 结合调整方案和建议讨论，记录和整理小组讨论结果，向指导教师汇报调整方案。

_____
_____
_____

3. 结合调整实施方案，进一步完善实践训练，验证任务实践调整方案效果。完成方案实践记录并对比方案调整的实践效果。

_____
_____
_____

拓展阅读

为中国腾飞插上"金属"翅膀
——师昌绪

人物介绍：

师昌绪，1920年出生于河北省徐水县。九三学社社员，中国著名材料科学家、战略科学家，中国科学院资深院士、中国工程院资深院士，国家最高科学技术奖获得者。

人物故事：

20世纪50年代，朝鲜战争爆发，美国当局明令禁止师昌绪等多名中国留学生回国。为争取美国开放禁令，师昌绪带头多方联络，联合其他学生集体写信给美国总统艾森豪威尔，要求撤掉禁令，同时印刷200多封信投递给美国报界、议员和民众团体。师昌绪、张兴钤、李恒德等人还组织留学生两次集体给周恩来总理写信，表达了不惧迫害、要求回国的意愿。1954年5月，在日内瓦国际会议上，这些信件成了中国政府抗议美国无理扣押中国留学生的重要证据。

经过多年的艰苦斗争，美国在各方的压力下被迫同意一些中国留学生回国，其中就有师昌绪。八载隔洋同对月，一心挫霸誓归国，他终于踏上了回家的路。

"我是中国人，中国需要我。"这是师昌绪当时的心声。

人物语录：

"作为一个中国人，就要对中国作出贡献，这是人生的第一要义。"

感动中国给师昌绪的颁奖词是："忧国不谋生。八载隔洋同对月，一心挫霸誓归国，归来是你的梦，盈满对祖国的情，有胆识，敢担当，空心涡轮叶片，是你送给祖国的翅膀，两院元勋，三世书香，一介书生，国之栋梁。"

项目 2　汽车常用材料认识

汽车整车产品是一个包含车身系统、底盘系统、动力系统、电气系统等多个系统的综合系统。据统计，一辆普通轿车由1万多个不可拆解的零件组装而成，整车零件制造涉及上百种材料。根据汽车材料的典型特性，可以粗略分为金属材料和非金属材料两大类。其中金属材料主要用于承载性能高的零部件，非金属材料主要用于装饰性零件。随着非金属材料性能的不断开发，其在汽车结构中的应用越来越广泛。本项目将结合零件产品特点介绍汽车结构材料及材料特性。

项目目标

学员完成本项目学习应当达成以下学习目标。

知识目标

- 能够正确识别汽车材料类型。
- 能够掌握常见汽车材料的基本性能。
- 能够掌握常见汽车零件材料选用原则。

技能目标

- 能够正确区分常用汽车零件材料类型。
- 能够正确分析汽车零件材料特点。

职业素养目标

树立绿色环保意识，培养可持续发展理念。

任务1 汽车常用黑色金属介绍

1.1 任务导入

金属材料通常是指具有一定光泽、延展性、容易导电、传热等性质的材料。金属通常可以分为黑色金属和有色金属两种,其中黑色金属包括铁、铬、锰及其合金材料。例如,常见的钢材就是以铁元素为基础的材料,被广泛应用于各个工业产品,称为"工业的骨骼"。虽然各种新型材料迅速发展和广泛应用,但迄今为止,钢铁材料在工业原材料构成中仍然占据主导地位。

1)你知道常用汽车零部件通常选用什么样的钢材制造吗?
2)你知道汽车零部件选用钢材时需要考虑哪些因素吗?

钢材是汽车零部件常用制造材料,汽车零部件选用钢材时通常会结合材料力学性能、加工制造性能、制造工艺、产品成本等多方面因素。本任务将结合典型汽车零部件钢材选用案例介绍钢材的主要性能及其在汽车产品中的应用。

1.2 金属材料分类

金属材料是现代工业应用最广的材料之一,其具有良好的导电性、导热性、塑性和工艺性能等。金属中有自由电子存在,只要在金属两端施加很低的电压,就可使自由电子向正极流动而形成电流。这便是金属具有良好导电性的原因。同理,金属材料还具有良好的导热性和良好的塑性,也可以很方便地进行各种塑性加工。

冶金学上通常将金属分为黑色金属和有色金属两大类,如图2-1所示。其中,黑色金属是指铁、铬、锰及其合金材料,包括铸铁,碳钢和合金钢等材料;有色金属是指铁、铬、锰以外的金属材料,常用的有铝、镁、铜及其合金,稀有金属等。

此外,按照不同的分类方法金属的分类也不尽相同。如以密度分类,密度小于4.5g/cm³的金属称为轻金属,主要包括钠、钙、镁、铝等;密度大于4.5g/cm³的金属称为重金属,如铜、汞、铁、铅等。工业应用中,金属材料还有很多分类方式,如按稀有程度可以分为常见金属和稀有金属等。值得注意的是,黑色金属并不是指颜色而是指以铁元等为主体的含碳金属合金。例如,纯铁是黑色金属,但纯铁也是具有银白色光泽的金属。

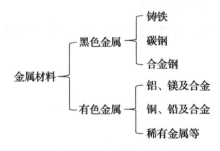

图2-1 金属材料分类

1.3 钢材分类及应用

钢材是指以铁元素为基础的合金材料，钢材是应用最为广泛的铁碳合金材料，也被称为"工业的骨骼"。在汽车工业领域，钢材以其出色的力学特性和加工性能，被广泛用于制造汽车零部件，尤其是承载能力要求高的零件。

1.3.1 常用钢材分类

钢材的种类繁多，根据钢材的生产方式、使用特点、力学性能等也有不同的分类方法。钢材分类通常包括按钢材的化学成分、钢材冶炼质量、冶炼方法、金相组织特征、材料用途、力学性能等分类方式。

1. 按化学成分分类

按材料的化学成分，钢材可以分为碳素钢和合金钢两大类。其中，碳素钢根据其碳含量多少可以进一步细分。碳含量低于 0.25% 的碳素钢称为低碳钢，其具有强度低、硬度低、断裂延伸率高的特点，也被称为软钢。碳素钢低碳钢包括大部分普通碳素结构钢和一部分优质碳素结构钢，大多数碳素钢低碳钢不经热处理可用于工程结构件，有的经渗碳和其他热处理用于要求耐磨的机械零件。

碳含量为 0.25%~0.60% 的碳素钢称为中碳钢。中碳钢具有良好的热加工和切削加工性能，焊接性能较差。中碳钢的强度、硬度比低碳钢高，而塑性和韧性比低碳钢差。经过恰当热处理工艺的中碳钢具有良好的综合力学性能。中碳钢在中等强度要求的结构中得到最广泛的应用，如广泛用于建筑结构材料和各种机械零件生产制造。

碳含量从 0.60%~1.70% 的碳素钢称为高碳钢。高碳钢经过适当的热处理工艺可以获得优良的力学性能，通常具有高强度、高硬度、高的弹性极限和疲劳极限等优点。同时，高碳钢可焊接性能和塑性变形能力差。高碳钢主要用于制造弹簧和耐磨性要求高的零部件。

2. 按冶炼方法分类

按钢材冶炼方法可以分为平炉钢、转炉钢和电炉钢。平炉钢是指用平炉冶炼的钢材，主要是碳素钢和普通低合金钢。冶炼中在平炉熔池中用氩气处理钢水，在容量为 150t、300t 和 430t 平炉中进行了试炼。转炉钢是指在转炉内以液态生铁为原料，将高压空气或氧气从转炉的顶部、底部、侧面吹入炉内熔化的生铁液中，使生铁中的杂质被氧化去除而炼成的钢。电炉钢是以电为能源的炼钢炉生产的钢，主要包括电弧炉、感应电炉、电渣炉、电子束炉、自耗电弧炉等，通常所说的电炉钢是用碱性电弧炉生产的钢。电炉钢有各种类型，多为优质碳素结构钢、工具钢及合金钢。

3. 按用途分类

按照用途分类，钢材可以分为结构钢、工具钢和特殊性能钢等类型。其中，结构钢包括优质碳素结构钢、合金结构钢和合金弹簧钢。优质碳素结构钢以两位数字表示，这两位数字代表钢材平均碳含量。例如，45 钢即表示碳含量为 0.45% 的优质碳素结构钢。工具钢包括碳素工具钢、合金工具钢和高速工具钢。碳素工具钢的牌号以字母"T"开头，以及含量数字组成，如 T10A 表示含碳量为 1% 的高级优质碳素工具钢。合金工具钢和高速工具钢的牌号表示方法与合金结构钢类似，但一般不标明含碳量数字，如 Cr12MoV 表示平均含碳量为 1.6%，平均含铬量为 12%，平均含钼量为 0.5% 的合金工具钢。

4. 按力学性能分类

屈服强度和抗拉强度是评价钢材强度性能的两个重要参数。根据钢材强度性能等级可以分为低强度、高强度和超高强度等类型。行业中对高强度钢、超高强度钢并没有统一的定义，有的就采用低强度钢和高强度钢进行分类。本书参照超轻钢车身先进汽车概念（Ultra Light Steel Auto Body-Advance Vehicle Concept，ULSAB-AVC）对汽车用钢材进行分类见表 2-1。

表 2-1　汽车用钢材分类

分类依据	低强度钢	高强度钢	超高强度钢
屈服强度 σ_s/MPa	≤ 210	$210 < \sigma_s < 550$	≥ 550
抗拉强度 σ_b/MPa	≤ 270	$270 < \sigma_b < 700$	≥ 700

数据来源：ULSAB-AVC

钢材牌号标记时可以按照钢材屈服强度和抗拉强度特性进行标记，如 X a/b，中 X 为钢材的种类标记，a 为该钢材的屈服强度下限值（单位为 MPa），b 为该钢材的抗拉强度下限值（单位为 MPa）。例如：DP590/980 是指最低屈服强度为 590MPa，最低抗拉强度为 980MPa 的双相钢。

此外，钢材还有很多细分，如低碳钢、各向同性钢、烘烤硬化钢、低合金钢、双相钢、复相钢、马氏体钢等。综合考虑钢材的屈服强度、延伸率等特性，各类钢材的主要特性如图 2-2 所示。

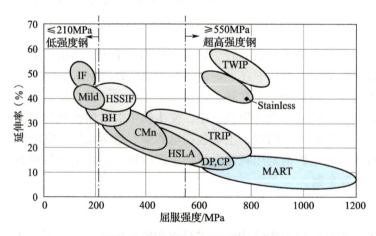

图 2-2　钢分类及其屈服强度和延伸率

IF—无间隙原子钢　Mild—低碳铝镇静钢　HSSIF—高强度无间隙原子钢　BH—烘烤硬化钢
CMn—碳锰钢　HSLA—高强度低合金钢　DP—双相钢　CP—复向钢　TRIP—相变诱导塑性钢
MART—马氏体钢　TWIP—孪晶诱导塑性钢　Stainless—不锈钢

1.3.2 高强度钢的特点

高强度钢以其抗拉强度高而著称，相比铝合金、镁合金等轻量化材料具有以下优点：

1）原材料价格低、经济性好。通常情况下，高强度原材料价格比普通钢材略高，但仅相当于铝合金材料价格的三分之一左右。

2）力学性能优越，易于保证零件刚度。高强度钢的弹性模量通常为200~210GPa，其弹性模量相当于铝合金弹性模量的3倍左右，有利于保证零件设计的刚度要求。

3）成形工艺性、焊接性能良好。高强度钢具有良好的断裂延伸率，便于冲压成型和焊接生产，适合制造复杂的汽车零件和焊接组装，零件制造成本低。

高强度钢与普通低碳钢相比具有以下优势：

1）具有较高的烘烤硬化性能，通过涂装烘烤，可以提升强度。

2）能量吸收效率高，适合用于制造碰撞吸能区域的零件。

3）具有较高的疲劳强度性能，易于保证零件使用寿命。

4）具有较高的防撞能力和抗凹性能。

随着汽车碰撞安全性能要求的不断提升，汽车工业对高强度钢应用日益普及。高强度钢尤其是超高强度钢使用过程中也存在一些瓶颈问题。高强度钢在提升材料屈服强度的同时也牺牲了部分塑性成形性能。例如，现有主要超高强材料的断裂延伸率通常在15%以内，这明显低于优质低碳钢。这导致高强度钢、超高强度钢冷冲压成型性变差，容易出现起皱、开裂等成形问题。此外，高强度钢、超高强度钢对模具磨损明显增加，冲压回弹明显，导致零件成形精度降低。

1.3.3 汽车常用钢材

汽车零部件设计需要根据不同的用途进行选材和制造，以满足不同的性能要求。例如，汽车纵梁结构需要具备较高的强度和耐冲击性能；汽车防撞梁需要具备高韧性和高强度的特点等。总之，汽车用钢具有高强度、高韧性、耐腐蚀性好等多种特点，这些特点能够提高汽车的安全性、稳定性和耐用性，同时还需要满足环保、轻量化等要求。根据汽车不同零部件系统使用要求，其钢材选用为以下4种。

1. 外覆盖件

汽车外覆盖件包括翼子板、侧围外板、车门外板、发动机罩外板、行李舱盖外板等各类外观可见零件。因为这类零件始终暴露在用户视线可见范围，其表面质量要求高，必须具有抗腐蚀能力，同时应保证强度和刚性的要求。其次，由于用户审美需要，车辆外观造型越来越复杂，这就要求外覆盖件材料需要有良好的成形性，因此要求其具备良好的塑性和延展性。现在的乘用车外覆盖件一般使用料厚 0.6~1.0mm 的薄板冲压成型，其表面采用镀锌涂层或使用锌铁合金钢板。发动机罩、前后车门、侧围外板、行李舱盖等外板多采用 BH 烘烤硬化钢、优质低碳钢等材料制造，其屈服强度较低，多数都在 200MPa 左右，断裂延伸率较高 $\delta \geq 30\%$，这有利于保证零件完成较大成形拉延深度。如图 2-3 为采用 180BH 成

图 2-3 侧围外板

形的某乘用车侧围外板，该零件 X、Z、Y 三个方向的尺寸关系为 3100mm×1300mm×360mm，零件拉伸深度大并且还存在多处复杂的成形特征和局部翻边设计。与此同时，该外板零件并非主要承载结构，这对零件的强度性能要求不高。这样的零件多采用屈服强度较低、塑性和延展性好的优质低碳钢或者烘烤硬化钢等制造，有助于保证其成形工艺性和制造质量。

2. 内覆盖件

汽车内覆盖件对外观质量的要求没有外覆盖件那么高，但是通常内覆盖件比外覆盖件具有更复杂的结构、更深的拉延深度。因此，汽车内覆盖件对塑性应变比和延伸率要求高，由于其拉伸深度大，对变形均匀性也要求较高，板料一般选用厚 0.8~1.2mm 优质低碳钢生产，断裂延伸率可达 40% 以上。如图 2-4 所示为采用优质低碳钢（DC06）拉伸成形的某尾门内板零件，该尾门内板结构复杂，整体拉伸深度达 300mm，还涉及多处局部凸台、起筋和支架等细节特征。

图 2-4　尾门内板

3. 功能件

汽车车顶、车门、翼子板、发动机盖等覆盖件主要作用是实现车身造型和疏导气流，减小车辆高速行驶时的空气阻力。由于车身内外覆盖件零件尺寸大、拉延深度大、造型复杂等因素要求其材料通常是屈服和抗拉强度不高、断裂延伸率高的低强度优质板材。这样的零件在发生碰撞事故时通常是碰撞变形大、吸能不足，不能有效保护成员安全。因此，车身结构中还涉及很多保证车身结构承载功能、抗冲击强度等零件，如汽车前碰撞横梁、前纵梁和 B 柱就是典型的碰撞吸能关键零件。

汽车前碰撞横梁通常是一个独立的总成结构，采用螺栓与车辆前端纵梁进行连接。前碰撞横梁的主要作用是通过变形来吸收车辆正面碰撞的能量。低速碰撞时，碰撞横梁可以吸收绝大部分能量，可以有效保护车身结构。由于碰撞横梁采用螺栓与前纵梁连接，即便碰撞横梁碰撞变形后不能修复，也可以局部更换，这有助于降低车辆修理成本。高速碰撞时，前碰撞横梁也是重要吸能装置，有助于减小前纵梁或者乘员舱的结构变形。随着整车结构耐撞性能要求的不断提升，要求前碰撞横梁更充分地发挥碰撞吸能功能，因此，高强度钢、超高强度钢常被用于制造前碰撞横梁。如图 2-5 所示为某前碰撞横梁结构设计，采用抗拉强度 1000MPa 级的双相钢 DP980 成形并焊接组成封闭截面。根据整车质量和碰撞性能要求，前碰撞横梁材料厚度为 1.5~2.5mm。

图 2-5　前碰撞横梁

汽车前纵梁是汽车中最重要的承载部件，绝大多数前置前驱车型的动力总成系统都是安装在前纵梁上。同时，前纵梁也是正面高速碰撞主要吸能和变形区域。整车结构耐撞性开发通常要求高速碰撞时乘员舱尽量小，避免乘员因空间过度挤压而导致严重伤害，这就要求车辆结构在前纵梁根部前完成绝大部分碰撞能量吸收和承担结构变形功能。如图 2-6 为某前纵梁结构，采用槽型内板加外板焊接形成封闭型腔，并且槽型内板内还布置加强件等，通常采用抗拉强度 600~800MPa 的优质高强度钢，厚度 1.5~2.5mm。

乘用车 B 柱结构除了安装固定车门外，也是构成车身骨架的主要部件，是侧面碰撞保护乘员安全的重要结构。按照乘用车侧面碰撞试验规范，碰撞故障撞击位置主要集中在 B 柱前后区域。B 柱下端连接门槛梁，上端连接顶盖边梁，共同组成车身承载框架结构。随着碰撞安全性能要求的不断提高，乘用车 B 柱结构广泛采用高强度钢、超高强度钢制造，提升乘员保护能力。如图 2-7 所示为某车型 B 柱及上下连接结构，根据碰撞设计需要 B 柱通常由内外板及加强件组成，材料抗拉强度通常大于 800MPa，甚至有的采用抗拉强度高达 1200MPa 以上的超高强度钢材料。与 B 柱连接的门槛梁和顶盖边梁的材料抗拉强度也通常达到 600MPa 以上，门槛梁已经较多地采用 1000MPa 及以上的超高强度钢材料制造。

图 2-6　前纵梁结构

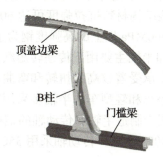
图 2-7　B 柱及上下连接结构

4. 底盘件

汽车底盘是支承车辆和安装各部件的系统，通常包括传动系统、行驶系统、转向系统和制动系统等四大系统，其主要功能是利用发动机的动力，使汽车运动并保证汽车能够按照驾驶员的操纵正常行驶。传动系统的功用是将发动机的动力传给驱动车轮，现在主流乘用车传动系统主要包括变速器、万向传动装置、驱动桥、分动器等。行驶系统的功用是支撑、安装汽车的各零部件总成，传递和承受各种载荷，以保证汽车的正常行驶，主要由车架、车桥、悬架、车轮等组成。转向系统的功用是保证汽车能够按照驾驶员选定的方向行驶，主要由转向操纵机构、转向器、转向传动机构组成。制动系统的功能是使汽车减速、停车并能保证可靠地驻停。汽车制动系统一般包括行车制动系统和驻车制动系统等两套相互独立的制动系统，每套制动系统都包括制动器和制动传动机构。

如图 2-8 以某麦弗逊悬架为例，前悬架中的副车架总成、下控制总成等零件多数都采用钣金冲焊形成封闭型腔结构。这类零件在工作过程中将承载较大的冲击载荷，零件强度性能要求高，因此通常采用高强度钢制作而成。该案例中的副车架、下摆臂零件片体均采用屈服强度 250MPa 以上、抗拉强度 500MPa 以上的钢材制造。稳定杆具有较大受力、左右两端相对位移大等工作特点，要求零件具有高强度和抗扭变形能力，通常制作成实心杆件，材料多采用 60Si2MnA 等弹簧钢制造。

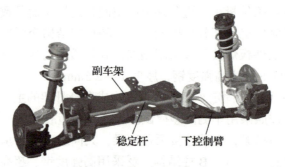

图 2-8　前悬架零件材料

车架是非承载式车身车辆结构中最重要的承载结构，车身系统、悬架系统、动力系统等都是以车架为安装基础。皮卡、中大型 SUV 等车型较多地采用带车架的非承载式车身结构，如图 2-9 所示为某皮卡的车架。该车架结构主要采用高强度钢板冲压和气体保护焊制造工艺，前端碰撞吸能结构材料抗拉强度可达 600~1000MPa，中后段及安装连接支架使用钢材是以抗拉强度达到 500MPa 以上的高强度钢为主。

汽车传动轴和半轴主要用于传递转矩载荷，是影响汽车安全及舒适度的重要部件。传动轴和半轴在工作中承受着较高的扭转和弯曲应力，因此既要考虑扭转和弯曲强度，又必须有高的疲劳强度，轿车和轻型车的半轴多采用冷挤压，载重汽车的半轴多采用锻造。国内各大钢厂目前生产的用于制造半轴和传动轴的钢材牌号有 50MnB、40Cr、35CrMo 等。如图 2-10 所示的半轴采用 40Cr 制造，传动轴采用 35CrMo 制造。

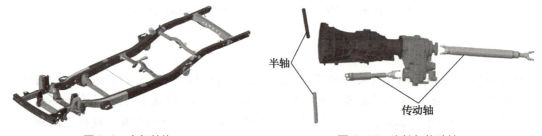

图 2-9　车架结构　　　　　　　图 2-10　半轴与传动轴

此外，不同汽车类型差异，有些特殊零部件制造材料还涉及弹簧钢、齿轮钢、轴承钢等专用性更强的钢材。

弹簧钢主要用于生产制造汽车钢板弹簧、汽车扭力杆、螺旋弹簧、气门弹簧等。在所有汽车弹簧中悬架弹簧和气门弹簧是最具代表性的产品，前者作为轿车减振系统的重要零件在轿车行车过程中随着路况变化一直处于动载荷状态，悬架弹簧不仅涉及乘员的舒适性，还涉及车辆的操控性和安全性，它的疲劳寿命特别受到关注。气门弹簧长期在恶劣的工况下工作，需要在高温、高频率下长时间服役不失效，气门弹簧失效不仅表现为发动机驱动力下降，并且可能损坏发动机，因而历来被认为是发动机的心脏零件。对于汽车悬架板簧用热轧扁钢，主要是 Si-Mn 系钢，产量最大的是 60Si2Mn（A），约占 60%~70%。国产汽车阀门弹簧钢在数量、质量、品种、规格上与汽车工业的需求有较大差距，钢号以 50CrVA、55SiCr 为主，如图 2-11 所示轻型汽车钢板弹簧就是采用 55SiCr 制造。

齿轮钢是对可用于加工制造齿轮的钢材的统称，汽车行业主要应用齿轮钢生产制造汽车变速器轴、齿类零件；汽车驱动桥差速器主从动齿轮、星形齿轮、半轴齿轮；转向器蜗轮、蜗杆、齿条；发动机正时齿轮等。汽车齿轮钢不但要求有良好的强韧性、耐磨性、承受冲击、弯曲和接触应力，而且还要变形小、精度高、噪声低。通常，高质量水平的齿轮钢主要表现在三个方面：末端淬透性带窄，离散度小；纯洁度高；晶粒细小均匀。此外，良好的加工性能，包括冷、热加工性和易切削性，也是汽车用齿轮所关心的重要指标。齿轮钢一般有低碳钢如 20# 钢，低碳合金钢如 20Cr、20CrMnTi 等；中碳钢如 35# 钢、45# 钢等；中碳合金钢如 40Cr、42CrMo、35CrMo 等。如图 2-12 所示汽车转向机内部蜗杆主要由 35CrMo 制造。

图 2-11　轻型车钢板弹簧　　　　图 2-12　汽车转向机内部蜗杆

轴承钢主要用于制造汽车电机轴承、轮毂轴承等零件。汽车用轴承钢对材料的化学成分和内部组织均有相应的要求。钢材的物理、化学、机械性能和金相组织都是由化学成分决定的，改变了化学成分，就改变了钢的基本性质，因此，轴承钢的化学成分必须符合标准规定的允许范围。轴承钢材要求内部要致密、组织要均匀、纯净度要高。常用的轴承钢材料代表牌号有 GCr15、GCr15SiMn、GCr18Mo；汽车轮毂轴承常用材料代表牌号有 S55C、R1070，如图 2-13 所示。

图 2-13　车轮轮毂轴承

1.4　铸铁及应用

1.4.1　铸铁及分类

铸铁是含碳量大于 2.11%（一般为 2.5%~4%）的铁碳合金。它是以铁、碳、硅为主要组成元素并比碳钢含有较多的锰、硫、磷等杂质的多元合金。有时为了增强铸铁的机械性能或物理、化学性能，还可加入一定量的合金元素，得到合金铸铁。早在公元前 6 世纪，我国已开始使用铸铁，比欧洲各国要早将近 2000 年。直到现在，铸铁在生产中仍然是最重要的材料之一。

铸铁材料具有多种分类方式，常见的分类主要包括按断口特征分类和按石墨形态分类等。根据铸铁材料断口特征通常分为白口铸铁、灰口铸铁和麻口铸铁三类。根据铸铁中石墨形态不同可分为灰铸铁、可锻铸铁和球墨铸铁三类。

白口铸铁中碳除少数溶于铁素体外，其余的碳都以渗碳体的形式存在于铸铁中，其断口呈银白色，故称白口铸铁。白口铸铁质地硬而脆，抗冲击载荷能力极差，不能进行切削加工。工业生产中很少直接应用白口铸铁来制作机械零件，其主要用于可锻铸铁的毛坯或者制作耐磨性要求高的零部件。

灰口铸铁的碳含量较高，通常可达 2.7%~4.0%。其碳元素主要以片状石墨的形态存在，断口呈现灰色，因此被称为灰铸铁。灰铸铁具有良好的抗压强度和硬度性能，减振性良好，凝固收缩量小，具有良好的铸造工艺性。灰铸铁中的碳以片状石墨存在，其耐磨性良好。灰铸铁常用于制造机床床身、气缸、箱体等结构。灰口铸铁的材料牌号通常以"HT"和最低抗拉强度组合而成，表示灰口铸铁，如 HT150 表示抗拉强度下极限为 150MPa 的灰口铸铁。

麻口铸铁是兼有灰口铸铁和白口铸铁组织成分的混合体。通常认为麻口铸铁组织的形成是由于不恰当的合金成分和冷却速度，使得铸铁在冷却凝固时形成既有石墨又有渗碳体的组成成分。微观成分分析发现麻口铸铁主要包括莱氏体＋珠光体＋石墨或珠光体＋渗碳体＋石墨。由于莱氏体或渗碳体的存在，麻口铸铁硬度高、很脆，加工性不好，力学性能也不好，生产制造中应该尽量避免出现麻口组织。

可锻铸铁是白口铸铁经过石墨化退火处理得到的一种高韧性的铸铁。可锻铸铁内部的石墨主要成团絮状和絮状，有时候也有少量的团球状。可锻铸铁具有较高的强度、塑性和冲击韧性。根据材料成分、热处理工艺和性能特征等，可以分为黑口可锻铸铁、珠光体可锻铸铁、白心可锻铸铁和球墨可锻铸铁四类。可锻铸铁主要用于汽车车桥的桥壳、阀体、管接头等受冲击和振动载荷作用的零部件。可锻铸铁的牌号由铸铁类型、最低抗拉强度和最低断裂延伸率等信息组成。例如，KTH 330-08 表示最低抗拉强度为 330MPa，最低断裂延伸率为 8% 的黑心可锻铸铁。KTZ 550-04 表示最低抗拉强度为 550MPa，最低断裂延伸率为 4% 的珠光体可锻铸铁。

球墨铸铁是 20 世纪 50 年代才逐步发展起来的一种高强度铸铁形式。通过球化处理使得铸铁内部呈现球状石墨，极大程度地提高了铸铁的机械性能，特别是其具有较高的塑性和韧性，其综合性能几乎与钢材接近。因此被广泛用于铸造结构复杂、受力复杂的机械零件，如发动机曲轴、凸轮轴、齿轮机构、液压缸体等。球墨铸铁的牌号通常由材料名、材料最低抗拉强度和最低延伸率组成，如 QT450-10 是指最低抗拉强度为 450MPa，最低断裂延伸率为 10% 的球墨铸铁。

小知识

现代考古研究发现我国冶铁技术始于春秋时代，具有悠久的发展历史。现代考古研究在新郑市郑韩故城后端湾铸铁遗址发现大量铸铁相关遗迹和遗物。该铸铁遗址位于新郑市郑韩故城东城区西南部，面积近 10 万 m^2。遗址是战国中晚期韩国都城的一处手工作坊，主要铸造基本工具和农具。考古研究在后端湾铸铁遗址首次发现脱碳窑，这一发现表明中国古代就初步具备球墨铸铁生产技术，这比西方要早至少 2000 多年。

1.4.2 铸铁材料的应用

汽车发动机是车辆动力源和核心部件，通常发动机总成质量约占整车总质量的 18%。汽车发动机缸体具有十分复杂的结构，且壁厚分布不均匀，最薄处仅为 3~5mm。汽车发动机工作环境极其恶劣，发动机机构在高温、高压、高频振动等条件下工作，缸体零件的内部会产生很大的机械应力与热应力，同时还需要承受剧烈的摩擦磨损。铸铁具有良好耐磨性、铸造成型性和机械加工性等优点，是最早被用于大规模制造发动机缸体缸盖的材料，如图 2-14 所示。

图 2-14 铸铁发动机缸体缸盖

由于灰铸铁具有良好的机械性能和铸造工艺性能，以及优越的减振性和耐磨性，自然成为气缸体的首选材料。目前，大部分灰铸铁缸体铸件均由 HT200、HT250、HT300 等材质制备而成。在灰铸铁中，碳元素的形态对其力学性能有着重要的影响。当碳元素以石墨形态出现时，由于石墨本身具有优良的润滑性能，能够防止缸体的剧烈磨损。但是片状的石墨长而薄，表面平坦，端部尖锐，其平坦的表面容易造成石墨脱落，尖锐的端部在承受负荷时容易产生应力集中，从而易产生裂纹，使铸件的力学性能下降，进而限制了灰铸铁的使用范围。

为了满足汽车发动机缸体对材料的使用需求，人们通过改变铸铁中石墨的形状研制出蠕墨铸铁。与灰铸铁相比，蠕墨铸铁中的石墨表面比较粗糙，形状变得更短且厚，端部也比较圆整，通常长厚比保持在 10 以下（灰铸铁一般为 50~100）。这种粗糙的表面能抑制石墨的脱落，圆整的端部使应力分布更加均匀，有效地抑制了裂缝的产生与拓展。由于蠕墨铸铁具有这种独特的石墨形态，在很大程度上提高了其抗拉强度、疲劳强度、伸长率、耐磨性等综合力学性能。同时，在铸造成型性、加工工艺性能方面蠕墨铸铁也毫不逊色于灰铸铁，同样能够生产出跟灰铸铁一样复杂的缸体铸件。用蠕墨铸铁代替灰铸铁生产缸体，不仅能够减小缸体的质量和壁厚，还能降低缸体的磨损和发动机的油耗，从而使发动机的使用寿命和效率提高。

车辆结构中有众多部件系统需要安装连接，如发电机、悬置系统等，连接支架是最常用的结构设计。对于工作载荷较大的部件连接，其支架对强度和耐久性能要求高，通常采用铸造成型制造。不论是乘用车还是商用车行业，承载性能要求高的支架都可以采用灰口铸铁、球墨铸铁等材料制造。如图 2-15 所示为采用球墨铸铁制造的商用车连接支架。

图 2-15 球墨铸铁支架

转向节（Steering Knuckle）又称"羊角"，是汽车转向桥中的重要零件之一，能够使汽车稳定行驶并稳定地传递行驶方向。转向节的功用是传递并承受汽车前部载荷，支承并带动前轮绕主销转动而使汽车转向。在汽车行驶状态下，它承受着多变的冲击载荷，因此，要求其具有很高的强度。转向节通过三个衬套和两个螺栓与车身相连，并通过法兰盘的制动器安装孔与制动系统相连。由于转向节结构复杂且强度要求高，通常采用铸造和机械加工相结合的方式制造成实体结构的零件，如图 2-16 所示。

图 2-16 球墨铸铁转向节

实际生产应用中，汽车转向节生产制造材料很多，常用的材料类型包括高强度合金钢、球墨铸铁、铝合金、灰口铸铁等。这些材料都具有高强度、耐磨损、抗氧化等特点，既适用于乘用车，也适用于重型商用车或越野车等需要承受较大冲击的车型。需要注意的是，转向节的材料选择还会受到车型类型的影响。例如，大型商用车可能倾向于使用高强度合金钢，而轻型车或运动型轿车可能会更多地使用铝合金材料。

制动盘是汽车制动系统中不可或缺的部分，其主要功能是通过与刹车片之间的摩擦来产生制动力，从而实现车辆减速或停车。当踩下制动踏板时，制动钳内的活塞会受到来自制动油的压力推动，进而向外张开并夹紧制动盘。这样做的目的是让制动片与制动盘接触，利用摩擦力来减速或停车。由于制动盘是与制动片相互摩擦的部件，其表面会逐渐磨损。当磨损到达一定程度时，会影响制动的性能，甚至可能存在安全隐患。同时制动摩擦会导致制动盘大量发热而影响制动效果。为提高制动盘散热效果，乘用车行业多采用通风盘式制动器。通风盘式制动盘内部设有通风孔，结构复杂，内部难以加工，因此采用铸造成型。铸铁具有良好的铸造成型性、耐磨性和机械加工性能，被广泛用于制作制动盘，如图2-17所示。

图2-17　通风盘式制动器制动盘

复习与思考

1. 请简要分析高强度钢的优势。
2. 请简要说明铸铁材料的优点及典型的汽车产品应用。
3. 请简要说明低强度钢的特点及在汽车中的应用。

任务 2　汽车常用有色金属介绍

2.1　任务导入

我们已经初步学习了铁、铬、锰等黑色金属材料的相关知识,从金属分类上也了解到有色金属材料的存在。以铝为基添加一定量其他合金化元素的合金称为铝合金,是最常用的轻质有色金属材料之一。铝合金除具有铝的一般特性外,由于添加合金化元素的种类和数量的不同又具有一些合金的具体特性。

1)你知道铝合金、镁合金等有色金属材料在现代汽车工业应用方面的现状和趋势吗?

2)从我国现有汽车产品来看,铝合金、镁合金在新能源汽车中的应用明显多于传统燃油汽车,你知道这是为什么吗?

轻质有色金属材料具有密度低、比强度和比刚度高等特性,在汽车轻量化领域具有广泛的应用,尤其是在新能源汽车产业方面的应用。本任务将结合常用有色金属的特性介绍优质铝合金、镁合金等材料在汽车工业中的应用现状和发展趋势。

2.2　轻质有色金属的认识

有色金属是指铁、铬、锰以外的金属材料,常用有色金属有铝、镁、铜及其合金,稀有金属等。铝合金是以铝为基材,添加其他合金元素而形成的金属材料。铝合金的密度为 $2.63\sim2.85\mathrm{g/cm^3}$,属于典型的轻质有色金属材料。铝合金的强度范围广,其抗拉强度可以从 100MPa 左右跨度到 600MPa 甚至更高,如北美的超高强度铝合金抗拉强度可达 800MPa。

按铝合金抗拉强度进行分类,可以分为低强度铝合金、中强度铝合金、高强度铝合金和超高强度铝合金。低强度铝合金是指抗拉强度小于 100MPa 的铝合金材料;中强度铝合金是指抗拉强度在 100~300MPa 的铝合金材料;高强度铝合金是指抗拉强度为 300~500MPa 的铝合金材料;超高强度铝合金是指抗拉强度大于 500MPa 的铝合金材料。

镁合金是以镁元素为基础材料并加入其他元素组成的合金。镁合金材料的特点是:密度小($1.8\mathrm{g/cm^3}$ 左右)、比强度高、比弹性模量大、散热性能好、减振性能良好、抗电磁干扰性能好,其承受冲击载荷能力比铝合金更大,具有良好的耐有机物和碱的腐蚀性能。镁合金还具有良好的成形工艺性,广泛地应用于电子电器、汽车工业以及航空航天等领域。应用最广泛的镁合金材料是镁铝合金、镁锰合金和镁锌合金等合金材料。

2.3 铝合金及其应用介绍

铝合金按其成分和加工方法又分为变形铝合金和铸造铝合金。变形铝合金是先将合金配料熔铸成坯锭，再进行塑性变形加工，通过轧制、挤压、拉伸、锻造等方法制成各种塑性加工制品。铸造铝合金是将配料熔炼后用砂模、铁模、熔模和压铸法等直接铸成各种零部件的毛坯。铝合金材料具有比强度高的特性，被广泛应用于制造零部件以降低整车质量。现如今，铝合金材料几乎可以代替钢材，制造车辆绝大部分零件。

汽车轮毂又称为轮圈，即轮胎内廓用以支撑轮胎的圆桶形、中心装配在轴上的部件，如图2-18所示。常见的汽车轮毂有钢质轮毂及铝合金质轮毂。铝合金轮毂通常以铸造加工的形式制造，可以适应复杂的结构和任意造型设计需要，被广泛应用于乘用车轮毂设计制造。钢质轮毂质量大，外形单一，不符合如今低碳、时尚的理念，这也是钢质轮毂被铝合金轮毂代替的原因。此外，铝合金轮毂采用铸造和机械加工相结合的方式生产，满足车轮强度与安装精度要求，同时具有失衡量与惯性矩小、易于结构轻量化、满足高刚性要求、耐久性良好、制造工艺稳定、方便大规模生产等优点。

图2-18 铝合金轮毂

铝合金材料具有熔点低、液体流动性好等特点，方便采用铸造进行成形制造，因此被广泛应用于制造汽车零部件。转向节形状比较复杂，集中了轴、套、盘环、叉架等四类零件的结构特点，主要由支承轴颈、法兰盘、叉架三大部分组成。支承轴颈的结构形状为阶梯轴，其结构特点是由同轴的外圆柱面、圆锥面、螺纹面，以及与轴心线垂直的轴肩、过渡圆角和端面组成的回转体；法兰盘包括法兰面、均布的连接螺栓通孔和转向限位的螺纹孔；叉架是由转向节的上、下耳和法兰面构成叉架形体。所以，转向节通常都是采用铸造和机械加工相结合的工艺进行制造。早期的乘用车以及重型汽车的转向节因为强度和制造成本要求，多数采用铸铁制造。随着整车轻量化要求的发展，现在乘用车逐步用铝合金代替铸铁制造转向节。

如图2-19所示为采用铝合金压力铸造和机械加工相结合工艺制造的某车型后悬架转向节。采用压力铸造工艺可以保证铝合金产品内部组织致密，结构强度可靠，产品色泽明亮，加工性好，产品质量高。以该转向节为例，满足相同强度要求前提下，采用铝合金材料比球墨铸铁制造产品质量减小30%~40%，有助于产品轻量化。

如图2-20所示，发动机及变速器组成的动力总成是汽车最核心的系统之一，也是整车质量占比较大的系统，动力总成系统在整车质量占比约为16%~25%。传统的铸铁发动机生产线占地面积大，对环境污染大，加工工艺复杂；而铸铝缸体的生产特点恰好相反，采用压力铸造等工艺一次成形复杂结构，减少机械加工工序，表面质量更高。铝合金发动机增强了发动机的散热效果，提高了发动机工作效率，而且寿命也更长。从节能减排的角度看，铸造铝合金发动机在节能减排方面的优势颇受人们关注。

图 2-19　铝合金后转向节　　　　图 2-20　铝合金动力总成

普通铸造和压力铸造更多的用于制造实体零件，这样的铝合金零件有一定的减重效果，但其成本较铸铁零件攀升不少，而且难以适应截面尺寸大的空心零件结构。随着铝合金焊接技术、空心铸造、压力成形等工艺技术的发展，分段成形和焊接组合的生产工艺不断用于制造复杂的铝合金零件总成。如图 2-21 所示为铝合金后副车架总成结构。该副车架由横梁、前后拖臂等构成复杂的空心结构，采用分段成形和特殊焊接工艺制造复杂结构，更充分发挥封闭空心结构抗扭变形能力，大幅提升结构强度、刚度并能有效减小质量。具体分析，采用空心截面焊接制作的铝合金副车架结构较传统高强度钢冲焊副车架结构减重可达 40%~50%。

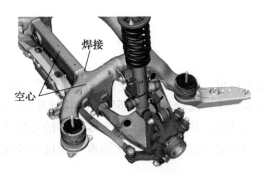

图 2-21　铝合金后副车架

汽车车身是由上百个片体零件冲压成型并通过焊接构成车体框架结构，一方面实现车辆造型设计的工程化表达，另一方面为驾乘人员提供适宜空间。同时，车身结构也是构成整车质量的重要组成部分，据统计车身结构在整车质量中占比为 35%~40%。随着汽车轻量化要求提升，如何有效降低车身结构质量成为整车轻量化技术的重要选择。大多数乘用车都选用承载式车身结构，这就要求车身结构要有足够的强度和刚度等性能以满足车辆疲劳耐久、碰撞安全等性能要求。随着冶炼技术的发展，优质铝合金材料屈服强度、抗拉强度等力学性能明显提升，现在优质车用铝合金板材抗拉强度可以高达 400~500MPa，甚至更高。铝板电阻点焊、激光焊接、粘接、铆接等连接工艺的发展和应用大幅提升了铝合金板材可制造性，为全铝合金车身结构制造提供有力的制造保证，推动了铝合金材料在汽车工业中的应用。

如图2-22所示的全铝合金车身结构根据车身不同零件使用要求，综合采用5系、6系、7系等铝合金板材代替全部的汽车钢板材料，采用冲压成型和焊接工艺组成复杂的车身结构。据统计全铝合金车身结构相比较传统的钢材车身减重可达30%以上，整车减重效果明显。

图2-22 全铝合金车身

在汽车工业领域，铝合金作为一种新材料，相比较传统的钢材而言具有明显的优点。虽然铝合金强度不如钢材有优势，随着科技的发展和技术的进步，铝合金汽车将更加成熟，应用领域将更加广泛。就目前而言，钢材可以制造的汽车零部件几乎都可以采用铝合金材料制造，因此，铝合金代替钢材是汽车行业的新趋势，它具有较多的优点和一些不足之处。但随着技术的进步和应用的推广，铝合金汽车将会带来更多的优势和发展机遇。

2.4 镁合金及其应用介绍

镁合金的比重虽然比塑料重，但其单位质量的强度和弹性率比塑料高得多。所以，在满足同样强度要求情况下的零部件，镁合金的零部件能做得比塑料的薄而且轻。另外，由于镁合金的比强度也比铝合金和铁高，因此，在不减少零部件的强度下，可减小零部件的质量。镁合金相对比强度（强度与质量之比）最高。比刚度（刚度与质量之比）接近铝合金和钢，远高于工程塑料。

在弹性范围内，镁合金受到冲击载荷时，吸收的能量比铝合金件大一半，所以镁合金具有良好的抗振减噪性能。镁合金熔点比铝合金熔点低，压铸成形性能好。镁合金铸件抗拉强度与铝合金铸件相当，一般可达250MPa，最高可达600 MPa以上。屈服强度、延伸率与铝合金也相差不大。镁合金件稳定性较高压铸件的铸造性加工尺寸精度高，可进行高精度机械加工。镁合金具有良好的压铸成型性能，压铸件壁厚最小可达0.5mm。适于制造汽车各类压铸件。

镁合金比重在所有结构用合金中属于最轻者，因此，在不减少零部件的强度下，可减小零部件的质量。镁合金的比强度明显高于铝合金和钢，比刚度与铝合金和钢相当。在弹性范围内，镁合金受到冲击载荷时，吸收的能量比铝合金件大，所以镁合金具有良好的抗振减噪性能。在相同载荷下，减振性是铝的100倍，钛合金的300~500倍。电磁屏蔽性佳，3C产品的外壳（手机及计算机）要能够提供优越的抗电磁保护作用，而镁合金外壳能够完全吸收频率超过100dB的电磁干扰。质感佳，镁合金的外观及触摸质感极佳，使产品更具豪华感，而且，在空气中更不容易腐蚀。

镁合金的散热相对于铝合金来说有绝对的优势，对于相同体积与形状的镁合金与铝合金材料的散热器，某热源生产的热量（温度）镁合金比铝合金更容易由散热片根部传递到顶部，顶部更容易达到高温。即铝合金材料的散热器根部与顶部的温度差，比镁合金材料的散热器小。这意味着由镁合金材料制作的散热片根部与顶部的空气温度差，比铝合金材料制作的散热片大，因此加速散热器内部空气的扩散对流，使散热效率提高。因此，相同温度，镁合金的散热时间还不到铝合金的一半。

所以，镁合金是制造强度高、韧性好、抗冲击能力强的汽车零部件配件的理想材料。镁合金在发动机方面的应用也非常广泛，可以用于制造发动机缸盖、油底壳、飞轮等，这些部件的轻量化可以减轻整个发动机的质量，提高发动机的功率和热效率。在底盘和悬架系统中的许多部件也可以使用镁合金制造，如悬架臂、车轮、制动系统和转向机构等。在内饰方面，镁合金也可以用于制造座椅结构、门板、仪表盘和其他内饰部件。随着镁合金技术的发展，其在汽车制造领域发挥越来越重要的作用。

座椅系统是汽车的重要组成部分，也是驾乘人员使用最多的部件之一。座椅系统由座椅骨架、调节装置、泡沫和面料等部分组成，其中座椅骨架是座椅系统的核心部件，是支撑乘员的基础结构。除了强度耐久性能要求外，缓冲减振性能对座椅骨架系统尤为重要，座椅骨架优良的减振效果可以有效提升乘坐舒适性。镁合金的阻尼系数大，减振吸能效果明显优于钢材。以驾驶员座椅为例，采用传统的钢材制造座椅骨架其质量为10~15kg，在相同功能和强度要求下，采用镁合金材料制造的座椅骨架可以减重40%~50%，减重效果非常明显，如图2-23所示。大多数乘用车后排座椅结构简单，没有调节功能要求，这样的座椅采用镁合金材料制造骨架结构轻量化效果更为明显。

转向盘是车辆驾驶人员经常使用的汽车部件，通常具有美观的造型和多种操作功能，同时转向盘还是安装主驾安全气囊的基础。汽车转向盘由骨架、安装附件和外蒙皮组成，其骨架为安装需要，通常结构复杂。此外，汽车高速碰撞时，驾驶人员头部甚至胸部不可避免地会撞击转向盘，这就要求汽车转向盘骨架既要有一定的强度，又要具备一定的减振吸能功能，以减少对驾驶人员伤害。如图2-24所示，现在乘用车转向盘骨架多数都采用镁合金材料制造。合理设计转向盘骨架结构，采用铸造和机械加工相结合的方式制造，既保证转向盘骨架具有所需强度、固有频率，又保证其具备充分的碰撞吸能功能。

图2-23 镁合金座椅骨架

图2-24 镁合金转向盘骨架

随着镁合金技术的发展以及人们对汽车轻量化的重视，镁合金在汽车工业中的应用越来越广泛。如图 2-25 所示，铝合金能制造汽车零部件产品，镁合金基本都是适用的，包括制造镁合金轮毂、镁合金缸体缸盖、镁合金仪表板横梁（CCB）管梁、镁合金前端框架和镁合金覆盖件等。

图 2-25　镁合金应用

铝合金的生产技术已经非常成熟，生产效率高，同时铝合金回收利用率高，这些优势决定了铝合金比镁合金更具有价格优势。通常，铝合金平均价格为每千克 15~30 元，而镁合金的平均价格则在每千克 30~50 元。镁合金的高性能特性意味着它在某些特种应用领域有更高的需求，从而进一步推高了价格。在同等条件下，铝合金的价格要比镁合金低得多，这是因为在供应充足和技术成熟度方面的优势明显。然而，镁合金因其独特的性能在一些高端应用领域仍具有竞争力。

2.5　其他有色金属应用

钢材及合金钢、铝合金、镁合金等金属材料基本涵盖了汽车整车产品材料使用。随着汽车制造技术的进步发展，尤其是新能源汽车技术的发展，作为汽车电力输送载体的线缆制造要求越来越高。导电和导热性能良好的铜及铜合金的应用日益普遍，部分高端车型的关键承载零件采用钛合金制造。

随着纯电动汽车续驶里程要求的增加，大部分纯电动汽车设计都在提高工作电压，现在主流的纯电动汽车电压平台为 300~500V，也有采用 800V 左右更高电压平台的。高电压工作条件下，工作电流也随之增加。新能源汽车起动电流在 100~300A，电机功率增大，则起动电流会相应地增大。例如，功率 7kW 的电动汽车交流充电桩的电流是 32A，功率 120kW 的电动汽车直流充电桩的电流是 300A。如图 2-26 所示，为电动汽车高压电线，通常采用铜芯线制作。

钛合金具有高强度、轻量化、抗腐蚀等优秀特质。相对于钢铁材质，钛合金具有更高的拉伸强度和比强度，能

图 2-26　铜芯高压电线

够实现更轻量化的车身结构。钛合金的密度仅为钢的 60%，利用钛合金替代钢材可以降低车辆整体质量，提高燃油效率和行驶里程。钛合金具有很好的抗腐蚀性能，能够抵御车身受潮、生锈等问题，延长车辆的使用寿命。

同时，钛合金相对传统的汽车高强度钢、铝合金等材料也有成本高、加工难度大、安全性差的缺点。钛合金价格昂贵，制造一辆钛合金车辆需要更多的材料和工艺成本，导致车辆售价更高。钛合金材料加工难度比较大，需要更高的技术水平和加工成本，制造车辆的生产周期也会更长。钛合金的刚性和耐用性优势也可能成为安全隐患。在高速行驶时，碰撞不可避免，受到撞击的钛合金车身往往会弹性较小，车辆乘员将受到更大的冲击力。因此，目前钛合金材料仅仅应用在一些高端车型上，比如，特斯拉部分车型采用了不锈钢和钛合金材质，获得了不同于传统车型的特别外观和优异性能。

特斯拉 Model S 频发底盘被尖锐物品划破，导致锂电池包暴露在空气中发生自燃。如图 2-27 所示，为了解决这一问题，特斯拉采用钛合金板加固电池包地板。利用钛合金高强度性能保护汽车电池包，减少事故发生。

图 2-27　特斯拉钛合金底盘护板

小知识

工业应用中，常常按铝合金主要元素成分将铝合金划分为 1~9 个系列，每个系列由 1~9 开头并采用数字或者数字字母组合的四位数据标记。例如，工业纯铝为 1××× 系，铝铜合金为 2××× 系，铝锰合金为 3××× 系，铝硅合金为 4××× 系，铝镁合金为 5××× 系，铝镁硅合金为 6××× 系，铝锌镁铜合金为 7××× 系，铝锂合金为 8××× 系，备用合金为 9××× 系。不同系列的铝合金也有其特点和用途。

例如，2××× 系铝合金具有较高的强度及良好的塑性、耐腐蚀性能和导热性能，常常被用于航空航天工业，制造飞机结构件等。5××× 系铝合金具有优良的强度性能、耐腐蚀性能和加工工艺性，广泛应用于航空航天、汽车制造等领域，现有汽车车身、底盘等零部件多数都是采用 5 系铝合金材料制造。

复习与思考

1. 请简要说明铝合金的优点及应用。
2. 请简要说明镁合金的优点及应用。
3. 请简要分析常见铝合金产品主要制造工艺。

任务3 汽车常用非金属介绍

3.1 任务导入

在工业应用中,除了传统的金属材料外,非金属材料的应用也非常普遍。汽车产品的内饰设计、尾部扰流板等非承载结构通常都是采用轻质的非金属材料制造。结合汽车常见非金属零部件结构特点和功能分析,不难发现非金属零部件通常具有复杂的结构,并且几乎不承受明显的外部载荷。

1)同学们,你对非金属材料有什么印象?非金属材料又有哪些内容呢?

2)你能分析和描述下汽车中哪些零部件主要使用非金属材料制造吗?这类材料有什么样的特点和优势呢?

带着这些疑问,我们开始本次任务相关知识的学习。本学习任务将结合汽车非金属零部件应用案例介绍非金属材料的基本特点和在汽车产业的应用情况。

3.2 非金属材料的认识

通俗地讲,非金属材料就是指金属材料以外的其他材料,是由非金属元素或化合物构成的材料。非金属材料种类众多,按照不同的特点或者用途有不同的分类方式。例如,按材料来源、按化学成分等分类。按材料来源可以分为天然非金属材料和人造非金属材料。按材料的化学成分主要分为有机非金属材料和无机非金属材料。

3.2.1 无机非金属材料

无机非金属材料,是指以某些元素的氧化物、碳化物、氮化物、卤素化合物、硼化物以及硅酸盐、铝酸盐、磷酸盐、硼酸盐等物质组成的材料。无机非金属材料也是除有机高分子材料和金属材料以外的所有材料的统称。在材料学中,无机非金属材料是与有机高分子材料和金属材料并列的三大材料类型之一。

现代分子结构研究表明,无机非金属材料的晶体结构远比金属复杂。其晶体结构是由比金属键和纯共价键更强的离子键和混合键组成。这种化学键所具有的高键能、高键强特性,赋予无机非金属材料高熔点、高硬度、耐腐蚀、耐磨损、高强度和良好的抗氧化性等基本属性。除此之外,无机非金属材料还具有良好的导电性、隔热性、透光性,以及出色的铁电性、铁磁性和压电特性。这些特性促成了无机非金属材料的大力发展和广泛应用。

无机非金属材料结构复杂、性能优越、用途多样，同样也是品种繁多，以至于行业中甚至对无机非金属材料还没有一个统一而完善的分类方法。根据无机非金属材料的应用和发展，通常把它们分为传统无机非金属材料和新型无机非金属材料两大类。传统的无机非金属材料是工业和基本建设所必需的基础材料，如水泥作为一种重要的建筑材料就是常见的传统无机非金属材料之一。与高温技术发展关系密切的耐火材料是无机非金属材料重要的组成部分，如各种规格的平板玻璃、仪器玻璃和普通的光学玻璃，以及日用陶瓷、卫生陶瓷、建筑陶瓷、化工陶瓷和电瓷等与人们的生产、生活息息相关，它们具有产量大、用途广等特点。除此之外，其他产品如搪瓷、碳化硅、氧化铝、辉绿岩、玄武岩、碳素材料、非金属矿（石棉、云母、大理石等）也都属于传统的无机非金属材料。

现代科学技术的发展越来越重视无机非金属材料的发展，不断研发新型无机非金属材料。以高温结构陶瓷、光纤材料、纳米材料、智能材料、超导材料等为代表的大量新型无机非金属材料被开发并用于生产生活。以高温结构陶瓷为例，其具有耐高温、耐腐蚀、硬度大、耐磨损、不怕氧化等性能优点，常被用于制造高端轴承、汽轮机叶片、机械密封环、发动机受热面等零部件。

3.2.2 有机非金属材料

有机非金属材料也就是有机高分子材料，又称聚合物或高聚物。有机高分子材料是由一种或几种分子或分子团（结构单元或单体）以共价键结合成具有多个重复单体单元的大分子，可以是天然产物，如纤维、蛋白质和天然橡胶等；也可以是用合成方法制得的，如合成橡胶、合成树脂、合成纤维等非生物高聚物等。有机非金属材料通常具有密度低、塑性好、耐腐蚀、刚度低、成形好等特性，被广泛用于建筑行业、电子工业、医疗行业等领域。在汽车工业领域，有机非金属材料被广泛用于制造汽车仪表台面板、车门护板、减振橡胶块、排气吊耳等零部件。

3.3 塑料材料及其应用

工程塑料是一种重要的有机非金属材料，其是由含有碳和氢元素的有机物质制备而成的材料。工程塑料的特点主要包括轻质、低成本、柔性、易塑性、耐腐蚀性等。随着人们生活水平的不断提高，对车辆也提出了更高的要求，诸如要求有宽敞的车内空间、舒适的座椅、低的噪声、美观的视觉及宽阔的视野等。而制造商们则结合人体工程学设计和实用性来生产出具有最高车速高、安全性能好、燃油消耗低、环保性好等特点的整车产品。

工程塑料是目前汽车制造中应用最广泛的非金属材料之一。汽车的车身、内饰、机械设备和零部件中都大量使用了塑料制品。目前，汽车制造中主要采用的塑料有聚碳酸酯、聚丙烯、聚苯乙烯、聚酰胺等。工程塑料具有密度小、物理性能良好、耐化学腐蚀等优点。大多数工程塑料的密度为 1100~1300kg/m^3，据研究表明，每 100kg 工程塑料可以替代其他材料 200~300kg，可有效减小汽车整体质量。

工程塑料具有柔韧性较好、耐磨优良等物理性能，单位质量工程塑料的抗冲击性甚至不亚于金属材料。随着现代科技的进步，开发出的新型工程塑料、碳纤维增强塑料等材料的物理性能甚至还超越了部分金属材料。此外，工程塑料具有良好的耐化学腐蚀性，塑料对酸、碱、盐等化学物质的腐蚀均有很强的抵抗能力，其中聚四氟乙烯是化学性能最稳定的材料，硬聚氯乙烯是最常用的耐腐蚀材料，它可耐浓度达 90% 的浓硫酸以及各种浓度的盐酸和碱液。工程塑料还具有良好的着色性能，可以根据需要制成各种各样的颜色或者涂装各色涂料。以工程塑料制造的汽车零部件可以很方便地满足用户对车辆零部件色彩配置要求，尤其是汽车内饰零部件。

如图 2-28 所示，汽车前保险杠主要用于外观装饰，通常设计通风孔，为散热器、冷凝器等通风散热。汽车前保险杠结构尺寸大、造型复杂，通常采用工程塑料注塑成形，利用塑料材料良好制造工艺性和成形性。采用工程塑料制造汽车前保险杠可以大幅减小产品质量。利用塑料的高温流动性，注塑形成复杂的加强筋结构和卡扣结构，便于零部件卡插安装，总成产品具有良好的总装工艺性。

图 2-28　塑料保险杠

不论是乘用车还是商用车，仪表台都是车辆最复杂的内饰件总成系统。汽车仪表台也是车内最重要的装饰件，是集美观、功能于一体的部件系统。仪表台从设计到装车，要经过造型创意、结构设计、模型制作、样件试装等设计和工艺程序，缺一不可。同时，仪表台还涉及人机工程、材料工程、加工方法及工艺路线等方方面面的问题。因此，仪表台也是客车内饰中最花费时间的产品。

如图 2-29 所示为乘用车仪表台产品，该仪表台不仅尺寸大、结构复杂，还涉及空调通风口、物料收纳箱、仪表安装、内部风管等结构。虽然仪表台部件系统结构复杂，但该产品工作中并不承受明显载荷，因此其强度要求不高。

图 2-29　塑料仪表台

采用工程塑料材料制造仪表台不仅可以满足复杂结构、外观曲面等要求；同时也便于整体注塑成型，降低成本的同时轻量化仪表台结构。

汽车车门跟车身结构一起构成的整体框架是保护乘员安全的重要部件系统，因此，车门结构常常采用强度高的金属材料冲焊成形，并且内部增加高强度钢横梁等结构以保证车门碰撞等强度性能。车门系统包括内板、外板、加强件、玻璃、玻璃升降机构、电气系统、门锁机构和操作机构等组成。

如图 2-30a 所示，车门金属机构因内部安装要求，不可避免地设计开孔、起筋、沉台、

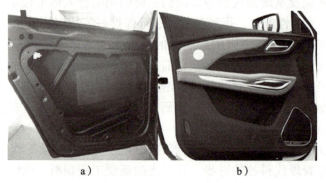

a)　　　　　　　　　　　　b)

图 2-30　塑料车门护板

凸台等工艺特征。很明显，这样裸露的车门结构不满足美观要求，钣金裸露也容易造成人员伤害，因此汽车都需要安装内饰件结构以满足美观和安全要求。如图 2-30b 所示，采用塑料可以制造出结构复杂、造型美观的车门护板。同时，塑料车门护板还兼具成本低、质量小等优点。

燃油车前端通常要安装冷凝器、散热器、冷却风扇等冷却系统。传统设计制造中都采用钢材冲压焊接组成冷却系统安装框架。如图 2-31 所示，采用塑料材料注塑工艺可以成形网状型腔结构，有效减小冷却系统安装框架的质量。据统计，塑料前端模块相比同等钢材安装模块减重可达 30%~40%。

随着技术的发展，工程塑料越来越丰富，性能越来越优良，是汽车制造领域应用最多的非金属材料。除上述应用案例以外，还有汽车尾部扰流板、门槛护板、A柱和B柱护板等产品制造，还广泛用于制造空调风管、塑料燃油箱，甚至塑料外覆盖和车门外板等产品。随着汽车轻量化和环保要求越来越严格，以塑代钢将是汽车工业发展的重要趋势。

图 2-31 塑料前端模块

3.4 玻璃材料及其应用

玻璃是一种常见的非晶无机非金属材料，主要由多种无机矿物（如石英砂、硼砂、硼酸、重晶石、碳酸钡、石灰石、长石、纯碱等）作为主要原料，并添加少量辅助原料制成。其主要的化学成分为二氧化硅和其他氧化物组成的硅酸盐复盐，具有无规则结构和非晶态固体的特性。玻璃的主要用途包括建筑物的隔断和采光，以及各种深加工产品，如平板玻璃、钢化玻璃、磨砂玻璃、夹丝玻璃、中空玻璃、夹层玻璃、热弯玻璃、玻璃砖、电玻璃、调光玻璃和节能玻璃等。此外，还有因含有某些金属氧化物或盐类而呈现特定颜色的有色玻璃，以及通过特殊工艺处理得到的钢化玻璃等。玻璃的折射率和摩氏硬度通常在一定范围内变化，具体数值取决于其类型和应用条件。

通常玻璃的密度为 2400~2800kg/m³，具有热膨胀系数小，能承受剧烈温度变化等作用。玻璃耐高温性能好，石英玻璃可以在 1100℃下长时间工作。玻璃还具有良好的耐腐蚀性和透光性。正是因为玻璃的这些性能优点才被用于制造汽车车窗等。汽车的前后风窗玻璃、侧风窗玻璃和后视镜等都是应用玻璃制造。通过钢化或夹层玻璃制造工艺制造的车窗玻璃具有透明、坚硬、耐高温、耐压、抗冲击和隔音等优良特性。

驾驶员驾驶车辆需要良好的视线，又要避免高速行驶的气流影响，所以发明了风窗玻璃，如图 2-32 所示。风窗玻璃充分利用玻璃透光性和强度性能，为驾驶员操纵汽车提供了可靠的视野和挡风遮雨。随着汽车行业的快速发展前风窗玻璃作为汽车的重要组成部分，其质量和安全问题越来越受到人们的关注。汽车前风窗玻璃虽然有一定强度，但高速行驶受到外物撞击仍然可能导致玻璃破坏，为了保

图 2-32 汽车风窗玻璃

护车内驾乘人员不受玻璃碎片伤害，通常采用夹层钢化玻璃结构设计。

如图 2-33 所示，采用夹层钢化玻璃设计的汽车前风窗玻璃受到较大力量撞击后，玻璃碎裂成不带尖刺的小颗粒，并牢牢粘贴在夹层材料上，最大程度保护车内乘员不受玻璃碎片伤害。

图 2-33 汽车前风窗玻璃

为了规范前风窗玻璃的生产和质量管理，我国专门制定了前风窗玻璃的国家标准。根据国家标准，前风窗玻璃要符合一系列技术参数和性能要求。首先，它必须有足够的强度和韧性，以承受汽车行驶过程中的风力冲击和路面振动。其次，前风窗玻璃要具备一定的抗紫外线和抗振动能力，以保证驾驶员和乘客的安全和舒适性。此外，前风窗玻璃的表面要平整无划痕，并且要具备良好的透明度和光学性能，以确保驾驶员的视野清晰。为了确保前风窗玻璃的质量和安全性，国家标准还规定了前风窗玻璃的检测标准和检验方法。在生产和使用过程中，汽车制造商和维修企业都必须按照国家标准的要求进行检测和维修，以确保前风窗玻璃的质量和安全性。

由于空气中存在水分，车内外温差等原因将导致汽车玻璃面上结霜或者起雾，这将影响驾驶员的视线。汽车前风窗玻璃多数采用汽车空调进行除霜除雾，有的也自带加热功能进行除霜除雾。后风窗玻璃距离空调出风口距离远，通常无法采用空调进行除霜除雾，因此后风窗玻璃常常采用辅助加热的形式除霜除雾。如图 2-34 所示为带加热功能的后风窗玻璃。后风窗玻璃通常通过电阻丝通电加热，使得玻璃温度升高，从而使附着在其上的霜或雾受热融化，形成水珠流下或雾气蒸发，实现除霜和防雾效果。因此，这样的玻璃通常采用夹层设计，将加热电阻丝置于玻璃夹层中，如图 2-34 所示。

十余年来，我国汽车产销量持续保持活跃，我国汽车保有量达到 3.5 亿辆以上。车辆驾乘人员对车辆振动舒适性的认识越来越深刻，对整车舒适性要求越来越高。车辆振动舒适性通常即 NVH（Noise、Vibration 和 Harshness）已经成为现代车辆开发重点关注的性能，也是提升整车产品竞争力的重要技术指标之一。据统计，整车质量问题中有三分之一都是由车辆振动噪声引起，国内外各大公司 20% 的研发经费用于噪声问题的解决。车内振动噪声问题主要是由随机路面激励、动力总成工作激励、高速风噪等几个方面组成，其中风噪问题是高速行驶最主要的噪声来源。

图 2-34 带加热功能的后风窗玻璃

要降低汽车高速行驶的风噪，首先在汽车设计阶段要尽量保持车辆外观平顺，比如省去不必要的局部凸起造型，比如采用内置天线或者流线型天线、采用隐藏式刮水器、减少风窗玻璃与 A 柱的短差、提高车辆密封性、加厚车窗玻璃或者采用隔离玻璃设计等。如图 2-35 所示，采用双层

图 2-35 双层夹胶隔音玻璃

夹胶隔音玻璃可以有效降低风阻传递到车内，提升车辆乘坐舒适性。

随着汽车制造技术的发展和客户要求的不断提升，汽车玻璃将进一步向轻量化、智能化、个性化等方向发展。例如，主动降噪玻璃采用特殊的结构设计，能够有效地降低车外噪声对车内的影响，为驾驶员和乘客带来宁静舒适的驾乘环境。智能玻璃可以通过改变玻璃的透光率，实现遮阳、防眩光、隐私保护等多种功能。此外，一些智能调光玻璃还具备电控变色功能，可以实现车窗的一键变色，满足驾驶员和乘客的个性化需求。

总之，汽车玻璃作为汽车内饰的重要组成部分，随着科技的发展和人们需求的变化，不断更新迭代。从早期的平板玻璃到现代的安全气囊玻璃、智能调光玻璃，汽车玻璃在安全、舒适和环保等方面取得了显著的进步。在未来，汽车玻璃将继续发挥其在汽车设计和功能上的重要作用。

3.5 皮革材料及其应用

皮是经脱毛和鞣制等物理、化学加工所得到的已经变性不易腐烂的动物皮。革是由天然蛋白质纤维在三维空间紧密编织构成的，其表面有一种特殊的粒面层，具有自然的粒纹和光泽，手感舒适。皮革行业涵盖了制革、制鞋、皮衣、皮件、毛皮及其制品等主体行业，以及皮革化工、皮革五金、皮革机械、辅料等配套行业。

我国皮革行业，经过调整优化结构，在全国已初步形成了一批专业化分工明确、特色突出、对拉动当地经济起着举足轻重作用的皮革生产特色区域和专业市场。这一产业格局奠定了中国皮革行业发展的基础。皮革及其制品的市场潜力是很大的，全球皮革总需求量约为 1.0 亿 m^2，相当于 3 亿张牛皮（标准皮）的产量，我国皮革产量折合标准皮近 7000 万张，约占全球皮革产量的 23.33%。

皮革产销量巨大，种类繁多，按不同的分类方式也呈现分类多样的特点。按用途主要可以分为生活用革、工业用革、文化体育用品用革等。

按皮革来源主要分为猪皮革、牛皮革、羊皮革、马皮革、驴皮革和袋鼠皮革等，另有少量的鱼皮革、爬行类动物皮革、两栖类动物皮革、鸵鸟皮革等。其中牛皮革又分黄牛皮革、水牛皮革、牦牛皮革和犏牛皮革；羊皮革分为绵羊皮革和山羊皮革。在几类主要皮革中，黄牛皮革和绵羊皮革，其表面平细，毛眼小，内在结构细密紧实，革身具有较好的丰满和弹性感，物理性能好。因此，优等黄牛革和绵羊革一般用作高档制品的皮料，其价格是大宗的皮革中较高的一类。

按制造方式可以分为真皮、人造革、合成革。"真皮"在皮革制品市场上是常见的字眼，是人们为区别合成革而对天然皮革的一种习惯叫法。在消费者的观念中，"真皮"也具有非假的含义。动物革是一种自然皮革，即我们常说的真皮。是由动物生皮经皮革厂鞣制加工后，制成具有各种特性、强度、手感、色彩、花纹的皮具材料，是现代真皮制品的必需材料。

真皮标志是中国皮革协会在国家工商行政管理局注册的商标，是中、高档天然皮革制品的标志。真皮标志适用于天然皮革和天然毛皮制作的产品，包括皮鞋、旅游鞋、皮革（毛皮）服装、皮箱、皮包袋及其他皮件、皮具等产品。不是用真皮制作的产品就不能佩挂真皮标志，欲佩挂真皮标志，需经过中国皮革协会严格的审查、批准后，方可佩挂。中国皮革协会每年都要对其进行质量检测，以保证产品质量。现已有 200 多家皮衣、皮鞋、皮包企业佩挂了真皮标志，请消费者购买时留意。为开拓国际市场，1998 年真皮标志已在 14 个国家注册。真皮标志的注册商标是由一只全羊、一对牛角、一张皮形组成的艺术变形图案。整体图案呈圆形鼓状，图案中央有 GLP 三个字母，是真皮产品的英文缩写，图案主体颜色为白底黑色，只有三个字母为红色，如图 2-36 所示。

图 2-36　真皮标志

再生皮革是将真皮或再生革原料粉碎成一定尺寸的皮纤维，然后再将其与天然橡胶、树脂和其他原料混合后，压缩成滤饼；将滤饼加热，使其表层的纤维熔化具有黏性，将各层挤压、黏合、脱水成形、晾干、切片、压花及表面处理后得到最终产品。其表面加工工艺同真皮的修面皮、压花皮一样，其特点是皮张边缘较整齐、利用率高、价格便宜；但皮身一般较厚，强度较差，只适宜制作平价公文箱、拉杆袋、球杆套等定型工艺产品和平价皮带，其纵切面纤维组织均匀一致，可辨认出流质物混合纤维的凝固效果。再生皮具有吸湿、透气性，做工好的还具有真皮一样的柔软度、弹性，质地轻、对极端的高低温耐受力强、耐磨，强度差于同等厚度的真皮。

人造革也叫仿皮或胶料，是聚氯乙烯（PVC）和聚氨酯（PU）等人造材料的总称。它是在纺织布基或无纺布基上，由各种不同配方的 PVC 和 PU 等发泡或覆膜加工制作而成，可以根据不同强度、耐磨度、耐寒度和色彩、光泽、花纹图案等要求加工制成，具有花色品种繁多、防水性能好、边幅整齐、利用率高和价格相对真皮便宜的特点。动物皮主要由胶原蛋白组成，人的皮肤也是胶原蛋白。因此，只要加工过程中控制化工材料的使用，所有皮革均可与人体零距离紧密接触，贴身穿用，不会产生任何不利于人体的不良反应，这是任何化学纤维难以比拟的。皮革具有一定的弹力，但其弹力不同于塑料和橡胶，拉伸到一定长度后，回弹并不随着外力的消除而直线产生，而是按照其特定曲线缓慢恢复原状，这就是皮革的回弹滞后性。这种独特的力学性能，使皮衣、皮鞋穿着舒适贴体，对身体没有压迫感。

皮革具有透气性、经久耐用和易保养等优良特性，是中高档汽车内饰的理想材料，在增强汽车内饰的外观观赏性、提高驾驶员和乘客的舒适性方面扮演着重要的角色，对提升汽车的美观和档次也是不可或缺的。汽车内饰主要使用织物、人造革、皮革等材料，其中织物容易沾染污渍、美观度较差，主要用于低端车型。皮革具有透气性、耐用性、易保养等特性，主要用于中高端车型的座椅、转向盘、扶手、头枕、门板等部件的装饰覆盖，提高汽车内饰观赏性、档次、乘员舒适性。

转向盘是驾驶员最常用的操作工具，转向盘外皮的舒适性是车辆驾乘舒适性的组成部分之一。人体是一个皮肤组织细腻的感知系统，对转向盘表面的粗糙度、硬度、柔和性等都能很明显地感知识别。如图 2-37 所示，真皮转向盘用真皮材质包裹韧性更好，使驾驶员握转向盘的手感更加细腻舒适，手感好，但是冬天太冷。皮质与手掌的摩擦系数比塑料或橡胶更有益转向盘的精准操作，避免因手滑使转向盘失控造成安全事故。同时，真皮转向盘也是提升车内档次的必要产品。

汽车座椅产品是车辆支撑乘员的体重，缓解来自路面冲击和振动的重要载体。优质的座椅产品设计具备适当的角度和支撑，以缓和长时间驾驶的疲劳感，提高乘坐的舒适度，也有助于提高驾驶安全性。座椅面料是驾乘人员直接接触的产品，是影响乘坐舒适性的重要部分。如图2-38所示的汽车真皮座椅，其面料是从动物身上剥下原皮，通过加工制成。一般来说，真正的真皮座椅都可以和汽车相伴终生，因为汽车真皮不同于一般的沙发皮，它是经过多层工艺进行加工的，如高温处理等。即使用200℃以上的温度来烧烤，也只是有稍微收缩变形，但沙发则会瞬间变色和起泡。

图2-37 真皮转向盘面料　　　　图2-38 真皮座椅面料

真皮具有良好的透水性，可以在短时间内通过10m的距离，适合长时间使用。此外，真皮还具有很好的透气性，能够迅速排出湿气。夏天高温环境，驾乘人员身体与座椅长期接触不可避免地出现积热和出汗等现象。即便有空调的制冷作用，高温天气乘坐出汗现象也难以避免，这明显影响乘坐舒适性。真皮座椅面料可以充分发挥其透气性和透水性，快速传递热量和水分，提升乘坐舒适性。

此外，真皮沙发通常被认为是非常经久耐用的，它们不仅结构稳固，而且坐感舒适。真皮沙发还提供了良好的保暖效果，尤其是在冬季。真皮被认为是档次较高的材料，常用于制作豪华和大气的汽车内饰产品。它的自然纹理和光泽为汽车内饰增添了优雅的感觉。采用真皮面料并配合汽车座椅面料的孔洞造型设计一直是汽车座椅非常主流的设计方式，不仅可以极大增加真皮的质感，同时还起到通风功能。正是因为真皮面料具有上述优势，常被用于制造高端车型内饰面材。不仅广泛用于制造汽车转向盘蒙皮、汽车座椅面料，还用于制造仪表台面板、门护板面板、车内护板面板等产品。

3.6　橡胶材料及其应用

橡胶是指具有可逆形变的高弹性聚合物材料，在室温下富有弹性，在很小的外力作用下能产生较大形变，除去外力后能恢复原状。橡胶属于完全无定型聚合物，它的玻璃化转变温度低，分子量往往很大，大于几十万。橡胶分为天然橡胶与合成橡胶二种。天然橡胶是从橡胶树、橡胶草等植物中提取胶质后加工制成；合成橡胶则由各种单体经聚合反应而得。通用型橡胶的综合性能较好，应用广泛。

天然橡胶，由三叶橡胶树的乳胶制得，基本化学成分为顺 - 聚异戊二烯。弹性好，强度高，综合性能好。异戊橡胶，全名为顺 -1，4- 聚异戊二烯橡胶，由异戊二烯制得的高顺式合成橡胶，因其结构和性能与天然橡胶近似，故又称合成天然橡胶。丁苯橡胶，简称 SBR，由丁二烯和苯乙烯共聚制得。按生产方法分为乳液聚合丁苯橡胶和溶液聚合丁苯橡胶。其综合性能和化学稳定性好。顺丁橡胶，全名为顺式 -1，4- 聚丁二烯橡胶，简称 BR，由丁二烯聚合制得。与其他通用型橡胶比，硫化后的顺丁橡胶的耐寒性、耐磨性和弹性特别优异，动负荷下发热少，耐老化性能好，易与天然橡胶、氯丁橡胶、丁腈橡胶等并用。汽车工业用的橡胶制品主要为石油工业合成制品，用于制造汽车轮胎、密封件、支撑件、减振垫等，这些零部件对安全和舒适性都非常关键。

汽车轮胎是汽车的重要部件之一，需要承担汽车整体的重量，并传递各种工作条件下的力和力矩载荷。车辆要保持正常行驶，就要求轮胎能够保证车轮与路面良好附着，从而提高汽车的动力性。车辆行驶在不同路面将受到来自路面不规则的激励载荷，这将引起车辆振动，剧烈的振动将导致车辆零件载荷大，容易失效等故障。因此，轮胎与汽车悬架一起，要具备减轻汽车行驶时的冲击，衰减由此产生的振动等性能。

由于车辆对轮胎有各种性能要求，因此，汽车轮胎成为一个复杂的系统。如图 2-39 为典型的橡胶基体轮胎。为提升橡胶轮胎的强度，在其内部增加钢丝、纤维等铺层用于增加轮胎结构。为增加轮胎的耐磨性能，轮胎面采用多层结构，采用耐磨橡胶制作胎面，此外，轮胎面还设置纵向和横向沟槽用于增加积水路面车辆行驶的稳定性和胎面摩擦力，增加车轮行驶的附着力。

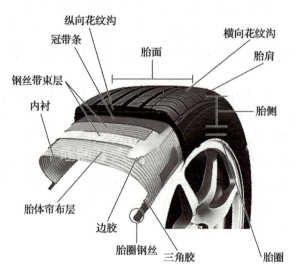

图 2-39 橡胶基体轮胎

橡胶衬套是现代工业中不可或缺的重要组成部分，它们在各种设备和机械中发挥着关键作用。橡胶衬套的主要功能是提供保护和减少摩擦。它们可以防止设备的磨损和损坏，延长设备的使用寿命。此外，橡胶衬套也有助于减少噪声和振动，提高设备的运行效率。橡胶衬套广泛应用于各种行业和领域。在汽车行业中，它们用于发动机、悬架系统和制动系统中，以减少噪声和振动，提高车辆的舒适性和安全性。

发动机是汽车内在最重要的振动源，发动机与车架或者前纵梁的连接都需要采用悬置进行隔振。如图2-40所示的悬置衬套，采用橡胶与金属支架硫化成型。橡胶分别与金属支架和中心安装孔连接，金属支架与车身纵梁和车架连接实现安装固定，发动机安装机构与悬置中心安装孔连接。发动机工作振动经过橡胶悬置过滤再传递到车身结构，这将大幅减小车辆振动激励。

汽车排气系统主要是排放发动机工作所排出的废气，同时使排出的废气污染减小，噪声减小。汽车排气系统主要用于轻型车、微型车和客车及摩托车等机动车辆。排气系统一般有排气歧管、波纹管、催化器、消声器、排气管等组成。汽车排气波纹管又称汽车排气管软管，它安装于发动机排气歧管和消声器之间的排气管中，使整个排气系统呈挠性连接，从而起到减振降噪、方便安装和延长排气消声系统寿命的作用。

由于排气系统中的波纹是柔性结构，且排气管路径长，车辆行驶变形大，采用橡胶吊耳连接排气管和车身结构，既可以保证排气波纹管与排气管的柔性连接，又可以兼顾系统振动控制，保证排气系统工作强度。如图2-41所示，排气吊耳通常都是采用橡胶材料制成。排气吊耳一端连接排气管侧的挂钩，另一端连接车身侧对应的挂钩，调节橡胶吊耳的弹性和刚度来控制排气系统振动特性。

图2-40　发动机悬置衬套

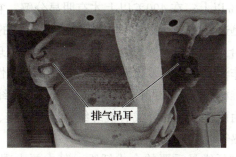

图2-41　排气吊耳

橡胶材料产品的特性就是富有弹性和减振，除了上述典型的产品应用外，汽车底盘系统连接衬套也是橡胶制品的主要应用。汽车底盘连杆、摆臂、减振器端头、缓冲块等结构都是利用橡胶材料的弹性和减振特性而制作的产品。既要保证底盘零件连接的运动关系，又减少运动冲击对零件的受力的影响。此外，汽车电线电缆的外皮是利用橡胶材料的绝缘性能而制作。橡胶材料良好的绝缘性、耐热、耐寒和防腐蚀等性能，是汽车电气设备正常运行的重要保障。

3.7　纤维材料及其应用

纤维材料是纤维状物质通过纺织加工工艺形成的结构化材料，通常也被称为纺织材料。纤维材料的应用历史已经相当悠久，虽然并无明确的记录说明这种材料是何时产生，但在人类古代贸易中纤维材料始终占据着重要的地位，这充分说明纤维材料对人类发展的重要性。纤维材料有天然纤维、无机纤维和合成纤维三大类。

天然纤维材料主要是指植物纤维和动物纤维。植物纤维包括棉、麻和木纤维等，其主要成分是纤维素（$C_6H_{10}O_5$）$_n$，分子量较大，分子中含有OH基。纤维素常形成细管状的微纤维，由此构成空心管状的植物纤维，直径约0.02~0.07mm，具有多孔结构。由于存在OH基和多孔性，其吸湿性很大，浸渍性很好。吸湿后机械强度显著降低，浸渍后介电性能大为提高。植物纤维的耐热性较差。动物纤维通常使用的有蚕丝，其组成为蛋白质，但其形态与植物纤维大不相同，是一类光滑的长丝，其耐热性也较差。

无机纤维包括石棉、玻璃纤维等。无机纤维材料常用来做电绝缘的石棉是温石棉，主要化学成分为含结晶水的正硅酸镁盐（$3MgO \cdot 2SiO_2 \cdot 2H_2O$）。当温度高达450~700℃时，温石棉将失去化合水而变成粉状物。电工中用的石棉纤维有长纤维（由手工加工而成）和短纤维（由机选而得）之分，它们的共同特点是有很高的耐热性，但是介电性能较差，一般用作耐高温的低压电机、电器绝缘、密封和衬垫材料。

合成纤维材料包括聚酯纤维、聚芳酰胺纤维等。合成纤维用具有高分子量的聚合物加于有机溶剂中（有时还加助溶剂）制成纺丝液后再用干法或湿法纺丝工艺制成。重要的有聚酯纤维和聚芳酰胺纤维。由于所用聚合物不同，各种合成纤维的性能大不相同。例如，用聚芳酰胺制得的纤维的耐热性很高：在180℃热空气中经过10000h后纤维强度仍能保持在原始值的80%以上；在400℃以上才有明显分解。它具有自熄性（即在直接火焰中可燃，火焰移去后即迅速自熄）和较高的化学稳定性，良好的耐碱性、水解稳定性和耐辐射性。

合成纤维和天然纤维使用时都要浸渍处理或脱脂加工处理，以减少吸潮性，提高耐热性和工作温度，增加柔软性、弹性，提高介电性能和机械强度。用绝缘漆和胶浸渍的天然或合成纤维材料有不同的耐热等级。由天然有机纤维材料浸有机材料构成的，属于A~E级绝缘材料；由耐热性高的合成有机纤维浸以有机硅、二苯醚、聚酰亚胺等材料的，可达F、H和更高耐热等级。

碳纤维是重要的合成纤维，其主要由碳元素组成，具有耐高温、抗摩擦、导热及耐腐蚀等特性，外形呈纤维状、柔软、可加工成各种织物，由于其石墨微晶结构沿纤维轴择优取向，因此沿纤维轴方向有很高的强度和模量。碳纤维的密度小，因此比强度和比模量高。碳纤维的主要用途是作为增强材料与树脂、金属、陶瓷及碳等复合，制造先进复合材料。碳纤维增强环氧树脂复合材料，其比强度及比模量在现有工程材料中是最高的。

碳纤维材料具有密度小、比强度高、耐磨、耐高温等优点。随着汽车轻量化要求和时尚造型设计需要，碳纤维材料陆续用于制造高端汽车零部件。如图2-42所示的碳纤维前保险杠，造型线条复杂、时尚感强，整体成形制造，零件整体质量小、强度高、耐磨性好。

碳纤维材料不仅可以制造单体零部件系统，也可以制造复杂的车身结构。如图2-43所示，部分豪华品牌打造的高端车型已经尝试应用碳纤维材料打造复杂的车身结构。碳纤维预浸料是由碳纤维和树脂组成的复合材料，其中树脂起到粘合纤维的作用。预浸料的制备需要严格控制纤维的排列和树脂的含量，以确保最终制成的碳纤维材料具有一致的性能。然后，将碳纤维预浸料按照设计要求进行层压，即将多层预浸料堆叠在一起形成整个车身结构。层压过程需要精确控制温度和压力，以确保预浸料中的树脂可以完全固化。最后，经过固化的碳纤维结构可以进行后续的加工和装配，以形成最终的汽车车身。

图 2-42　碳纤维前保险杠

图 2-43　碳纤维车身结构

碳纤维车身制造技术通过利用碳纤维材料的轻质高强度、耐腐蚀性和良好的冲击吸收性能，在汽车制造领域得到广泛应用。然而，碳纤维车身制造技术仍面临一些挑战，如高成本、低产能和可持续性问题。碳纤维车身制造技术作为一种轻量化和高强度的解决方案，具有广阔的应用前景和发展潜力。随着全球汽车行业对环境友好和能源效率的要求越来越高，碳纤维车身制造技术将在未来的汽车制造中发挥越来越新的作用。

复习与思考

1. 请简要分析塑料材料的优点及典型应用。
2. 请简要说明玻璃材料在汽车中的应用。
3. 请简要说明碳纤维材料在汽车中的应用。

任务 4 镁铝合金材料应用实践

4.1 任务目标

铝合金、镁合金材料是重要的质量轻、比强度高的优质金属材料，其在汽车工业已有广泛的应用基础和良好的发展前景。结合本项目相关知识学习和行业发展，调研分析铝合金、镁合金材料强度性能、成本趋势、应用特点等内容。

1）你能正确识别常见汽车零部件制造材料吗？
2）你了解这些零部件主要使用了怎样的制造工艺吗？

结合所需知识和上述问题，请你做一次汽车常见零部件材料选用和制造工艺的信息调研实践。通过任务实践，达到培养学生追踪行业最新发展趋势、追求精益求精的工匠精神、树立节能环保的绿色发展理念的目标。

4.2 任务分析

4.2.1 任务目标解读

铝合金是以铝元素为基础的合金材料，铝合金密度约为钢的三分之一，具有良好的耐腐蚀性、可塑性和导热性能。铝合金广泛用于电子、机械、航空、铁路、汽车等领域。铝合金材料在早期的汽车工业中主要用于制造散热器等承载载荷小的零部件。随着铝合金材料技术的发展，先进铝合金材料强度不断提升，逐步用于制造汽车发动机、变速器壳体、底盘零部件甚至车身结构件等。实际生产应用中，不同的铝合金材料以及铝合金产品有不同的生成制造工艺，如铸造成型、挤压成形等。为培养追踪行业最新发展动态的职业技能，结合汽车常见零部件材料选用和制造工艺开展调查分析，通过调查分析培养学生信息收集、整理和分析等职业技能。结合行业发展历程培养精益求精的工匠精神，培养绿色可持续发展理念和职业素养。

4.2.2 任务内容

调研并收集至少 5 个汽车常用铝合金零件产品。分别调查分析并记录零部件名称、主要功能、主要制造工艺方法等内容。通过分析零件功能，判断所调查零件适合选用哪个类型的铝合金材料。本实践任务主要内容如下：

1）调查分析并记录汽车铝合金零部件产品名称。
2）分析讨论该零件主要功能并完成分析记录。

3）分析讨论该零件生产涉及的主要制造工艺并完成记录。

4）结合零件的功能和制造，初步判断其铝合金材料属于哪个系列。

4.3 实施计划

汽车铝合金零部件调查分析实践活动以小组为单位完成。通过小组实践活动，培养团队分工合作、相互协作的团队精神。实训小组充分发挥头脑风暴、交流讨论优势，深入理解实践任务的理论背景，培养实践操作能力。为促进高质量完成实践任务，达到实践目标，实践小组制订实施计划，包括基础理论回顾、实践任务分解、小组分工、方案设计、讨论决策等内容。小组活动实施计划参照表2-2完成记录。

表2-2 实施计划记录

班级：		组长：		任务名称：	
组员：					
成员任务职责	组长负责本学习任务的组织、决策、安全管理等 组员负责： 1. 安全监督以及完成组内其他学习任务 2. 工具备料以及完成组内其他学习任务 3. 技术资料以及完成组内其他学习任务 4. 常规操作以及完成组内其他学习任务 5. 文本记录以及完成组内其他学习任务				
任务实施计划	实施计划： 1. 成员任务分工、团队协作 2. 任务目标分解与讨论 3. 任务实施结果与讨论分析 4. 任务实施记录整理提升				

4.4 任务实施

4.4.1 实施准备

本次实践任务实施前根据任务内容和要求，完成主要调研车型选择。备选车尽量体现当前市场主流车型和优质企业产品，以新能源汽车为主，同时也兼顾主流的燃油型汽车。熟悉"汽车之家"等专业汽车咨询网站资源的基本使用技巧。完成与实践内容关系密切的基础理论知识准备，熟悉办公软件、图形软件、数据分析软件等基本操作技能。

4.4.2 实施过程记录

本任务实施过程及各阶段主要实践内容记录参照表 2-3 所示的记录表执行。

表 2-3 实施记录

流程序号	任务流程及描述	完成情况	
1	小组确定：明确成员、任务、职责	□是	□否
2	主题明确：明确调查对象，主题清晰	□是	□否
3	材料收集：小组分析收集产品材料，记录、整理	□是	□否
4	特点分析：调研材料性能、制造工艺、优缺点	□是	□否
5	选材建议：根据数据分析给出建议	□是	□否
6	总结讨论：讨论分享、总结经验	□是	□否
7	持续改善：团队协作、持续改善、全过程 5S 管理	□是	□否

4.5 实施评价

4.5.1 小组自评

各小组对照表 2-4 所示检查项目任务实施执行情况，对项目实施过程进行再次检查确认，完成小组自评，注重任务完成质量。

表 2-4 任务实践自评

流程序号	任务流程执行检查与评价	完成情况	
1	小组确定：检查规范性	□是	□否
2	主题明确：检查分析对象是否明确，重要	□是	□否
3	材料收集：检查数据来源，准确性、完整性	□是	□否
4	特点分析：检查材料、工艺等信息完整性、准确性	□是	□否
5	结论建议：检查结论合理性，建议可行性	□是	□否
6	总结讨论：检查合理性	□是	□否
7	持续改善：检查完整性	□是	□否
8	总体评价：小组实践任务总体自评是否合格	□是	□否

4.5.2 教师评价

课程指导教师根据各小组实践任务完成情况，参照表 2-5 清单对任务实施进行质量检查和评价，并对各小组任务实施过程中所存在的问题提出改进措施与建议。

表 2-5　教师检查评价

效果评价表			
班级：	组名：		成绩：
实践任务名称：			
评价项目		分值分配	教师评价
职业素养（25分）	团队协作能力	10	
	计划组织能力	10	
	质量意识	5	
职业技能（65分）	任务理解与计划完整性	10	
	任务执行完整性	20	
	任务完成质量	20	
	讨论与总结归纳	15	
绿色安全考评（10分）	落实"5S"、绿色节能意识	10	
存在问题及改进措施			

4.6 调整改进

任务实践小组成员和指导教师结合实践任务完成情况，整理任务实践中存在的收获和不足。重点针对任务实践发现的不足，制定调整改善方案，讨论调整方案可行性，并进一步完善实践训练。本实践任务总结反思和改进设计记录如下：

1.记录本次实践任务的主要收获、重点、难点和不足。针对不足有何思考和建议？

2. 结合调整方案和建议讨论，记录和整理小组讨论结果，向指导教师汇报调整方案。

3. 结合调整实施方案，进一步完善实践训练，验证任务实践调整方案效果。完成方案实践记录并对比方案调整的实践效果。

拓展阅读

超高强度钢研究进展

东北大学轧制技术及连轧自动化国家重点实验室研究团队创新提出"马氏体拓扑学结构设计＋亚稳相调控"协同增塑新机制，成功制备出系列低成本 C-Mn 系新型超高强度钢，打破了超高强度钢对复杂制备工艺和昂贵合金成分的依赖，也突破了现有 2000MPa 级马氏体高强度钢抗拉强度－均匀伸长率的性能边界。同时，提出简单高效的制备工艺路线，构筑出一种全新的拓扑学双重有序排列的马氏体和多尺度亚稳奥氏体的纳米级多层次组织结构。该组织结构通过在变形过程中诱发板条界面位错滑移、界面塑性和相变诱发塑性等多种增强增塑机制，促使材料具有持续较高的加工硬化能力，大幅度提升其强度和塑性，实现了屈服强度 1600~1900MPa、抗拉强度 2000~2400MPa 和均匀伸长率 18%~25% 的极致性能。

项目3　汽车节能减排与轻量化介绍

随着我国经济社会发展和汽车产业政策的推动，中国汽车市场开始逐渐扩大，成为全球汽车市场的重要组成部分。同时，中国汽车工业的技术水平也不断提高，已具备自主研发和创新能力。随着环境保护意识的提高和能源结构的调整，节能减排是汽车工业未来发展的重要主题。汽车轻量化不仅可以提高汽车的燃油效率，减少尾气排放，降低对环境的负面影响；还有助于减小转向操纵力等，提高车辆安全性。总之，汽车节能与轻量化是未来汽车工业发展的必然趋势，是提高汽车的能效和环保性能的内在要求，有助于促进汽车工业的可持续发展。

项目目标
学员完成本项目学习应当达成以下学习目标。

知识目标
- 理解汽车节能与轻量化的关系。
- 理解汽车轻量化的意义和作用。
- 了解我国汽车轻量化产业布局。
- 了解国内外汽车轻量化发展与现状。

技能目标
- 能正确阐述汽车轻量化对节能减排的意义。
- 能正确阐述我国汽车轻量化产业发展要求。
- 能正确分析国内外汽车轻量化技术发展趋势。

职业素养目标
树立节能环保的发展理念，追求精益求精。

任务 1　我国汽车发展与能源消费介绍

1.1　任务导入

近 20 年来，我国汽车消费市场快速扩张，汽车产销量一直保持稳定增长。我国汽车消费市场的快速增长，也带来能源消费增长、交通拥堵和排放增长等社会问题。

1）你了解我国汽车产业，尤其是新能源汽车产业近年来的发展情况吗？

2）汽车产业发展带动大量石油消耗，你了解我国石油消费及石油进口需求现状吗？

本学习任务将围绕我国汽车产业及新能源汽车产业发展和能源消费等主题展开，帮助我们理解汽车节能减排以及轻量化的重要意义和发展需求。本任务学习将有助于我们更深入理解绿色生态、可持续发展的重要意义。

1.2　我国汽车产业发展概述

1.2.1　初期发展

新中国诞生不久，我国从苏联引入技术开始发展汽车工业。这一时期，以第一汽车制造厂的建设为中心，在北京、上海、济南和南京等地逐步形成了地方性汽车生产制造基地。第一汽车制造厂的建设是在苏联专家指导下全面移植苏联生产、技术、管理的方式进行建设。第一汽车制造厂于 1956 年 7 月 13 日在长春成功生产出新中国第一辆汽车，其具体型号为解放牌 CA10 货车。该货车的原型为苏联莫斯科斯大林汽车厂生产的 Gis-150 载重汽车，由此开启了中国汽车工业发展新篇章。第一汽车制造厂 1958 年实现汽车产量 1.5 万辆，到 1965 年实现汽车年产量接近 3 万辆的生产规模。

1978 年中央政府工作报告明确指出要加快社会主义经济建设，并拉开了改革开放的序幕。改革开放后，我国不断加强与世界各国的交流，大力促进了我国社会经济和科技等各领域的发展。我国汽车工业也看到了与世界汽车工业强国的差距。直到 1982 年，我国汽车产业仍处于起步阶段，全国轿车的产量为 5300 辆，汽车保有量仅为 20 万辆。

1.2.2　合资发展

改革开放初期，为了提升我国的汽车产业生产制造和研发等技术，吸引外商资本和外资车企进入我国发展，我国政府让渡部分国内消费市场，通过与外商的合资模式重点发展我国轿车产业及其配套的零部件能力。随着吉普、大众、标致等国外车企相继进入中国合资后，让很多车企开始意识到中国市场的重要性。而之后中国更是推出一系列措施来促进中国汽车的发展。这些举措涵盖了汽车工业发展的各个方面，包括调整与振兴、科技进步、结构调整、产品改造、技术发展等。这些政策措施的发布和实施为中国汽车工业提供了发展指导和支持，推动了我国汽车行业的快速发展和转型升级。

在 1980 年前后至 2000 年期间，中国汽车工业迎来了蓬勃发展的机遇。在政府政策的引导下，中国汽车市场逐渐开放，外资企业纷纷进入中国，与国内合作伙伴建立合资企业。这一阶段的发展对中国汽车产业的现代化转型起到了关键作用。从 1988 年到 2000 年，中外车企一共建立了一汽奥迪、长安铃木、南京依维柯、上汽通用、广汽本田、天津一汽等 20 多家合资型汽车企业。这一轮外资和技术的引入，更加促进了中国汽车工业快速前行。中外合资政策不仅带来资金，还带来技术、人才、管理制度等中国汽车产业发展急需的资源。政策激励也促进中国汽车企业逐步打破了传统体制的束缚，有力地促进了整个中国汽车工业产业发展理念的改变，助力我国汽车工业迈入高速发展的快车道。

1.2.3 自主品牌发展

随着我国改革开放政策的不断推进和经济社会持续发展，我国汽车消费市场的重心逐渐从传统的载货汽车和客车市场发展成为以乘用车为主体的家庭用车消费市场。早期的中外合资汽车制造企业基本都采用引进车型并部分或整体国产化的技术路线，大量引进国外成熟车型投放到国内乘用车消费市场。这一发展模式导致合资企业产品成为我国乘用车消费市场最主要的供给者。随着我国汽车消费市场快速增长，合资企业产品占据绝对市场份额，明显制约我国汽车工业核心技术发展。在此背景下，发展自主品牌汽车成为我国汽车消费市场迫在眉睫的需求。

1997 年，奇瑞汽车公司在安徽芜湖成立。公司成立之初便以研发和生产小排量、高性能、低能耗的乘用车为主导目标。奇瑞研发团队在出国考察后，选择一款名叫 Toledo 的车型作为参考，该车型属于三厢车，车型价格为 1 万美元左右。该基础车型在实用性和价格等方面都非常适合当时中国消费者的审美和消费水平。不仅如此，Toledo 是大众旗下的产品，整车产品配套体系建设完善，整体技术水平甚至优于捷达。随后，项目组便开始寻找合适的发动机等零部件生产线，筹集资金招揽人才，着力新车型开发。1999 年，奇瑞汽车生产的第一辆轿车——奇瑞风云正式下线，如图 3-1 所示。奇瑞风云凭借时尚的外观造型、实用的性能以及亲民的价格，迅速获得了国内广大消费者的关注。奇瑞汽车风云车型的面市，揭开了中国自主品牌汽车发展的新篇章。紧随其后吉利汽车、长城汽车、力帆汽车、长安汽车等中国车企纷纷进军乘用车自主品牌市场，进一步促进了中国自主品牌汽车工业的发展，为中国自主品牌汽车今天的繁荣奠定了良好的基础。

吉利汽车的前身创始于 1986 年，最初只是一家小型机械加工厂。吉利汽车创建后很快开始涉足汽车零部件制造，并逐渐积累了汽车零部件生产制造技术和经验。在初创阶段，吉利汽车面临着资金、技术、人才等各方面的困难，但企业创始人凭借着坚定的信念和顽强的毅力，带领团队

图 3-1　奇瑞风云

不断探索、创新，终于在1998年成功推出了第一辆吉利汽车——吉利豪情，如图3-2所示。这款车的问世，标志着吉利汽车正式成为中国汽车行业的一员。这款车型引入了国际先进的制造技术和设计理念，成为吉利汽车品牌的代表作，受到了消费者的广泛认可。

图3-2 吉利豪情

长安汽车集团有着悠久的历史，其前身可以追溯到1862年的洋务派代表人物李鸿章在上海松江城外创办的上海洋炮局。抗日战争期间，由于上海失守、南京告急等因素，该工厂西迁至重庆并更名为第21兵工厂。新中国成立后，第21兵工厂更名为中央兵工总局国营456厂。1957年，中央提出军民结合学会两套本领的生产方针，以这个方针为指导方向，456厂以零件测绘仿制的方式终于试制出中国第一辆越野车，长江牌四六型越野车。后来，中央兵工总局国营456厂更名为长安机器制造厂，这便是长安汽车的前身。

1979年4月，中央提出"军民结合、平战结合、以军为主、以民养军"的方针。有汽车生产经验的长安，便在20世纪80年代初从广州购买了两辆铃木轻型货车，进行拆解，然后测绘进行仿制。同时长安也开始加强与铃木的合作交流，并于1984年的11月下线第一批长安SZ112微型厢式货车和SC110微型载货汽车。1995年1月，长安厂与江陵厂合并为长安汽车有限责任公司，并于1996年10月成立重庆长安汽车股份有限公司。2000年6月，长安汽车南京公司正式成立；2002年5月，长安河北工厂正式成立，并投入生产；2003年，长安汽车在意大利都灵成立了中国第一个海外汽车设计中心，开始布局自主品牌乘用车开发。

2006年7月，长安汽车发布了自主品牌轿车发展战略并宣告正式进军轿车领域，并在四个月之后上市首款车型长安奔奔，如图3-3所示。长安奔奔属于长安汽车首款自主研发的轿车，奔奔搭载的发动机是以长安铃木羚羊轿车发动机为基础自主开发制造的1.3L发动机。该车型的定位是走亲民路线，售价为39800至48800元，标志采用了盾形的设计，主要消费人群定位为初入社会的年轻人。长安奔奔上市不久便迅速得到了消费者的广泛认可。

图3-3 长安奔奔

从2000年前后开始，我国的汽车工业进入全新的发展阶段，合资企业快速扩张的同时自主品牌车企也逐步崛起。不仅是传统的载货汽车、客车取得良好的发展，在乘用车领域的进步也尤为明显。此后，长安汽车、吉利汽车、奇瑞汽车、比亚迪、广汽集团等车企持续发力，促进我国汽车研发能力、制造水平长足发展。此后，我国汽车消费市场快速扩张，汽车产销均保持稳定增长，并于2009年突破整车销量1360万辆成为世界第一大汽车消费市场。2010年，在国家扩内需、调结构、促转变等一系列政策措施的积极作用下，我国汽车工业延续2009年发展态势，保持平稳较快发展。汽车产销快速增长，自主品牌市场份额提升，汽车出口逐步恢复，大企业集团产销规模整体提升，市场需求结构进一步优化，汽车工业产业结构调整加快。其中，自主品牌车企发展形势乐观，自主品牌汽车销售的市场份额占比逐年增加。

据中国汽车工业协会发布的数据显示，2023年，我国汽车产销量首次双双突破3000万辆，创历史新高。2023年，我国汽车产销分别完成3016.1万辆和3009.4万辆，同比分别增长11.6%和12%。其中汽车出口491万辆，同比增长58%。自2009年我国汽车消费市场突破1360万辆以来，我国汽车市场保持稳定发展，中国市场汽车总产销量一直蝉联世界第一。2004年以来我国汽车销售量统计如图3-4所示。分析统计数据可见，2004—2017年我国汽车消费市场保持快速增长，汽车总量从500万增加到2880万，年平均增长率超过30%。2018年开始略有波动，随后从2021年开始继续保持增长趋势，并于2023年突破3000万辆大关。不仅如此，我国汽车出口业逐年增加，2023年，我国就已经成为世界第一大汽车出口国。

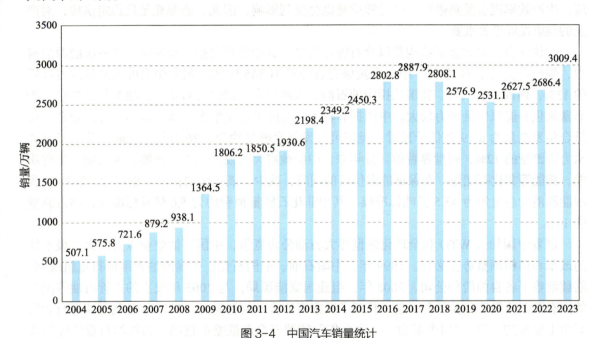

图3-4　中国汽车销量统计

回顾过去20年中国汽车的发展，可以看到中国汽车产业经历了从小到大、从弱到强的历程。在这个过程中，中国汽车企业不断探索、创新、突破，逐渐成为具有国际竞争力的汽车品牌。未来，随着科技的不断进步和市场需求的不断变化，中国汽车产业将继续朝着更加智能化、绿色化和高端化的方向发展。

小知识

我国自主品牌汽车产业发展历程就是一个典型的"励志成长"故事。从初期的资金、技术、人才、管理等全面缺乏和落后，逐步积累发展。现在不仅长期稳居世界汽车产销量榜首，还是跨越式发展，并于2023年取得了汽车出口量世界第一的成绩。明确目标、找对方向、砥砺前行，成功终将属于我们。

1.3 我国能源需求发展概述

能源是贯彻于生产与生活每一个环节的重要资源。正因为如此，任何国家的能源储备和开发利用的形势也就决定了国家的经济实力、发展模式和发展前途。人类社会发展的各个阶段都与那个阶段能源生产与消费形势有关。任何生产过程，必须有相应的能源投入。以往人们只以原材料、资金和劳动力作为生产的必要条件。随着工业生产的进步与扩大，人们越来越清楚地认识到，不投入必要的能源，生产过程是绝对不能实现的。在现代工业生产中，能源是推动各个产业发展的动力之源。无论是制造业还是服务业，都需要大量的电力、石油、天然气等能源来驱动设备运转、提供照明、供暖以及支持各种生产过程。没有足够的能源供应，生产效率就会受到限制，产量和质量也会受到影响。因此，能源充足且稳定供应，对产业的健康发展至关重要。

总体而言，我国能源结构是以化石能源为主，其中煤炭占据主导地位，在一次能源消费中，煤炭占比为 70% 左右。中国煤炭保有资源量 10345 亿吨，剩余探明可采储量约占世界的 13%，列世界第三位。我国已探明的石油、天然气资源储量相对不足，油页岩、煤层气等非常规化石能源储量潜力较大。中国拥有较为丰富的可再生能源资源。水力资源理论蕴藏量折合年发电量为 6.19 万亿千瓦时，经济可开发年发电量约为 1.76 万亿千瓦时，相当于世界水力资源量的 12%，列世界首位。近年来，中国政府大力发展水能、风能、太阳能、生物质能、核能等非化石能源。在保证能源供给的同时，减少二氧化碳的排放。据统计，2023 年我国能源消费总量约为 43.5 亿吨标准煤，其中非化石能量消费约为 5.6 亿吨标准煤，约占总量的 13%。

随着中国加入 WTO 和全球化的世界大石油公司竞争，中国石油企业压力巨大，根本性的改革和结构调整势在必行。1999 年，中国石油、中国石化、中国海油相继进行重组改制，陆续组建了各自的股份公司。2008 年，组建国家能源局，与 2003 年成立的主管石油等国企的国有资产监督管理委员会一起，打开了国家石油管理的新局面。2014 年是我国能源行业发展史上重要的一年，"四个革命、一个合作"能源安全新战略的提出，为能源行业的体制改革指明了方向。与之配套的《能源发展战略行动计划（2014—2020 年）》提出，要坚持"节约、清洁、安全"的战略方针，重点实施节约优先、立足国内、绿色低碳和创新驱动四大战略，加快构建清洁、高效、安全、可持续的现代能源体系。

我国石油工业取得良好的发展成长，但我国能源构成呈现的"富煤、贫油、少气"的基本特点并未得到改变。改革开放 40 多年来，中国经济社会发展取得了举世瞩目的成就。但工业化和城市化快速发展的同时也推动了原油消费量快速增长。1980 年中国消费原油 0.92 亿吨，至 2018 年已上升至 6.28 亿吨。年均增长 5.2%，但同期原油产量年均增速较低，仅为 1.5%，2018 年原油产量只有 1.89 亿吨。原油产量严重落后于快速增长的消费需求，致使中国原油供需失衡并且问题日益严峻。自 1996 年起，中国由原油净出口国转变为原油净进口国。为了弥补日益扩大的原油需求缺口，中国加大了从国际市场进口原油的规模与力度。自此，对国际原油市场的依赖不断加深，原油对外依存度从 1996 年的 1.4% 快速攀升至 2018 年的 73%，远超国际公认的 50% 的安全警戒线。近年来，我国石油对外依存度统计如图 3-5 所示，不断走高的原油对外依存度使得中国原油供应安全日益脆弱，这一现象得到了广泛关注。我国汽车消费市场的快速增长和汽车保有量的不断增加，使得我国燃油消费需求不断增长。我国石油对外依存度居高不下，促使我国汽车产业更加重视节能减排技术发展和应用。

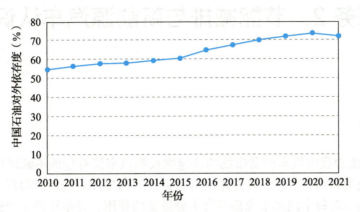

图 3-5　中国石油对外依存度统计

复习与思考

1. 请简要描述我国主要自主品牌汽车及其产品。
2. 请简要分析近 10 年来，我国汽车消费市场及特点。
3. 请简要分析近 10 年来，我国石油消费市场及特点。

任务2 节能减排与新能源汽车认识

2.1 任务导入

近20年来，随着我国汽车消费市场的快速增长和汽车保有量的不断增加，燃油消费需求也不断增长。我国石油对外依存度逐渐攀升，促使我国更加重视新能源汽车产业的发展布局和实施推广。能源对每个国家来说都具有十分重要的作用，是推动各个产业发展的动力之源。随着全球经济的快速发展和人口总量持续增加，能源消耗和环境污染日益严峻，给人类社会可持续发展带来了巨大的挑战。1981年"联合国新能源和可再生能源会议"指出：以新技术和新材料为基础，更合理地开发利用传统能源，大力发展太阳能、风能、生物质能、潮汐能、地热能、氢能和核能等新能源。

1）你知道汽车尾气排放有哪些危害吗？
2）你了解我国新能源汽车发展历程吗？

大量的汽车尾气排放不仅影响环境，还严重危害人们的身体健康。发展绿色节能技术一方面发展传统燃油车节能减排技术，另一方面是大力发展新能源汽车技术。本学习任务将结合我国新能源汽车产业布局，讨论汽车产业节能减排的意义和作用。

2.2 汽车节能减排认识

2.2.1 汽车节能减排的重要性

随着我国经济社会的高速发展，汽车成为人们日常交通出行不可或缺的交通工具，日益攀升的汽车保有量和日常汽车使用不可避免带来大量的燃油消耗和排放污染等问题。据统计，目前我国汽车燃油消费量在全国汽油、柴油消费的占比接近70%。与此同时，每年新增石油消费量的70%是由新增汽车消耗所致。近年来，我国每年新增燃油型汽车达到2000万辆以上，明显高于燃油车报废淘汰量。因此，在今后相当一段时间内，我国汽车市场的能源消费仍然是以传统化石燃料为主。

燃油型汽车作为人们日常交通出行的重要工具，每天都要向空气中排放大量的碳氧化物、氮氧化合物、硫化物、铅化物等污染物。汽车尾气排放物不仅引发大气污染，还给人类身体健康和生态环境带来严重的危害。因此，推动传统燃油车节能减排和大力发展新能源汽车是汽车产业可持续发展的重要基础，也是汽车产业未来发展的主要方向。汽车产业节能减排具有以下重要意义。

1. 减少能源消耗

随着全球能源资源日益紧张，节约能源已经成为社会可持续发展的重要环节。汽车作为能源消耗的主要来源之一，通过采用节能技术和措施，可以有效降低其能源消耗，从而减轻对能源资源的压力，为实现能源的可持续利用做出贡献。

2. 改善空气质量

汽车尾气排放中包含大量的二氧化碳、一氧化碳、氮氧化物、硫化物、铅化物等有害物质，这些物质不仅对人体健康构成威胁，还对环境造成严重的负面影响。通过实施汽车节能减排措施，可以减少这些有害物质的排放，从而改善空气质量，保护人们的身体健康和促进环境的可持续发展。

3. 汽车节能减排是全世界共识

在全球范围内，节能减排已经成为公认的紧迫目标，在环境、政治、经济和外交等方面都具有重要意义。汽车的节能减排不仅有助于降低能源消耗和污染物排放，还能推动相关产业的发展和创新，为社会的绿色转型提供动力。

2.2.2 汽车节能减排的路径

汽车节能减排其实质就是不断发展和利用新技术，解决汽车节能和降低排放两大主要问题。概括起来，汽车节能减排实现的路径可以分为采用新技术提高燃油经济性、开发替代能源以减少排放、改善用车环境提高效率等三个方面。

1. 新技术应用

针对燃油型汽车而言，不断开发新型节能技术和推动新技术应用，不断提高汽车的燃油经济性。例如，大力发展先进发动机技术，增加电子控制技术、缸内直喷技术等应用，精准控制发动机燃油供给，提升燃油经济性。发展发动机增压技术、提高发动机热机效率，增强发动机动力性，提高发动机工作效率；采用流线形整车造型，降低整车空气阻力，采用低滚阻轮胎降低车辆行驶阻力等提升车辆运行助力；通过采用轻质材料和改进车身结构降低汽车的整车质量，提高车辆载重效率；提高汽车尾气排放要求，减少有害气体和颗粒物排放。

2. 开发替代能源

替代能源是指可以替代传统汽油、柴油燃料为汽车提供动力的能源。按使用能源的不同，替代能源汽车通常可以分为：①燃气汽车，这类汽车是以天然气和石油伴生气为燃料的汽车。如压缩天然气汽车和液化石油气汽车等。②以化石燃料制油为燃料的汽车，如煤制油汽车、天然气制油汽车和二甲醚汽车。③生物燃料汽车，是指以生物燃料为能源的汽车，包括燃料乙醇汽车和生物柴油汽车。④电能汽车，主要是指以电能为能源的汽车，主要包括混合动力汽车、纯电动汽车和燃料电池汽车等。⑤其他清洁能源汽车，如氢发动机汽车。

3. 改善用车环境

改善用车环境是指采用包括养成良好的驾驶习惯和改善交通运行环境等措施来减少车辆使用过程中不必要的燃油消耗。良好的驾驶习惯包括平稳的驾驶风格、保持适当胎压水平、减少车辆负重、避免频繁急加速和急制动、尽量选高速档等。改善交通环境至少包括以下内容：①发展节能型交通模式，城际间的交通运输尽量使用能效高的轨道交通，减少汽车运输的使用。②合理布局城市功能，构建高效的城市交通系统，提高道路利用率。③构建智能交通系统，减少交通拥堵，提高汽车行驶效率。④大力发展公共交通，提倡绿色出行，减少家庭用车的代步使用，降低燃油消耗总量。

2.3　我国新能源汽车发展介绍

　　随着我国汽车工业发展和汽车消费市场暴涨，我国汽车保有量快速增加。我国经济社会的高速发展也出现了能源消耗巨大、石油对外依存度过高等隐患。为促进我国汽车工业发展战略转型，在加快我国汽车工业发展的同时，国家从2009年前后开始布局新能源汽车产业化发展。以2008年北京奥运会投入使用的595辆新能源汽车为标志，我国新能源汽车产业发展正式拉开了序幕。同年，科技部开启了"十城千辆"计划，在大连、上海、武汉、深圳、重庆、长株潭地区、北京、天津、杭州进行新能源汽车推广示范，并计划力争2010年达到1万辆新能源汽车示范运营。2009年中央财政开始大力支持新能源汽车推广应用，这一政策推动我国以纯电动汽车为代表的新能源汽车进入快速发展通道。

　　2010年是"十一五"计划收官之年，2010年10月出台了《节能与新能源汽车产业规划（2011—2020）》征求意见稿。该征求意见稿提出纯电动汽车为我国新能源汽车主要的战略取向，加强新能源汽车自主创新，掌握节能与新能源汽车关键核心技术。规划到2020年新能源汽车累计产销量达到500万辆；动力电池系统能量密度达到200W·h/kg。当年新能源汽车销量达到2万辆，新能源汽车进入实际操作阶段。

　　2011年国家"十二五"规划纲要对新能源和新能源汽车等七大战略性新兴产业的发展提出了明确的发展方向，十年发力，中国一度成为世界新能源汽车发展的风向标。但面临"起大早、赶晚集"的尴尬。2011年，真正用于私人购买新能源汽车的财政补贴资金还不到1亿元。而财政部此项补贴预算为50亿元，仅发出2%。

　　2014年新能源汽车累计生产8.39万辆，同比增长近4倍，80%产量集中在12月份。被业界称为新能源汽车元年。2015年工信部发布了《新建纯电动乘用车企业管理规定》放开生产资质，推出持续可行的新能源汽车财税鼓励政策，新能源汽车产销突破30万辆，新能源汽车产业未来十年发展路线图确定。

　　2016年在国家财政补贴、地方财政补贴政策刺激下，新能源汽车销量持续增加。同年，政策层面还制定了《新能源汽车生产企业及产品准入规则》，并颁布了双积分意见稿。各种跨界企业开始涌入新能源汽车制造领域，新能源汽车绿色号牌启用并颁布新能源汽车技术路线图。

　　2017年以互联网为代表的造车新势力掀起造车狂潮。随着《外商投资产业指导目录》对纯电动汽车生产不受两张牌照的限制，以及双积分政策正式颁布，大力促进了新能源汽车产业的发展。当年公布12批新车目录共2819款电动汽车，电动物流车销售大幅度增长2.64倍，新能源汽车免征购置税，商用车企业开始布局氢燃料电池汽车领域。

　　2018年新能源汽车突破百万辆，资本开始追捧新能源汽车行业；特斯拉上海建设超级工厂；国家颁布《汽车投资管理规定》，对投资股比、选址、资质、技术、研发和制造能力提出具体要求，逐步步入严格管理阶段；中国新能源汽车飞速发展。

2020年行业融资首次突破千亿元，《新能源汽车产业发展规划（2021—2035）》正式颁布，虽然经历疫情，销量仍然上涨9.8%。《新能源汽车产业发展规划（2021—2035）》提出到2025年我国新能源汽车市场竞争力明显增强，动力电池、驱动电机、车用操作系统等关键技术取得重大突破，安全水平全面提升。并力争到2035年使我国新能源汽车核心技术达到国际先进水平，质量品牌具备较强的国际竞争力。

2021年供应链短缺开始蔓延，跨界造车依旧保持热度，小米宣布进入新能源汽车领域；国家公布双碳方案和新能源发展规划提出四化要求，市场下沉，新能源开始下乡活动；宏光MINI销售近40万辆；全年新能源汽车销量352.1万辆，新能源汽车占有率接近20%。

2022年新能源补贴政策结束，全年销量突破600万辆，市占率25.6%，新能源汽车出口首次突破百万辆；市场驱动与政策驱动的双向效果明显，自主品牌新能源比国际品牌新能源销售好，80%市场的销量为自主新能源汽车品牌；比亚迪获得全球新能源汽车销量冠军；中国连续8年保持全球新能源汽车销量第一。

据中国汽车工业协会统计分析，2023年新能源汽车持续快速增长，新能源汽车产销分别完成958.7万辆和949.5万辆，同比分别增长35.8%和37.9%，市场占有率达到31.6%，高于上年同期5.9个百分点。2012年以来，我国新能源汽车销量统计以及新能源汽车与我国汽车销售总量比较统计如图3-6所示。

图3-6 2012年以来我国汽车销量构成统计

统计数据显示，2014—2016年期间，我国新能源汽车保持较高增长速度，新能源汽车年销售量快速跨越30万辆、50万辆的门槛。2017—2019年期间保持稳定的增长率，年平均增长率超过30%。2021—2023年期间，政府补贴力度降低了，但我国新能源汽车市场再度开启高速增长模式，这得益于用户对新能源汽车的普遍认可，同时也得益于我国新能源汽车整体技术水平和整车质量的持续提升。

> **小知识**
>
> **新能源汽车核心技术攻关工程**
>
> 1. 实施电池技术突破行动
>
> 开展正负极材料、电解液、隔膜、膜电极等关键核心技术研究,加强高强度、轻量化、高安全、低成本、长寿命的动力电池和燃料电池系统短板技术攻关,加快固态动力电池技术研发及产业化。
>
> 2. 实施智能网联技术创新工程
>
> 以新能源汽车为智能网联技术率先应用的载体,支持企业跨界协同,研发复杂环境融合感知、智能网联决策与控制、信息物理系统架构设计等关键技术,突破车载智能计算平台、高精度地图与定位、车辆与车外其他设备间的无线通信(V2X)、线控执行系统等核心技术和产品。
>
> 3. 实施新能源汽车基础技术提升工程
>
> 突破车规级芯片、车用操作系统、新型电子电气架构、高效高密度驱动电机系统等关键技术和产品,攻克氢能储运、加氢站、车载储氢等氢燃料电池汽车应用支撑技术。支持基础元器件、关键生产装备、高端试验仪器、开发工具、高性能自动检测设备等基础共性技术研发创新,攻关新能源汽车智能制造海量异构数据组织分析、可重构柔性制造系统集成控制等关键技术,开展高性能铝镁合金、纤维增强复合材料、低成本稀土永磁材料等关键材料产业化应用。

复习与思考

1. 请简要介绍汽车节能减排的主要路径。
2. 请简要分析汽车节能减排的意义。
3. 请简要叙述汽车开发可替代能源的类型。

任务 3　汽车轻量化发展介绍

3.1　任务导入

汽车轻量化对整车节能减排、安全性能等都具有重要的意义。如何有效推动整车轻量化是汽车全产业链共同的目标,也是世界各国汽车工业发展的趋势。目前汽车基础材料端、零部件产业链、整车企业等各方都越来越重视汽车轻量化技术发展和产业应用。

1）你了解世界各国在促进汽车轻量化技术发展方面都有哪些政策吗?

2）你了解我国汽车轻量化技术总体路线图及其相关要求吗?

结合汽车轻量化研究和产业应用,本学习任务将带领大家学习汽车轻量化的节能减排作用、汽车轻量化与安全以及国内外在汽车轻量化方面的产业政策等内容。本任务学习有助于我们增强汽车轻量化意识,培养绿色环保的可持续发展理念。

3.2　汽车轻量化相关知识介绍

3.2.1　汽车轻量化的意义

轻量化是一个具有广泛含义的概念,其目标是减小产品质量。汽车轻量化是在保证车辆结构强度、零部件安装刚度、整车碰撞安全等车辆性能的前提下,采用现代设计方法和验证技术优化车辆结构设计,包括并不限于应用先进材料、先进工艺和最优化零部件结构设计等技术尽可能地减小整车质量。

汽车轻量化有助于减小整车质量,降低燃油消耗和减少排放等。据研究指出,整车质量每减小 10%,其整车轻量化具有以下效益。

1）整车燃油效率可以提升 6%~8%,减少尾气排放。

2）整车加速性能提升。

3）整车制动距离减少。

4）整车及零部件疲劳耐久寿命提升。

5）整车碰撞动能减少 10%,提升碰撞安全性能。

6）减少整车转向摩擦力,提高操纵安全性。

汽车轻量化的基本指导思想是要保证产品性能不降低,甚至产品性能可以稳定提升。在此基础上,优化产品结构设计、材料配置或者制造工艺等技术,持续降低产品总体质量。汽车轻量化技术主要包括结构合理化设计、优质轻量化材料和先进制造工艺等三个方面。实践表明，汽车轻量化也不是越轻越好，整车质量需要控制在一个科学、合理的范围。此外，汽车轻量化技术的应用和推广也需要平衡产品材料成本、制造工艺可行性、生产效率等综合因素。当前汽车轻量化的主要技术路径包括以下方面：

1）采用比强度高的轻质材料，如铝合金、镁合金、工程塑料、纤维增强材料、新型陶瓷材料、复合材料等。

2）采用现代设计方法以及计算辅助技术，如计算机辅助设计 CAD、计算机辅助工程 CAE、计算机辅助制造 CAM 等，准确提取零部件产品工作载荷，优化产品结构设计，优化产品制造工艺工序等。

3）采用先进制造工艺技术，更经济合理地适应新材料、新结构等汽车零部件产品制造。例如，激光拼焊技术实现零件厚薄组合，热成形技术实现超高强度钢生产制造等。

3.2.2 汽车轻量化与节能

近 20 年来，我国汽车工业的快速发展为广大汽车消费市场提供了丰富的产品供应。汽车产业的发展一方面带动汽车及上下游产业技术水平发展，另一方面极大程度地提升了人民群众物质生活水平。与此同时，我国汽车工业高速发展的直接结果就是我国汽车保有量大幅增加，汽车燃油消费快速增加。

据公安部信息发布显示，截至 2023 年年底全国机动车保有量达 4.35 亿辆，其中汽车 3.36 亿辆，新能源汽车 2041 万辆。我国近 20 年汽车工业扩张和汽车消费市场的大幅增加也是导致我国近年来原油进口持续增加的重要原因之一。据统计，2023 年中国进口原油为 56399 万吨，同比增长 11.0%。

由此可见，如何平衡汽车工业发展和能源消耗并促进我国汽车工业可持续发展是我国当前经济社会发展面临的重要课题。随着汽车技术进步，汽车的轻量化逐渐成为汽车产品节能减排的主流技术。研究表明，汽车整车质量减少 10%，燃油消耗量可降低 6%~8%，尾气排放量也相应减少，同时汽车轻量化的实现增强了汽车加速性能，而且改进了车辆控制稳定性、噪声、振动等各方面的综合性能。人们越来越重视汽车各方面综合性能，同时为了响应国家号召，现代汽车发展趋势是实现轻量化，这样汽车降低了燃油消耗量，节约资源，同时减少尾气排放量，从而保护环境。

整车轻量化是实现绿色环保的有效手段，对于有害气体的控制及整车有机挥发物（Volatile Organic Compounds）的控制，对实现现代社会绿色环保有重要影响。当前，国内实现汽车轻量化的新型材料产业蓬勃发展，同时在汽车制造行业逐渐被认可应用。据统计，汽车车身、底盘（含悬架系统）、发动机三大件约占一辆轿车总质量的 65% 以上。综合应用轻量化材料技术、轻量化结构设计和先进制造工艺有助于减小整车质量，降低车辆燃油消耗和整车碰撞动力，提高车辆动力性、安全性等。

当然，汽车节能技术也不仅仅局限于轻量化技术，低滚阻轮胎、低风阻造型、高效内燃机技术等都有助于节能减排。以内燃机为主要动力系统的车辆系统，采用更先进汽柴油汽车、替代燃料汽车、混合动力汽车、低滚阻轮胎、低风阻车身设计也有助于减少车辆燃油消耗，提供能量利用率。例如，柴油机高压共轨、汽油机缸内直喷、均质燃烧和涡轮增压等先进技术将明显提高发动机工作效率和热机转化效率。促进柴油机高压共轨技术的自主开发，推动柴油发动机在乘用车上的应用。大力推动高效汽油发动机的自主开发和产业化，提升热动能量转化效率，降低能耗，促进汽油机缸内直喷、均值燃料、废气再循环＋高压缩比、可变气门正时（VVT）、可变气门升程（VVL）、废气涡轮增压和机械增压技术等高效燃烧技术的开发和应用推广是汽车产业技术发展和节能环保的协调统一技术方法之一。

3.2.3 汽车轻量化与安全

汽车安全性是综合性能，通常是指汽车在行驶中避免事故或者在发生事故时如何最大程度地减轻人员伤害。在道路交通事故中，汽车本身的安全性能也是不可忽视的因素。汽车安全性能好，往往可以避免事故的发生或减轻伤亡的程度。汽车的轻量化，就是在保证汽车安全性能的前提下，尽可能地降低汽车的整备质量，从而提高汽车的动力性，减少燃料消耗，降低排气污染。

随着汽车工业的不断发展，汽车的安全性能越来越受到人们的关注。汽车安全性能的评价不仅关系到驾驶员、乘客和行人的生命安全，也反映了汽车工业的技术水平和质量。汽车安全性一般分为主动安全性和被动安全性两大类。主动安全系统是通过提升车辆驾驶操纵安全性能以降低交通事故发生的概率，从而达到提升汽车安全性目标。当交通事故不可避免地发生时，如何最大程度减少人员伤害就需要提高车辆结构对驾乘人员的保护，这也被称为被动安全性能。汽车碰撞过程是一个复杂的瞬时物理过程，它包括成百上千个零件的复杂变形和相互作用，具有很强的非线性特性，其中包括以大变形、大应变为特征的几何非线性，以弹性变形为特征的材料非线性，以不同零部件表面接触摩擦作用为特征的边界非线性。这些非线性特性综合作用的结果是，使汽车碰撞过程的分析变得非常复杂。多年来经过国内外科学家和工程师的艰苦努力和不断创新，发明了一系列汽车碰撞缓冲吸能的结构和装置，在汽车碰撞事故中有效地保护了乘员安全。

目前行业对汽车被动安全性能的研究，主要围绕汽车抗撞性、乘员约束系统、行人保护、人体生物力学以及碰撞相容性等内容。就乘用车而言，车身结构耐撞性主要指车身结构抵抗碰撞变形以及保护乘员免受的伤害能力。优良的车身抗撞性设计，不仅要求碰撞过程中车身结构能够吸收更多的碰撞冲击能量，而且还要求车身结构变形尽可能小，以保证车内乘员的生存空间。车辆设计开发时，为了达到上述乘员安全保护目标，更强壮的车身结构、更丰富的安全气囊等不断被应用于新车开发，这也无形中增加了车辆的整体质量。如何兼顾车辆安全性和车辆轻量化，成为行业工程师更为关注的问题。

早期的车身结构轻量化主要是大量使用高强度钢和超高强度钢。相对于普通低碳钢而言，高强度钢材具有材料密度接近但材料屈服强度和抗拉强度显著增强的特点。因此，采用高强度钢材可以在保证强度条件下减薄板料厚度，而从达到减小车身质量的设计效果。如图 3-7 所示为某车身设计的选择，其中前碰撞横梁采用了高强度铝合金材料和螺栓连接工艺；车身 A 柱、B 柱、C 柱、中央通道、地板横梁等采用了高强度钢材形成封闭框架结构；前围板、流水槽等采用普通中等强度钢板成形；前纵梁等前面碰撞重要吸能区域采用了超高强度设计。结合车辆不同性能和考核工况，综合使用不同强度等级钢材进行有机组合，可以有效实现提升车身结构耐撞性能和减小整体质量。

图 3-7 高强度材料应用

3.3 国内外汽车轻量化发展介绍

3.3.1 我国汽车轻量化发展介绍

我国汽车产业自主研发起步较晚，与之对应的汽车轻量化技术研究应用也仅有十来年时间。由于我国汽车自主研发产业发展迅速，尤其是新能源汽车的强势崛起，大力推动了我国汽车轻量化技术研究和产业化应用推广。汽车轻量化已经从单一零部件、高端车型、分散性企业等初级阶段快速迈入普及化、全系列、多元化发展的新阶段。汽车主机厂及上下游零部件产业全面推动轻量化工程。包括轻量化材料技术研发与应用、轻量化结构设计与验证等方面，此外，以热成形为代表的先进制造工艺也陆续推广应用。

目前，我国汽车轻量化技术实施方案主要集中在轻量化结构优化设计和轻量化材料技术应用方面。在结构优化设计方面，大量应用计算机辅助工程技术优化结构布局特征，减小车辆零部件材料使用，健全车辆零部件刚度性能、强度性能、耐久性能、安全性能等综合性能仿真和试验验证。在轻量化材料应用方面，铝合金、镁合金轻质材料被广泛用于制造发动机缸体、变速器壳体、汽车轮毂、转向节、摆臂等车辆零部件，保证零部件强度的同时有效减小整车质量；轻质塑料、增强纤维材料等常被用于制造车辆装饰件，大力推动非重要承载结构以塑代钢；车身结构大幅增加高强度钢、超高强度钢使用比例，提升车辆安全性的同时有效减少车身质量。

汽车轻量化技术是随现代科技进步而不断发展的技术。随着我国汽车保有量的持续增加，节能减排以及"双碳"目标等可持续发展要求，进一步推动我国汽车产业轻量化技术研究应用发展势在必行。为此，中国汽车工业协会等机构提出了汽车轻量化技术发展规划，以引导和促进我国汽车轻量化技术发展。

1. 我国汽车轻量化技术发展愿景

结合《中国制造2025》重点技术，规划我国汽车产业轻量化技术5~10年技术研究应用于发展路线，提出我国汽车产业轻量化技术发展的愿景：到2030年，镁铝合金、超高强度钢、碳纤维复合材料等轻量化材料技术取得较大突破，轻量化材料体系达到较好的应用水平，掌握先进的制造工艺和连接技术，拥有完善的汽车零部件结构优化设计能力，掌握材料、性能、成本一体化设计应用能力，大幅提升我国汽车产业轻量化技术水平，具备汽车轻量化整车产品和关键零部件自主开发验证和生产制造能力，轻量化技术综合应用水平进入国际先进行列，由轻量化技术带动的汽车节能减排效益显著。

2. 汽车轻量化技术发展目标

中国汽车工业协会等机构结合我国车辆燃油及排放目标以及国际主流汽车企业整车轻量化目标，基于我国汽车轻量化技术水平现状和发展特点，综合材料技术、工艺技术、成本以及汽车行业利润等因素，提出我国汽车轻量化发展战略目标。目标指出，到2030年，我国汽车轻量化技术水平有较大幅度提升，基本掌握汽车轻量化关键技术。该总体目标分三个阶段实施，以2015年为基础，各阶段乘用车和商用车单车减重目标见表3-1。

表3-1 我国汽车轻量化分阶段目标

目标	2016—2020年	2021—2025年	2026—2030年
整车整备质量	比2015年降低10%	比2015年降低20%	比2015年降低20%
高强度钢应用	抗拉强度600MPa以上的钢材占比达到50%	第三代汽车用钢占比达白车身质量的30%	抗拉强度2000MPa以上的钢材有一定应用
铝合金应用	单车用量190kg	单车用量250kg	单车用量350kg
镁合金应用	单车用量15kg	单车用量25kg	单车用量45kg
碳纤维复合材料应用	碳纤维材料有一定应用，成本比2015年降低50%	碳纤维应用占比2%，成本较上一阶段下降50%	碳纤维应用占比5%，成本较上一阶段下降50%

2016—2020年为总体目标的第一阶段，该阶段的重点是发展高强度钢和先进超高强度钢等材料技术，包括先进钢材性能开发、轻量化设计方法与技术、制造成形技术、焊接等连接工艺技术，提升高强度钢、超高强度钢等材料在汽车产品中的应用占比，力争在2020年实现高强度钢应用占比超过50%的目标。

2021—2025年为总体目标的第二阶段，该阶段的重点是以第三代汽车钢、铝合金材料技术为主线，加大超高强度钢应用。充分发挥轻质铝合金材料和高强度钢优势，发展钢铝混合车身结构、全铝合金车身结构等，实现铝合金覆盖件和铝合金零部件批量化生产和产业应用推广，加大镁合金、碳纤维复合材料研究开发，加大镁合金、碳纤维复合材料应用占比。

2026—2030年为总体目标的第三阶段，该阶段的重点是发展镁合金和碳纤维增强复合材料技术，解决镁合金、碳纤维等材料循环和再生利用等技术问题，实现碳纤维复合材料混合车身，加大碳纤维材料应用占比，突破复杂零部件成形技术和异种材料连接技术。实现先进材料、轻量化结构、先进工艺结合，大幅提升汽车全产业链轻量化技术应用。

3.3.2 国外汽车轻量化发展介绍

汽车节能降耗政策是推动汽车轻量化的主要动力之一，世界各国都相继出台节能降耗相关的法规和标准，提出各类车型分阶段燃油消耗限值目标，制定汽车燃油经济性申报制度、汽车燃油消耗量标示制度以及燃油消耗量公布制度等。与此同时，也不同程度地推出汽车燃油消耗量相关的奖惩政策，如燃油税、财政激励、研发资助等。为推动汽车轻量化技术发展和应用，各国从技术和管理制度两个层面制定了相应的政策。

美国是世界上第一个制定汽车油耗的国家，早在1975年美国国会就通过了能源节约法案。该法案要求提高车辆燃油效率，为小轿车和轻型货车建立企业平均燃油经济性标准。标准以汽车制造厂为单位，根据企业每年销售的各类车型百分比与该车型对应的油耗的乘积再进行加权求和，得到企业平均油耗，并且企业平均油耗应满足法规限值要求。美国车企平均油耗采用自我认证加环保管理部分复查的形式执行。车企要想获取更多的利润，就需要尽可能生产小排量汽车或者新能源汽车，以满足企业平均油耗限值要求。

为保证汽车燃油经济性标准有效实施和推动汽车节能减排，美国政府还制定一系列的奖惩措施。例如，针对平均燃油消耗未达标的汽车企业征收处罚金，按每加仑行驶英里数比标准值每少0.1英里处罚5美元罚款。此外，还将对购买燃油消耗未达标车辆的用户征收税金。该政策调动汽车制造商不断研发新技术，降低车辆燃油消耗，不断推出节能车型。不仅如此，美国政府还在消费税、使用税、惩罚性税收方面出台措施，促进汽车轻量化技术发展和产业应用。

欧盟对车辆油耗思路与美国有比较大的差异，其主要是控制发动机的CO_2排放来达到控制油耗的目的。1980年，欧盟颁布了关于燃油消耗的法令，并进行了三次修订。2009年欧盟正式通过并发布了乘用车CO_2排放的法规。该法案要求到2015年，汽车制造商在欧盟注册销售车辆的CO_2排放量小于130g/km；到2020年，新车最高碳排放量小于95g/km。从2021年开始，欧盟燃油消耗规定，新注册车型燃油消耗每超过规定值1g/km，需要缴纳95欧元罚款。此外，欧盟燃油消耗要求也不断提升，要求到2030年新车燃油排放标准降低到小于59g/km。欧盟成员国也为发展低碳汽车提供税收和财政保障政策，对购买低排放新车的用户提供财政补贴。

日本是世界汽车强国之一，汽车产业也是日本国民经济的支柱产业。日本政府按车辆质量进行分类，并为各类车型制定了一系列平均燃油经济性标准。在财政政策方面，日本实行汽车质量税收政策，对汽车轻量化发展具有直接的推动作用。车主购买汽车后，将按规定按期缴纳车辆质量税，车辆越重，纳税越多。此外，日本政府要求汽车制造企业对车辆进行燃油经济性认证，达不到法规要求的企业将被劝告、罚款等处罚，政策有力刺激了汽车轻量化技术的发展和应用。

复习与思考

1. 请简要描述汽车轻量化的意义。
2. 请简要分析我国汽车轻量化各阶段的主要目标。
3. 请简要分析政策引导对汽车产业轻量化的作用。

任务4 汽车轻量化政策调查

4.1 任务目标

汽车轻量化是汽车节能减排的重要途径，同时汽车轻量化也需要大量的研发投入。如何调动汽车制造企业持续推动汽车轻量化，成为世界各国节能减排的重要工作之一。因此，政策引导成为推动汽车轻量化技术研究、技术进步和产业化应用的重要举措。

1）你了解我国汽车燃油排放法规发展进展吗？
2）你了解哪些政策跟汽车轻量化技术发展相关吗？

为此，请通过政策调研的形式，收集和整理国家或地区关于汽车节能减排、汽车轻量化的相关政策、法规或者行业指导意见。通过本任务实践，增加学生对汽车轻量化相关政策的了解，树立规范意识和行为准则，达到提升职业素养的目标。

4.2 任务分析

4.2.1 任务目标解读

我国在汽车轻量化领域起步较晚，从政策层面如何推动我国汽车轻量化实现跨越式发展，加快推动汽车轻量化技术实践应用，是我国汽车工业产业发展乃至国家政策的重要工作。为此，我国汽车工程学会、工信部等政府机构结合我国汽车产业发展，也相继推出了汽车节能减排法律法规、汽车轻量化发展指导意见等政策。请你结合本实践任务学习需要，收集并整理分析相关政策、法规的主要内容和相关要求。结合汽车轻量化相关政策、法规和指导意见阅读，树立职业规范意识，培养职业素养。

4.2.2 任务内容

分别调查和收集汽车工程学会、工信部等专业机构关于排放法规的要求和发展更新过程，调查和解读汽车轻量化相关激励政策和财政刺激政策等内容。对比分析，法规发展更新及其变化情况，探讨汽车节能减排和轻量化的发展趋势，本任务主要实践内容如下：

1）收集我国汽车燃油排放法规。
2）收集我国汽车轻量化激励政策。

3）分析我国汽车排放法规发展及新要求。
4）整理分析并预测我国汽车节能减排与轻量化趋势。
5）完成对比分析和讨论汇报。

4.3　实施计划

我国汽车节能减排法规与轻量化政策激励调研等实践任务以小组为单位完成。通过小组实践活动，培养团队分工合作、相互协作的团队精神。实训小组充分发挥头脑风暴、交流讨论优势，深入理解实践任务的理论背景，培养实践操作能力。为促进高质量完成实践任务，达到实践目标，实践小组制订实施计划，包括基础理论回顾、实践任务分解、小组分工、方案设计、讨论决策等内容。小组活动实施计划参照表 3-2 完成记录。

表 3-2　实施计划记录

班级：	组长：	任务名称：
组员：		
成员任务职责	组长负责本学习任务的组织、决策、安全管理等 组员负责： 1. 安全监督以及完成组内其他学习任务 2. 工具备料以及完成组内其他学习任务 3. 技术资料以及完成组内其他学习任务 4. 常规操作以及完成组内其他学习任务 5. 文本记录以及完成组内其他学习任务	
任务实施计划	实施计划： 1. 成员任务分工、团队协作 2. 任务目标分解与讨论 3. 任务实施结果与讨论分析 4. 任务实施记录整理提升	

4.4　任务实施

4.4.1　实施准备

本次实践任务实施前根据任务内容和要求，完成主要调研内容和调研范围选择。熟悉汽车工程学会官网、工信部官网等权威机构官网资料调查方法。完成与实践内容关系密切的基础理论知识准备，熟悉办公软件、图形软件、数据分析软件等基本操作技能。

4.4.2 实施过程记录

本任务实施过程及各阶段主要实践内容记录参照表 3-3 所示的记录表执行。

表 3-3 实施记录

流程序号	任务流程及描述	完成情况	
1	小组确定：明确成员、任务、职责	□是	□否
2	主题明确：明确调查对象，主题清晰	□是	□否
3	材料收集：小组分析收集产品材料，记录、整理	□是	□否
4	对比分析：对比法规更新要求，分析发展趋势	□是	□否
5	总结讨论：讨论分享、总结经验	□是	□否
6	持续改善：团队协作、持续改善、全过程 5S 管理	□是	□否

4.5 实施评价

4.5.1 小组自评

各小组对照表 3-4 所示检查项目任务实施执行情况，对项目实施过程进行再次检查确认，完成小组自评，注重任务完成质量。

表 3-4 任务实施自评

流程序号	任务流程执行检查与评价	完成情况	
1	小组确定：检查规范性	□是	□否
2	主题明确：检查分析对象是否明确，重要	□是	□否
3	材料收集：检查数据来源，准确性、完整性	□是	□否
4	对比分析：数据分析准确性，结论合理性	□是	□否
5	总结讨论：讨论分享、总结经验	□是	□否
6	持续改善：检查完整性	□是	□否
7	总体评价：小组实践任务总体自评是否合格	□是	□否

4.5.2 教师评价

教师根据各小组项目完成情况，参照表 3-5 清单对任务实施进行质量检查，并对各小组任务实施过程中所存在的问题提出改进措施与建议。

表 3-5 教师检查评价

效果评价表			
班级：	组名：		成绩：
实践任务名称：			
评价项目		分值分配	教师评价
职业素养（25 分）	团队协作能力	10	
	计划组织能力	10	
	质量意识	5	
职业技能（65 分）	任务理解与计划完整性	10	
	任务执行完整性	20	
	任务完成质量	20	
	讨论与总结归纳	15	
绿色安全考评（10 分）	落实"5S"、绿色节能意识	10	
存在问题及改进措施			

4.6 调整改进

任务实践小组成员和指导教师结合任务完成情况，整理任务实践中存在的收获和不足。重点针对任务实践发现的不足，制定调整改善方案，讨论调整方案可行性，并进一步完善实践训练。本实践任务总结反思和改进设计记录如下：

1. 记录本次实践任务的主要收获、重点、难点和不足。针对不足有何思考和建议？

_____

_____

_____

2. 结合调整方案和建议讨论，记录和整理小组讨论结果，向指导教师汇报调整方案。

3. 结合调整实施方案，进一步完善实践训练，验证任务实践调整方案效果。完成方案实践记录并对比方案调整的实践效果。

拓展阅读

新能源汽车产业发展紧扣时代主题

党的二十大报告中，将高质量发展明确为全面建设社会主义现代化国家的首要任务，并且积极主动推动高质量发展。高质量发展包括经济、政治、社会、文化、生态文明等诸多领域，其中，经济方面的高质量发展位居首位。结合国家战略定位，高质量经济发展至少包括高端产业；实体经济；绿色化、低碳化；创新驱动；供给侧从数量转向质量，从速度转为效率；需求侧以满足人民群众美好生活等方面的内容。

新能源汽车产业蕴含绿色、低碳化、高端制造、创新驱动等诸多特点，高度符合高质量经济发展的各项要求。党的二十大报告提倡绿色发展战略升级，提出积极稳妥推进碳达峰碳中和目标。绿色发展所要求的产业结构、能源结构、交通运输结构等调整优化，节能降碳先进技术研发和推广应用；双碳目标中要控制的化石能源消耗、交通的清洁低碳转型，都需要新能源汽车及其连带产业来实现。

由此观察，新能源汽车紧扣新时代高质量发展主题，作为战略性新兴产业的地位非常稳固，也是国家重点发展的重要产业之一。同时，新能源汽车产业也是绿色发展、双碳目标达成的重要抓手，是社会、文化、生态文明等领域高质量发展的有效支撑力量。

项目4　汽车轻量化技术路径认识

整车结构一般可以分为车身系统、底盘系统、动力系统、内外饰及电气系统等典型系统，整车轻量化主要由这些典型系统的轻量化来实现。不论是车身系统还是动力系统，汽车部件系统的质量都是由材料、结构、尺寸及连接等因素决定。根据汽车制造公司和科研机构的研究方向来看，汽车轻量化技术实现路径由三个方面体现：使用新型轻量化材料；采用轻量化结构设计；采用先进成形工艺和连接等制造技术。本项目结合车辆典型系统案例介绍汽车轻量化技术路径。

项目目标

学员完成本项目学习应当达成以下学习目标。

知识目标

- 掌握汽车轻量化三大技术路线及其组成。
- 掌握常用的轻量化材料技术及其在汽车产品中的应用。
- 理解常用的轻量化制造工艺及其应用。
- 了解轻量化结构设计技术及其应用。

技能目标

- 能够正确分析车辆结构典型轻量化材料应用。
- 能够正确分析典型零部件轻量化工艺特点。
- 能够正确分析典型零部件轻量化结构特点。

职业素养目标

树立绿色节能理念，追求精益求精，培养工匠精神。

任务 1　轻量化材料技术应用

1.1　任务导入

汽车零部件都是采用不同材料并根据设计意图和制造工艺生产而成，材料密度、强度、弹性模量等基本性能参数影响零部件性能和整体质量（俗称重量）。整车质量是由成千上万的汽车零部件单件质量组成的。因此，整车轻量化的重要途径之一就是从零部件制造材料本身入手，尽可能选用比强度高、密度小的材料。在实际工程中，汽车零部件材料选择跟零件工作状态、成本和制造工艺密切相关。

1）你知道汽车产品设计制造如何选择恰当的材料吗？

2）你了解常见汽车零部件系统使用的材料类型吗？

本学习任务结合汽车典型系统产品材料使用情况，介绍轻量化材料技术在汽车产品中的应用。结合整车各主要系统轻量化材料的典型应用解读，培养汽车生产制造、设计开发中材料选用基本职业技能和素养。

1.2　动力系统轻量化材料应用

1.2.1　传统燃油汽车动力系统材料应用

汽车动力系统是车辆行驶动力的源泉，也是汽车的核心系统。燃油汽车的动力系统主要由发动机和变速器两大系统组成；电动汽车的动力系统主要由电机和减速器组成。汽车动力系统是整车的心脏，同时其质量在整车质量的占比也较大。以乘用车为例，动力系统及其附件在整车整备质量的占比可以高达15%~20%。因此，动力系统轻量化对整车减重具有重要的意义。

早期的汽车发动机多数采用铸铁材料制造，铸铁是一种含碳量为2%~4%（质量分数）的铁碳合金材料，它的主要成分是铸铁母体和石墨，密度约为6600~7400kg/m³。铸铁母体含铁量高达90%以上，是一种高硬度、高强度、高耐磨的铁碳合金材料。同时铸铁材料液态流动性好，易于铸造成型，机械加工性能良好，常常采用铸造和机械加工相结合的工艺制造各类结构复杂的产品。

发动机缸体缸盖结构复杂，工作强度要求高，传统的制造工艺是采用铸铁和机械加工相结合的方式生产。同时，缸体、缸盖在发动机整机质量中占比为30%~40%，因此采用铝合金、镁合金等轻质材料替代铸铁生产发动机缸体、缸盖将为整机质量减轻20~40kg。此外，铝合金、镁合金材料采用压力铸造成型的发动机具有外观质量高、不生锈等优势。如图4-1

所示为采用铝合金材料生产制造的发动机缸体零件。铝合金等轻质材料是当前乘用车汽油机最常用的生产材料，其成形质量稳定、生产效率高，整机轻量化效果明显。

图 4-1　铝合金缸体

发动机活塞、连杆等缸内机构是发动机工作的核心部件，发动机苛刻的工作环境要求其具备耐磨性、耐高温、强度高、加工精度高等特点。汽车制造行业应用铝合金、镁合金材料的轻质化和高比强度等性能优势，制造发动机活塞、连杆等发动机部件，有助于减轻发动机整体质量，同时满足耐磨、耐高温和高强度等性能要求。如图 4-2 所示为采用铝合金等轻质材料生产的发动机活塞及连杆机构等零件。此外，铝合金、镁合金发动机活塞与铝合金、镁合金发动机缸体属于同质材料，具有相同的热膨胀系数，有助于提高气缸活塞与气缸的密封性。

图 4-2　轻质合金活塞及连杆系统

变速器与发动机组合构成车辆动力输出装置，总称为动力总成系统。不论是手动变速器还是自动变速器，都是由壳体和变速传动机构组成。变速器壳体如图 4-3 所示，它既有结构安装尺寸和刚度要求，又有一定的强度要求。变速器壳体常常使用大量加强筋设计，以增加壳体刚度和满足整体强度要求。变速传动机构采用一系列齿轮组构成，齿轮主要由优质工具钢制造；变速器壳体主要采用铝合金、镁合金等轻质材料制造。铝合金、镁合金材料制造变速器壳体具有良好的成形性、外观质量和良好的轻量化效果。

图 4-3　轻质合金变速器壳体

发电机等设备是汽车发动机不可或缺的附件系统。汽车发电机的质量一般在 5~25kg 之间。这个范围涵盖了不同型号和功率的汽车发电机。对于小型车辆，如轿车或 SUV，发电机的质量可达 5~8kg。而对于大型车辆，如货车或客车，由于它们需要更大的功率，相应的发电机质量甚至超过 25kg。所以，发电机轻量化也是汽车动力系统轻量化的路径之一。如图 4-4 所示，采用铝合金、镁合金等轻质材料制造汽车发电机外壳、安装支架、轮轴等结构，可以有效减小发电机整车质量。

图 4-4　铝合金发电机及零部件

如图 4-5 所示的悬置支架是连接发动机和车身的重要部件，汽车悬置支架通常分为主动侧悬置支架和从动侧悬置支架。主动侧悬置支架通常属于发动机的附属零件，是发动机提供的安装连接部件；从动侧悬置支架主要用于连接车体结构。主动侧悬置支架和从动侧悬置支架通过衬套实现发动机与车身支架的柔性安装连接。通过衬套的强力减振功能和位移约束，既保证发动机与车身的连接关系，又避免发动机振动直接传递到车身结构。因此，刚度性能

图 4-5　轻质合金悬置支架

和强度性能是发动机悬置支架设计的重要考察参数，采用铝合金、镁合金等轻质材料制造汽车发动机悬置支架可以有效保证悬置支架的刚度和强度要求，同时其相比传统铸铁材料可以减重30%~40%。

1.2.2 新能源汽车动力系统材料应用

随着以纯电动汽车为代表的新能源汽车的快速发展和用户对新能源汽车续驶里程要求的不断提升，新能源汽车轻量化要求日益迫切。新能源汽车动力总成主要由驱动电机和减速器组成，其中驱动电机外壳、减速器外壳等结构设计复杂，又有较高的工作强度要求。如图4-6所示，采用铝合金、镁合金等轻质材料制造驱动电机壳体、减速器壳体是当前主流的轻量化技术路线。

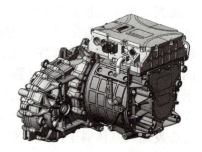

图4-6 新能源汽车动力系统

随着汽车轻量化和铝合金、镁合金技术的发展，以铝合金、镁合金为代表的轻质材料在汽车动力总成及其附件系统中的应用越来越广泛。在新能源汽车动力系统制造领域，以铝合金、镁合金为代表的轻质材料的应用更为普及。如图4-7所示的纯电动汽车动力电池包通常采用轻质铝合金材料制造，它充分利用轻质材料特性，更大程度地搭载动力电池，提升整车续驶里程。

图4-7 铝合金动力电池包

1.3 底盘系统轻量化材料应用

汽车底盘系统是保持车辆正常行驶和传递车辆运动载荷的重要系统。底盘系统由悬架、减振、制动、车轮等子系统组成，几乎所有底盘系统金属零件都可以采用铝合金、镁合金等轻量化材料制造，这也是目前底盘系统轻量化主要的技术路径之一。

汽车轮毂是承载整车质量的重要载体，车轮行驶时还受到巨大的冲击载荷作用，因此要求车轮轮毂具有足够的强度性能和减振吸能功能。相对传统钢质汽车轮毂，采用铝合金、镁合金等轻质合金材料制造的轮毂具有良好的轻量化效果，能有效提升燃油效率，降低环境污染。如图4-8a所示，以普通15in（1in=25.4mm）车轮毂为例，钢轮毂重约8.2kg，铝合金轮毂重约5.4kg，镁合金轮毂仅重4.2kg。整车应用铝合金、镁合金材料制造轮毂比钢轮毂减重15~20kg，对车辆的轻量化贡献极大。

碳纤维汽车轮毂作为核心的骨架部分，具备较好的承压能力和抗冲击性，汽车加速时和载重时的表现非常出色。另外碳纤维轮毂因为自重下降，可以有效降低惯性，实现汽车的更快起停和转向。如图4-8b所示，采用碳纤维材料为骨架的汽车轮毂比铝合金材料更有优势，同等尺寸的轮毂，碳纤维轮毂较铝合金轮毂可以减重40%~50%，因此碳

a) b)

图4-8 铝合金和碳纤维轮毂

纤维轮毂也就成了地地道道的"减重神器"。随着碳纤维生产技术的不断完善和规模化生产，碳纤维成本在逐步下降。采用沥青基、聚乙烯等原料制备原丝的碳纤维成本可以下降30%以上。澳大利亚Carbon Revolution公司推出的碳纤维轮毂，采用碳纤维与树脂黏合而成，实现了规模化生产，可以将碳纤维轮毂成本降低到与镁合金、铝合金轮毂相当的水平。

转向节是汽车重要的底盘零部件，连接着汽车转向机构、减振器、车轴等重要零部件系统。汽车转向节是汽车部件中应力最为集中、最为复杂的零件，直接关系到汽车的安全性能。因此，汽车转向节的设计要求严苛，性能测试内容多且测试周期长。根据不同的汽车转向节类型，采用强度较高的球墨铸铁制造的转向节质量可达6~10kg，载货汽车转向节质量更大。如图4-9a所示，采用铝合金、镁合金等轻质材料制造的汽车转向节，相比较同等强度和功能的铸铁转向节减重可达30%左右。对于结构尺寸较大的汽车转向节，其减重效果更为明显。

随着汽车轻量化的不断增强，比铝合金、镁合金更有轻量化优势的碳纤维材料已经开始用于制造汽车转向节产品。如图4-9b所示，菲亚特与热塑性塑料供应商索尔维合作推出了首个碳纤维转向节产品。该转向节产品采用了40%的碳纤维材料，相对于同等功能的铝合金转向节，碳纤维转向节可减重25%左右。

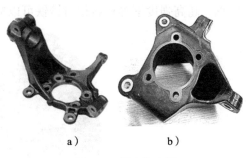

图4-9 转向节产品

下摆臂也被称为下悬架，在汽车悬架中扮演着重要的角色。下摆臂具有支撑车身、辅助减振和转向等功能。下摆臂负责将车身与悬架系统相连，确保车身的稳定性和行驶时的平顺性。下摆臂与减振器的配合，能够有效吸收行驶过程中的振动，提高乘坐舒适性。下摆臂还参与支撑车轮的重力并提供转向助力，保证车辆在转弯时的稳定性。因此，汽车下摆臂产品要求具有足够的强度性能和一定的减振性能。下摆臂的制造可以采用铸铁、高强度钢、铝合金、镁合金、复合材料等。

如图4-10所示，采用球墨铸铁制造的下摆臂具有良好的强度性能，其质量也可达8kg左右。采用4mm左右高强度钢或者超高强度钢冲焊成形可以满足强度要求，整体质量可比铸铁减轻30%~40%。除此之外，采用铝合金、镁合金制造同等强度的下摆臂比铸铁下摆臂减重40%~50%。随着工程塑料、纤维材料等应用，钢塑结合等方式制造的复合材料下摆臂较铝合金、镁合金等材料的减重更有优势。

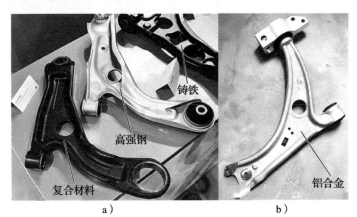

图4-10 下摆臂产品

车轮不同载荷状态将引起整车悬架连杆相对姿态变化，悬架变形将影响车轮定位，降低了行车的稳定性。如果前悬架摆臂有问题，感觉转向盘会晃动，手松开转向盘容易跑偏，高速时难以掌握方向。为提升整车操控性能，双叉臂悬架被用于各类中高档乘用车设计。双叉臂悬架相对于麦弗逊悬架最大的区别就是采用了上下双臂结构形式。双叉臂悬架的上摆臂用作悬架的导向和支撑，保持悬架的稳定性。双叉臂悬架能够有效地抑制车辆在制动或快速转弯时的侧倾，提高车辆的稳定性。双叉臂悬架通过其复杂的结构和设计，能够在一定程度上吸收更多的振动，从而提升车辆的整体滤振性能。当车辆紧急制动时，双叉臂悬架可以有效减少车辆前后的俯仰或点头现象，提供舒适的乘坐体验。

虽然双叉臂悬架在结构布置空间和产品成本控制方面对整车设计开发提出了更高的要求，但其独特优势还是得到了广泛认可。正是因为双叉臂悬架结构能为车轮提供更优秀的操纵性能和减振效果，该悬架结构在中高端乘用车、跑车等车型中被广泛应用。如图4-11所示，双叉臂的上摆臂可以采用铸铁、高强度钢和铝镁合金等材料制造。采用轻质合金、高强度钢、超高强度钢等材料相对铸铁可以减重10%~20%。

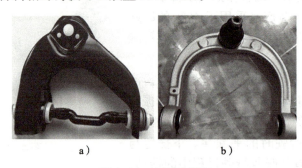

a) b)

图4-11 上摆臂产品

副车架是汽车悬架的重要组成零件，也是稳定杆、下摆臂、后悬置等重要零部件的安装基础。尤其是摆臂、悬置等安装连接需要承受较大的工作载荷，这就要求副车架需要满足使用强度要求。如图4-12所示，副车架结构常常采用高强度钢以冲焊焊接的形式完成生产制造，副车架单体质量可达12~20kg，尺寸较大的乘用车副车架质量甚至达到30kg左右。因此，副车架轻量化对整车轻量化贡献还是比较明显的。副车架常用的材料轻量化路线是采用镁铝合金铸造成型或者采用超高强度钢冲焊焊接制造而成，使用镁铝合金是发挥轻质材料优势，采用超高强度钢替代普通钢、高强度钢是利用超高强度钢的力学性能优势达到减重的效果。

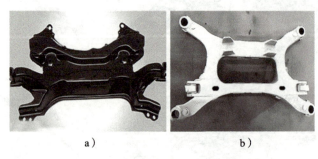

a) b)

图4-12 副车架

燃油箱是燃油汽车燃油储存单元，工作载荷主要来自燃油箱内的燃油质量。不论是乘用车还是商用车，早期的燃油箱都是采用金属材料制造，这不仅不利于燃油箱减重，也不利于燃油箱设计布置。随着汽车设计工艺的不断进步，在汽车底部留给金属燃油箱的空间越来越小，各种异形的空间对于金属制造的燃油箱在成本和可加工性方面，产生了难以逾越的屏障，而塑料燃油箱则可在汽车其他部位设计定型后，凭借塑料良好的加工成形性能，充分利用给定的剩余空间，制造尽可能大的燃油箱。

如图4-13所示，塑料材料的应用为燃油箱提供了更广的自由空间，同时，塑料燃油箱的质量一般仅为金属燃油箱的二分之一，能够直接减轻整车质量，从而降低整车能耗。此外，塑料燃油箱还具有更好的防外界环境腐蚀及防油料侵蚀性能，长期使用后仍可保持良好的性能，而且塑料燃油箱的再利用率能达到90%以上。目前塑料燃油箱在汽车上的使用已经非常普遍，特别是轿车上的塑料燃油箱使用率已经达到70%，这还算少的，在国外这一比例高达90%。塑料材料在燃油箱产品中的应用能有效减轻整车质量，有助于汽车节能减排。

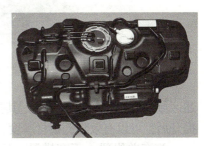

图4-13　塑料燃油箱

总之，汽车底盘系统是汽车整车质量的重要组成部分，采用高强度钢、超高强度钢等优质钢材属于典型的"以强代弱、以薄代厚"的产品轻量化设计开发思路，充分发挥高强度钢、超高强度钢的高屈服强度和抗拉强度性能，制造满足使用强度要求的汽车底盘零部件产品。采用铝合金、镁合金、复合材料、工程塑料等轻质材料制造与之适应的汽车底盘零部件是利用轻质材料密度小的特性，在满足产品使用强度前提下尽可能减小产品质量。

1.4　车身系统轻量化材料应用

汽车车身结构，尤其是乘用车常用的承载式车身结构是乘员舱和乘员保护的组成核心，一般包括上车体、下车体、车门等。车身是由上百个片体零件冲压成型并通过焊接构成车体框架结构。同时，车身结构也是构成整车质量的重要组成部分，据统计车身结构在整车质量中占比为35%~40%。随着汽车轻量化要求提升，如何有效降低车身结构质量和保证车身结构强度成为整车开发的关键技术之一。大多数乘用车都选用承载式车身结构，这就要求车身结构要有足够的强度和刚度等性能以满足车辆疲劳耐久、碰撞安全等性能要求。车身系统轻量化通常从轻量化材料、先进制造工艺、轻量化结构设计等方面入手。相对于普通低碳钢，高强度钢、超高强度钢具有相当的材料密度、焊接性和冲压成型性能。因此，采用高强度钢、超高强度钢材料制造车身其工艺难度和制造成本基本一致。

如图4-14为钢质车身各区域钢材选用示意图。优质的汽车车身产品开发是一个集批量制造工艺性、低成本、高强度、轻量化和节能环保相结合的综合体。钢材是现代主要的工业材料，也是冶炼技术成熟、冶炼成本低的优质材料，可以说钢材是支撑现代工业的骨骼。汽车前碰撞横梁、B柱、门槛梁等区域是正面碰撞、侧面碰撞等工况负责吸收碰撞能量，保护乘员舱足够生存空间的重要部件。随着碰撞安全性能要求的不断提升，中高档乘用车设计开发时，上

图 4-14 超高强度钢车身框架

述区域广泛采用超高强度钢，其抗拉强度高达 1200MPa，甚至 1500~1800MPa。钢材强度显著提升后，可以有效降低板材厚度，从而达到既保证车身强度又减小车身质量的目的。

汽车前纵梁、下车横梁、后部横梁等区域是承载整车簧上质量和车轮冲击载荷的基础，尤其是前碰撞横梁，它是正面高速碰撞吸收能量的关键。鉴于零件结构和成形要求，上述区域通常采用抗拉强度＞800~1000MPa 的高强度钢制造。汽车前后减振塔安装区域是承载底盘车轮冲击载荷的关键，通常采用强度大于 600MPa 级别的钢材制造。汽车轮毂盖包、流水槽等非承载结构区域，兼顾零件成形冲压深度大等特点，通常采用屈服强度 200MPa 以内的优质低碳钢，充分发挥优质低碳钢塑性延伸率高的特点，制造各类复杂零件。

随着冶炼技术发展，优质汽车钢板的力学性能进一步提升，这为提升整车轻量化效率和保证乘车强度和安全性能提供了有力保障。据报道，石家庄钢铁有限责任公司研发的国内最高强度级别 2000 MPa 级悬架弹簧用钢实现了批量生产。北京科技大学新金属材料国家重点实验室吕昭平教授团队创新合金设计理念，利用不同的强化机理，研发出一种高密度纳米析出强化的超高强马氏体时效钢。新的超高强度钢不但成本降低，而且抗拉强度达到 2200 MPa，同时塑性不低于 8%，大幅度提高了高强度钢铁材料的综合性能。此外，东北大学轧制技术及连轧自动化国家重点实验室研究团队在超高强研制领域也取得突破，制备出 2000MPa 级别超高强度钢，并提升了超高强度钢塑性延伸率。该技术保留了超高强度钢高强度性能优势，同时将平均塑性延伸率提升到 15% 左右，增强了超高强度钢成形制造工艺性。

高强度钢材的应用不仅可以有效降低车身质量，还保持了传统车身制造工艺，有助于降低整车制造成本。这也是当前车身轻量化技术路线中应用最广的技术方案。与高强度钢应用相比，铝合金、镁合金甚至钛合金等密度小、比强度高的合金金属更能发挥轻量化潜力。虽然铝合金、镁合金、钛合金等轻质材料成本和制造成本明显高于传统钢材，但其优异的轻量化效果还是备受汽车行业重视，尤其是新能源汽车。

以图 4-15 所示的全铝合金车身为例，先进制造企业结合整车结构设计布局和不同强度的各系列铝合金、镁合金材料特性，制造全铝镁合金车身。与钢质车身类似，铝合金车身也可以采用多片体板材冲压成型，再应用电阻点焊、铆接、摩擦焊、粘接、弧焊等连接工艺实现车身框架结构制造。B 柱区域采用 7 系、6 系多层铝合金板材成形并焊接连接；地板采用多片板材成形拼接制造；减振塔采用铸造或者挤压成形，制造加强筋结构；前碰撞横梁采用高强度铝合金挤压型材等制造工艺。

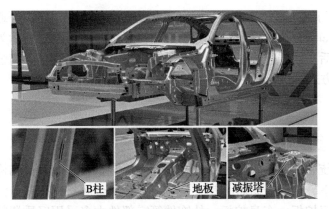

图 4-15 全铝合金车身结构

高档乘用车、跑车等车身为提升乘坐舒适性，采用非承载式车身结构，整车质量和行驶冲击载荷主要由车架承担。车身结构与车架支架采用橡胶隔振设计，大幅衰减路面激励向车内空间的传递，提升整车乘坐舒适性。如图 4-16 所示，以高强度铝合金材料制造车架系统，采用轻质碳纤维材料制造车体，既提升整车舒适性，又大幅降低车身质量和整车质量。

图 4-16 碳纤维车身结构

汽车开闭件系统是车体结构的重要组成，与车身结构一起组成保护乘员空间、保持车内密封等功能结构，如图 4-17a 所示。汽车开闭件系统通常包括发动机舱盖、前后车门、尾门或者行李舱盖等几大部分。四车门和前后盖总体质量相当于白车身结构的 30% 左右，因此开闭件系统轻量化也是整车轻量化的重要途径。

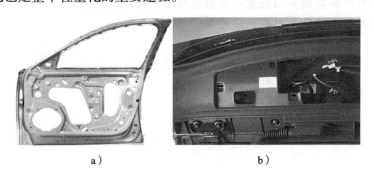

a)　　　　　　　　b)

图 4-17 开闭件轻量化

从制造角度分析，汽车开闭件系统是相对独立的总成，每个总成成形制造工艺简单，且发动机舱盖和尾门主要用于构成完整车身结构，并非主要承载单元。汽车前后车门在侧面碰撞工况要跟 B 柱和门槛一起保护乘员空间。因此，发动机舱盖、尾门等通常可以用强度等级低的材料制造，比如铝合金、镁合金或者工程塑料等，如图 4-17b 所示为全塑料尾门。碰撞时的乘员保护对前后车门强度有一定要求，通常可以采用全铝合金、高强度钢或者铝合金和高强度钢相结合的方式制造，既保证车门强度又减小车门质量。

1.5 内外饰系统轻量化材料应用

汽车内外饰系统主要是装饰性零部件，仅有座椅骨架属于承载性结构件。如本书前面所述，在轻量化背景下，铝合金材料、镁合金材料等轻质金属材料是制造汽车座椅骨架的主流技术方案。汽车车门护板、车身护板、外饰件等零部件大多采用轻质塑料材料制造。在节能减排要求下，汽车内外饰产品也在进一步探索更优质塑料材料应用，开发 2.0mm 左右薄壁保险杠产品等。高档车型也在探索应用碳纤维材料制造汽车扰流板、保险杠等产品。如图 4-18 所示为库里南使用的锻造碳纤维尾翼扰流板，具有强度高、质量小等优点。

图 4-18 碳纤维尾翼扰流板

总之，汽车轻量化材料技术是一个持续发展技术，是当前汽车制造业的重要发展方向。随着现代材料技术的发展和应用，将进一步实现汽车零部件及整车的减重开发，从而提高燃油效率、减少排放，并提升车辆性能。

此外，技术研发和设计水平的提高也推动了轻量化技术的应用。随着 3D 打印、先进成形工艺和连接技术等的发展，轻量化材料的应用更加高效和经济。智能化和数字化技术的应用也优化了设计和生产流程，提高了生产效率。总的来说，汽车材料轻量化技术是推动汽车制造业绿色、可持续发展的关键手段之一。

复习与思考

1. 请简要分析汽车轻量化主要技术路径。
2. 请结合典型产品案例介绍轻量化材料在汽车产业中的应用。
3. 请简要介绍汽车轻量化材料的发展趋势。

任务 2　轻量化工艺技术认识

2.1　任务导入

汽车轻量化工艺指的是以整车轻量化设计为基础，在综合考虑所采用轻量化材料的特性和产品成本控制要求前提下而采用的制造技术。任何轻量化设计、轻量化材料的应用最终都需要制造工艺来实现。因此，汽车轻量化制造工艺对整车轻量化以及轻量化设计和轻量化材料选择都有重要的意义。

1）你知道汽车生产制造中常常涉及哪些典型的制造工艺技术吗？

2）你知道哪些先进制造工艺被用于汽车轻量化领域吗？

本学习任务将向你介绍激光拼焊技术、液压成型技术、高强度钢热成形技术、高强度钢辊压成形技术、先进压力铸造成型技术、不等厚板轧制技术等先进的成形技术及连接技术等目前主要应用的轻量化工艺技术。

2.2　激光拼焊技术

激光拼焊技术是利用激光精准加热将不同厚度、不同材质、不同强度、不同冲压性能和不同表面处理状况的汽车板料毛坯拼焊在一起。经过激光拼焊的汽车板料就相当于适合制造零件产品的一张完整的板料，再结合汽车板材冲压成型技术完成制造。

德国大众最早于1985年将激光拼焊用于汽车，北美于1993年也大量应用激光拼焊技术。目前，几乎所有的著名汽车制造商都采用了激光拼焊技术。据统计，新型的钢制车身结构中，50%采用了拼焊板制造。采用拼焊板可以制造的汽车结构件包括车身侧框架、车门内板、风窗玻璃框架、轮罩板、地板、B柱等几乎所有的车体结构板料零件。

激光拼焊技术在20世纪90年代末引入中国，一汽、上汽、长城、奇瑞、吉利等汽车公司在前纵梁、门内板和B柱加强板等都有应用。宝钢已有23条激光拼焊生产线，年产2200多万片板坯，占我国市场份额的70%以上，是世界第三、亚洲第一大激光拼焊板生产公司。鞍钢也在长春等地建立激光焊接加工生产线。

前后车门通常通过上下铰链分别与车身A柱、B柱完成安装连接，要保证车门使用刚度和强度等性能就需要加强车门内板设计。很明显，内板整体加厚或者整体采用高强度钢板都不是一种很经济的设计方案，同时也可能存在成形困难等工艺问题。因此，靠近车门铰链安装位置往往需要局部加强设计。传统的铰链安装设计需要采用两到三层加强板或者高强度钢板。如图4-19所示某车门内板就是采用激光拼焊技术，靠近铰链安装侧采用加厚高强度钢板设计，内板左右两侧在分割线位置用激光拼焊连接成为车门内板整体。激光拼焊可以根据产品设计需要，完成不等厚度、不等强度的多块板料拼接，能够保证产品强度的同时减小产品质量。

车身 B 柱是驾驶位置和后排座椅侧窗玻璃之间的支柱，其主要功能是承受来自侧面的撞击。大多数乘用车都会采用足够强度和刚度的 B 柱结构，以便在发生侧面碰撞时，它能有效地保护驾驶人的生命安全。同时，B 柱结构设计开发时，需要兼顾车门安装、整车造型布局、车内视野等相关要求。B 柱设计空间有限，通常被设计成如图 4-20 所示的下粗上细的截面形状。B 柱是车辆侧面碰撞保持乘员舱空间的重要部件，为满足苛刻的碰撞性能要求，B 柱设计往往采用强度 600~1000MPa 级的高强度钢成形制造。汽车 B 柱设计开发是兼顾碰撞性能和产品成本的综合体，也不能一味地追求"不变形"，因此汽车碰撞的能量始终需要一定的结构变形来吸收。

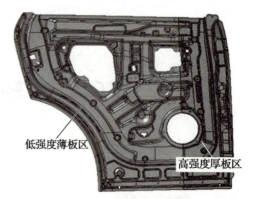

图 4-19 激光拼焊车门内板

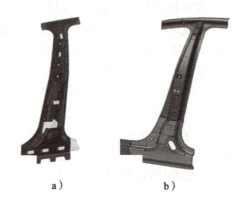

图 4-20 激光拼焊 B 柱骨架

良好的 B 柱结构设计是在允许的碰撞变形范围内，通过有序变形来吸收碰撞能量。由于 B 柱截面形状变化，上下支撑距离等差异，传统的一体式高强度钢板、等厚度钢板难以达到理想的设计状态。传统 B 柱结构设计主要采用图 4-20a 所示的结构设计，将 B 柱零件分割为多个片体并根据变形需要进行布置，片体之间采用电阻点焊连接。传统的设计方式难以有效轻量化 B 柱设计，多个零件分别制造也不可避免地增加成形模具、焊装夹具等制造成本。如图 4-20b 所示，根据 B 柱碰撞性能设计需要，不同强度和变形区域采用不同强度钢材和板料厚度组成，采用激光拼焊技术拼接成为整体成形，可以有效减小制造工具和制造成本。由此可见，激光拼接技术在 B 柱设计开发中的应用不仅能充分发挥其轻量化效果，更有助于降低制造成本，提高产品制造质量。

纵梁是承载式车身结构中重要的梁系机构，是沿车辆前后轴向布置的梁结构，具有支持梁上部件安装及承载的作用。车架是汽车中最重要的承载部件，而车架纵梁又是其中的关键零件之一，所以纵梁在汽车上起到重要的承载作用，汽车的边梁式车架、中梁式车架等均含有纵梁。纵梁起到支撑车身的作用，而且在发生严重的碰撞事故时，纵梁可以溃缩吸收能量，如图 4-21 所示。纵梁的前面还有防撞钢梁，防撞钢梁是用来保护汽车上的一些部件的。在防撞钢梁与纵梁连接的地方有吸能盒，这个吸能盒在发生碰撞事故时是可以溃缩的，溃缩可以吸收能量，这样可以保护车内乘客的安全。

图 4-21 纵梁碰撞变形吸能

碰撞安全性能开发要求车身纵梁前端既要有足够的强度，又要有适当的变形吸收碰撞能量的能力，同时还要保证纵梁中段、后段与乘员舱重叠区域尽可能减小变形，以保证乘员生存空间。传统的纵梁采用分段结构设计，根据车辆碰撞性能开发要求，匹配纵梁前段、中段和后段的材料强度、材料厚度等参数以保证整车碰撞安全性能。分段和局部加强的设计方案可以满足碰撞性能需求，但增加了零部件数量、制造模具数量、焊接工装，对应的制造成本也随之攀升。如图4-22所示，采用激光拼焊技术，根据纵梁隔断截面、材料、厚度等参数要求，将不同强度和厚度的板料拼接后整体成形，不仅可以轻量化纵梁总成产品，而且可以减少制造工艺工序，提高制造质量。

总之，激光拼焊技术是利用聚焦的激光束作为焊接能源，高强度激光照射在被焊材料表面，部分光能将被材料吸收而转变成热能，使材料熔化，从而达到焊接的目的。激光焊接可焊材质种类范围大，也可相互接合各种异质材料。激光焊接的焊接应力和变形小，焊接工艺稳定，焊缝表面和内在质量好，性能高。激光拼焊具有拼零成整的效果，可以有效减少汽车零部件数量和制造模具、焊装夹具等辅助工具，能够更充分发挥不同强度、不同厚度材料的组合应用，有效轻量化整车零部件质量。

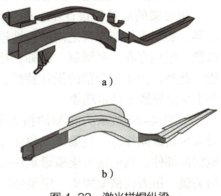

图 4-22 激光拼焊纵梁

2.3 液压成型技术应用

管件液压成型是将管坯放入模具内，利用高压液体充入管坯空腔，同时辅以轴压补料，使其直径胀大至贴靠凹模的成形过程，其工作原理如图4-23所示。首先将管件置于成形模具并闭合模具，通过冲头封闭管件并向管内注入高压液体，管件在高压作用下膨胀并充满模具型腔，最后释放高压液体开模即完成产品成形。

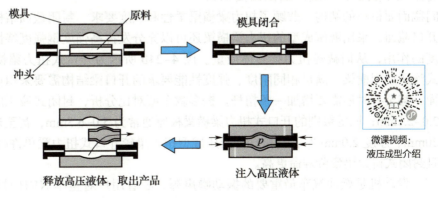

图 4-23 液压成型原理

微课视频：液压成型介绍

液压成型工艺内部压力可高达400MPa，在欧洲又称为内高压成形技术（IHPF），在美国则称为管件液压成型技术（TH）。液压成型适用于汽车领域的沿构件轴线变化的圆形、矩形截面或各种异形截面空心构件。与传统冲压焊接工艺相比，液压成型技术具有成形精度高、可节约材料、减少成形件数量和后续机械加工与焊接量、提高成形件的强度与刚度、减少模具数量、降低生产成本等优点。液压成型在底盘部件中应用较多，如前副车架主管、扭力梁、控制臂等，车身结构件主要应用于A、B柱等件。

扭力梁是一种用于连接车轮与车身的装置，其主要作用是维持车身的稳定，并减少由于路面条件变化引起的车身晃动。扭力梁具有一定的扭转刚度，这使得它可以起到横向稳定杆类似的作用，即增加车辆的侧倾刚度和侧倾稳定性。此外，扭力梁悬架还能够在一定程度上减小车身的倾斜或摇晃，从而提升乘车的舒适性和稳定性。

扭力梁的后悬架设计中，通常采用一根扭力梁作为主心骨，连接起左右两侧的车轮固定器，实现车轮与车身之间的硬性连接。这种设计虽然可以在一定程度上抑制车身的侧倾和摇摆，但也存在一些限制。例如，扭力梁无法独立调整定位角度，可能会影响汽车的操控性能。此外，由于扭力梁的设计特性，左右两侧车轮的运动可能会相互影响，这在激烈驾驶条件下可能导致不稳定现象。

如图4-24所示为典型的扭力梁结构，通常包括纵向拖臂、横梁以及弹簧托盘等其他辅助部件，其中扭力梁横梁是该部件系统的关键。扭力梁横梁需要一定柔性用于协调左右车轮垂向运动，因此，行业中也称扭力梁后悬架为半独立悬架。扭力梁后悬架的优点包括结构简单、成本较低、易于维护以及较小地占用车底空间，在经济型乘用车领域得到了广泛应用。

扭力梁悬架结构特点决定了扭力梁横梁是该悬架的关键。如图4-24a所示，其扭力梁横梁采用600~1200MPa优质高强度钢管梁液压成型，形成两端截面面积大、中间截面面积小的结构，兼顾了扭力梁横梁柔性和强度要求。封闭截面结构力学性能明显优于开口截面，采用液压成型的扭力梁横梁还可以充分发挥高强度钢强度特性，达到减薄横梁厚度的作用，从而减轻扭力梁整体质量。图4-24b所示为开口式扭力梁横梁结构，相比封闭式液压成型横梁，满足相同刚度、强度性能要求的开口梁结构需要采用更厚的板材和更大截面，甚至有时还需要增加一条扭杆。据多款车型对比分析，封闭式液压成型横梁板厚一般为2.0~2.5mm；同等级别的开口式扭力梁横梁板厚通常为5.0~6.5mm，甚至还需要增加一条直径20mm、厚度2.0mm左右的扭杆。液压成型扭力梁较开口式扭力梁单件减重为3.0~5.0kg，并且封闭式扭力梁疲劳寿命更高。

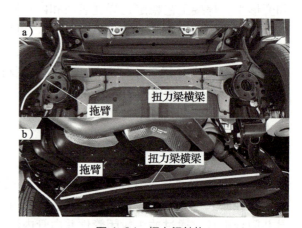

图4-24 扭力梁结构

发动机是燃油汽车最重要的振动噪声源，随着用户对整车NVH性能要求的不断提升，开发高品质NVH整车产品成为各主机厂的努力方向。如何有效减少汽车发动机振动向车内传递，是提高整车NVH性能的关键。为此，不少中高端乘用车都采用四点柔性连接式副车架结构。如图4-25所示，发动机通过悬置支架和橡胶衬套安装在副车架上，副车架四个连接点再次通过减振衬套与车身连接，双重衬套减振可以明显衰减发动机的振动激励，提升整车 NVH 性能。副车架圈梁可以采用多片板冲压焊接成形，也可以采用液压成型。普通多片板冲压焊接成形方式难以发挥钢强度优势，分片冲压焊接也将增加模具和焊接工装夹具，加工质量不如管梁整体液压成型。采用液压成型可以使用更高强度钢材，达到以薄代厚目的而实现整体轻量化。这就是应用液压成型工艺制造轻量化汽车产品的核心原理，基于这一思想，车辆结构中有封闭界面结构的产品都可以采用这一制造工艺进行产品轻量化。

图4-25 液压成型副车架圈梁
1—左前衬套　2—右前衬套
3—左后衬套　4—右后衬套

2.4 热成形技术应用

节能减排和整车性能提升是各大汽车企业对汽车产品开发不断的追求。高强度、低密度材料和采用先进制造工艺生产轻量化整车结构是解决整车节能减排和性能提升矛盾的关键，也是一直困扰各大整车厂的重要问题。在这个背景下，高强度钢、超高强度钢成为一种具有很大潜力的解决方案。在相同的质量下，高强度钢、超高强度钢可以显著提高车身的强度，进而改善车辆的碰撞安全性能。然而，钢材的抗拉强度和塑性延伸率是一对矛盾体，强度越高的钢材其塑性延伸率呈下降趋势，导致钢材趋于脆性。所以高强度钢材的成形难度较大，难以成形复杂零件，并且冲压回弹现象也较为严重，给工装制造和调试带来了很大的挑战。

微课视频：
热成形技术

热成形钢和热成形工艺的出现为解决上述难题提供了一个完美的技术方案。首先，热成形钢具有很高的抗拉强度和刚度，同时其密度与普通钢材基本一致，这为"以强代弱，以薄代厚"的产品轻量化技术提供基础。热成形工艺顾名思义，就是在制造过程中对高强度的热成形钢进行高温处理。经过高温处理的超高强度钢的塑性延伸率明显提升，这可以大幅提升其成形工艺性，可以跟传统优质低碳钢一样冲压成型各种复杂零件，且经过热处理工艺，零件成形回弹现象也可以得到很好的控制。

汽车用热成形钢的成分和性能是经过精心设计和严格筛选的。这种材料主要由铁、碳、锰、硅等元素组成，其中碳和锰是主要的强化元素。通过合理的成分搭配和热处理工艺，可以得到具有优良性能的热成形钢。在白车身上，使用热成形钢板的主要零部件包括A柱、B柱、C柱、上边梁、门槛边梁、中央通道、地板横梁、前围板等。这些车身关键骨架件使用热成形件，能在碰撞事故中有效保证车身框架结构的完整性，从而能保证碰撞条件下，车辆乘员舱具有足够的生存空间。

汽车热成形钢板，又称为硼钢或B钢，宝钢的产品手册中也称之为PH钢（Press Hardening）。以常用的22MnB5为例，其化学成分（质量分数）中，C含量为0.23%，Si含量为0.25%，Mn含量为1.2%，而B含量仅为0.003%，B元素的主要作用是提高钢板的淬透性。以宝钢热成形用钢 HD950/1300HS 为例，其力学性能卓越。在热处理前，其屈服强度（YS）为280~450MPa，抗拉强度（TS）大于450MPa，断后延伸率达到20%。经过热处理后，其屈服强度（YS）大于950MPa，抗拉强度（TS）大于1300MPa，强度提升至少2.5倍。

制造工艺方面，热成形钢主要采用高温加热、深度加工、冷却等步骤。首先将原材料加热至奥氏体化温度以上，然后进行深度加工，如冲压、弯曲等，以形成所需的形状和结构。

加工完成后，进行冷却处理，使材料恢复到室温，并保持所需的强度和刚度。

汽车热成形零件主要制造工艺流程包括落料、加热、热冲压、保温冷却等过程。落料是将热成形钢按零件制造尺寸进行切割下料并形成零件制造所需的特定轮廓的料片，再由机器人通过真空吸盘将其输送到打码机进行编号管理，然后放至输送线上传送至加热炉加热到适宜冲压成型的温度。

金相组织奥氏体化。初始硼钢的金相组织是铁素体和珠光体，热成形过程先加温至930~950℃再保温使得板料内部组织完全奥氏体化。这一过程犹如将一块金属置于炉火中，经过一番锻炼，使其变得更加坚韧。奥氏体组织的塑性非常好，强度低，非常适合冲压加工。加热炉出来的完全奥氏体化板料会迅速送至热成形模具型腔进行冲压加工。热成形模具相比冷冲压模具关键区别在于多了水路冷却系统，保压冷却的过程就相当于淬火处理，板料的金相组织会完全变为马氏体组织。因为马氏体组织钢材的屈服强度、抗拉强度、硬度等力学性能都非常高，部分热成形件的抗拉强度可达 1500MPa，零件表面硬度可达到 52HRC。

由于热成形件强度高、硬度大，使用传统的冷冲压模具进行修边冲孔将导致模具部件出现容易磨损、使用寿命短等问题，通常采用激光切割的方法进行热成形零件修边处理。此外，热成形加工过程零件处于高温状态，零件表面容易被氧化而形成氧化膜，这一定程度上影响热成形零件外观质量，也影响零件涂装施工。所以，热成形零件通常需要增加后处理工序，如通过喷丸处理来清理零件表面氧化层等。

热成形钢和热成形工艺技术对提升车身强度、碰撞安全性能和减小车身质量具有重要的意义。同时热成形制造工艺苛刻，制造成本较普通冷冲压工艺明显增加，因此热成形技术主要用于制造车身关键零件。如图 4-26 所示，某乘用车车身结构前碰撞横梁、B 柱、中央通道、前围板、后纵梁前段、A 柱上框架等位置采用了热成形零件，车体结构以高强度钢材制造形成"骨骼"，在轻量化车身设计的同时有效保证了车身强度性能和碰撞安全性能。

图 4-26　车身热成形钢应用

据报道，宝骏 RS-5 车型在 R 平台的车身基础上全面提升碰撞安全性，车身高强度钢板比例达 65% 以上，热成形钢比例 7% 以上，车身刚度提升 20%，质量减小 15%。沃尔沃 XC90 车型开发的热成形钢选用更为明显，2015 年沃尔沃 XC90 车型单车车身结构热成形钢用量达到了 38%，最新车型甚至已经达到 40% 以上。随着整车轻量化、强度耐久和碰撞安全等性能要求提升，热成形钢和热成形工艺的应用越来越普及。

底盘系统中仍有副车架、摆臂、扭力梁以及非承载式车身结构的车架大多数还是钣金冲焊成形。如图4-27所示为五菱凯捷后扭力梁结构，该扭力梁横梁采用了1500MPa级的热成形钢和热成形工艺制造，保证扭力梁刚度、强度等性能的同时，还有效减小了扭力梁总成的质量。类似地，副车架、车架、下摆臂等汽车底盘零部件在综合衡量轻量化要求和成本控制基础上，采用热成形工艺生产。

图4-27 热成形扭力梁

2.5 其他工艺技术应用

汽车零部件制造工艺是产品轻量化设计开发的重要环节，也是轻量化设计转变为轻量化零部件产品的关键。激光拼焊、液压成型、热成形等制造工艺已经广泛应用于汽车零部件生产制造，有效促进了整车轻量化技术发展。此外，随着制造技术的发展和提升，针对高强度材料单体零件制造或者多种材料混合生产等方面还有许多不断发展和完善的制造工艺技术。例如，辊压成形制造、变厚度板制造、一体式铸造技术等。

辊压成形工艺是通过顺序配置的多道次成形轧辊，把卷材、带材等金属板带不断地进行弯曲，以制成特定断面的型材。辊压成形与其他板金属成形的工艺相比，具有生产效率高，适合于大批量生产，制造成本大幅降低；加工产品的长度基本不受限制，可以连续生产；产品的表面质量好，尺寸精度高等优点。此外，辊压成形生产线上可以集成其他的加工工艺，如冲孔、焊接、压花等，辊压成形比热轧和冲压工艺能够节约材料15%~30%。

辊压成形工艺加工出来的型材其断面结构合理、品种规格繁多、几何尺寸精确，体现了现代社会对材料轻型化、合理化、功能化的使用要求。辊压成形是一种高效节能的工艺技术，符合"发展循环经济，创建节约社会"的政策要求。辊压成形采用先进的高效生产工艺，使成形截面达到最好的力学性能。

如图4-28所示，辊压成形工艺常用于成形截面形状稳定的零部件，如B型截面超高强度钢前碰撞横梁、高强度钢车门门框等。辊压成形工艺因具有模具简单、加工效率高、适应高强度钢等优点而被广泛应用。此外，由于辊压成形工艺可以适应零件长度变化，也就是说，截面一致长度不同的零件可以共用生产。由此可见，辊压成形工艺跟热成形工艺一样可以加工超高强度钢，但辊压成形制造成本更低。

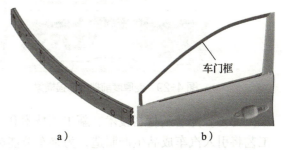

图4-28 辊压成形件

辊压成形制造工艺轻量化汽车零部件的同时还可以降低生产成本，提升产品竞争力。

变厚度钢板是通过轧钢机实施柔性轧制获得的不等厚度产品。在轧制过程中，借助特殊设计的轧机的压下厚度自动控制系统（液压AGC），控制轧辊的位置，使其间距实时地调整变化，从而使轧制出的薄板在沿着钢板轧制方向上具有预先定制的变厚度分布。目前变厚度钢板分为两大类，一类是非镀层钢板；另一类是镀层变厚度板，包括具有铝硅镀层的热冲压用变厚板。

本章前面介绍的激光拼焊技术是采用激光焊接技术把不同厚度、不同材料的金属薄板焊接在一起，然后再进行冲压制作成各种零件，与常规等厚度板料相比其减重效果可达20%。但在激光拼焊板的拼接处存在着厚度的突变，这使回弹预测、模具设计制造、焊缝移动控制都比较困难，而且激光拼焊的焊缝引起了材料硬化现象，影响后续的成形，不适宜成形车身外覆盖件。此外，激光拼焊板对焊缝的质量要求很高，焊缝的开裂也是影响拼焊板成品率的因素之一。与激光拼焊不同的是，变厚板技术可以根据需要任意连续变化板料厚度，变厚度板制造的零件没有焊缝，表面质量好，有可能做汽车覆盖件。而且变厚度板零件的厚度是连续变化的，用过渡区代替焊缝，连接强度大幅度提高，均匀性好，强度分布连续，根据应力均衡原理，变厚板零件的轻量化效果更好。

国外的主要汽车制造商都已将变厚度板技术当作轻量化的重要选项。奥迪在扭力梁中采用液压成型的变厚度钢管，厚度从1.8mm变化到3.2mm，减重1.18kg，幅度达23%。同时奥迪也在前挡板加强横梁、中通道以及侧翼加强件、门槛梁和地板横梁加强件等零件中使用变厚度板技术，并且将变厚度板与热成形技术结合起来。其中，前挡板加强横梁减重1.3kg，门槛梁减重1.9kg，如图4-29所示，前挡板加强横梁板料厚度由中间1.75mm向两端减薄至1.0mm。

随着新能源汽车市场的快速发展，高续驶里程电动车在整车轻量化领域陆续采用先进材料和制造工艺。例如，钢铝混合车身、全铝合金车身、一体式铸造车身等陆续面世。特斯拉、凯迪拉克等车企为进一步提高车身制造效率和整车轻量化率，在采用铝合金车身的同时引入一体式铸造成型技术，将车身结构按模块分区，把车身整合为几大功能模块，每个模块集成了数十个零件，并且采用铸造成型技术制造出强度高、结构轻、零件数量少的车身结构。如图4-30所示为一体式铸造成型的下车体部分模块。

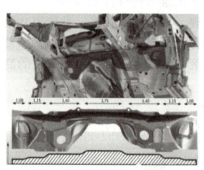
图4-29 变厚度前挡板加强横梁

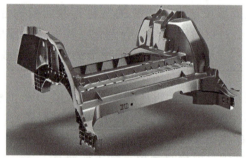
图4-30 一体式铸造车身

总之，随着新材料技术、新工艺技术和汽车轻量化需求的发展，越来越多的新材料、新工艺将引入汽车成品生产制造，为整车节能减排、结构轻量化、强度耐久和碰撞安全等基本性能提供基础保障。

复习与思考

1. 请结合产品介绍激光拼焊在汽车生产中的应用。
2. 请结合产品介绍整体式铸造成型在汽车生产中的应用。
3. 请结合产品介绍辊压制造工艺在汽车生产中的应用。
4. 请结合产品进一步收集和整理其他汽车轻量化制造工艺应用。

任务 3　轻量化结构技术认识

3.1　任务导入

整车设计开发是美学、工程学和经济性的统一，整车产品开发需要满足造型审美、功能需求、性能品质、制造工艺、成本控制等要求。而各组需求之间是一个复杂而矛盾的组合体，如追求个性造型的设计却难以被制造或者难以被低成本制造；追求性能品质的产品却难以满足成本控制要求。总之，优异整车产品设计是各方追求的最大化满足和相互妥协的结果。汽车节能减排和轻量化要求与整车性能品质追求的协调也遵循这一基本原理。

1）你知道有哪些方法可以帮助工程师优化产品结构特征吗？

2）你知道这些产品结构轻量化的应用需要关注哪些性能吗？

整车轻量化是以保证产品性能本质为前提，其中产品轻量化结构设计技术是兼顾产品性能、成本的最佳途径，因此，轻量化结构设计也是最核心的轻量化技术。整车轻量化结构设计的主要方法有拓扑优化设计、尺寸和形状优化、形貌优化等技术，在保证零部件产品主要性能要求的前提下，优化材料布局，减小产品质量。

3.2　拓扑优化设计应用

拓扑优化是保证结构满足位移、应力等条件要求下去除掉没用的材料，保留有用的材料，通常是寻求结构的材料体积最小的布置形式。拓扑优化涉及的变量更多，它不仅可以改变结构的拓扑形式，还可以改变结构的尺寸、形状及单元的属性，在结构优化中拓扑优化是最为复杂的优化方法。拓扑优化主要是在产品的概念设计阶段，为设计人员提供前期的设计指导，能使设计人员产生更多的灵感，对产品的设计研发起着重要作用。例如，考虑载荷条件、约束边界、控制条件等参数要求对零件基础设计如图 4-31a 所示进行分析，应用拓扑优化技术重新布局材料，得到图 4-31b 所示的镂空设计状态是满足产品性能要求的最小体积材料分布，通过拓扑优化可以更合理地布置材料以减小零件质量。

微课视频：
结构拓扑设计
介绍

早在 17 世纪左右，人们在工程应用中逐步用力学方法来解决各构件受力问题。科学家伽利略研究

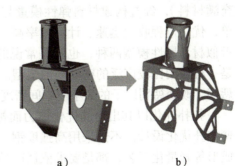

图 4-31　拓扑优化示意

弯曲梁问题并引发了变截面梁优化的问题，应用理论和实验相结合的办法，解决杆件尺寸与承受载荷间关系的同时，提出了等强度梁的概念。随着计算机科学技术的发展、数学方法的进步，结构优化方法从20世纪五六十年代初得到较快发展。初期的结构拓扑优化研究主要集中在离散体结构拓扑优化，其标志性代表为迈克尔提出的桁架理论，并研究了单一载荷作用条件下的最小质量桁架结构。桁架结构可以采用稀疏矩阵计算，其计算过程相对简单且易于实现。

连续体结构由于其优化模型变量较多、定义复杂、计算烦琐，因而发展较为迟缓。1980年，Cheng等研究最大刚度条件下的变厚度板最优结构问题，得到了许多具有加强筋的结构设计，该结构能够有效提高设计强度和刚度。后来学者们以最小柔度为目标，以每一单元的尺寸和转角作为设计变量，创建了自适应有限元方法。此后陆续提出了均匀化方法并将其应用在拓扑优化，这使拓扑优化由原先的一维离散桁架结构延伸到二维连续体结构，从此结构拓扑优化进入飞速发展阶段。杨等人在1996年将变密度法推广到三维连续体汽车结构中，并得到了较为理想的汽车结构。人们结合计算机技术的发展，建立优化遗传算法模型，利用计算机程序求解，逐步形成了遗传算法和蚁群优化算法，并在金属平板的拓扑优化设计中得到了应用。

结构拓扑优化中的算法是拓扑优化技术的重要研究领域，直接关系着求解过程的速度与精度；数值不稳定现象是拓扑优化过程中常遇到的问题，关系着结果的准确性。经过众多学者的不懈努力，如今拓扑优化已逐渐形成一系列成熟的理论和方法，主要包括均匀化方法、变密度法等。目前每一种方法都已经演变成多种不同的形式。

Bendsoe等提出的均匀化算法是连续体结构拓扑优化中应用最为广泛的方法。其基本思想是将拓扑结构的材料划分为无数个单胞微结构，使单胞的形状和尺寸参数与材料的弹性模型密度具有线性关系，以单胞尺寸的变化实现微结构的有无，通过优化形状参数，确定设计区域密度分布，实现结构拓扑优化模型与尺寸优化模型的最佳性能。基于均匀化方法的工作主要包括两方面：理论研究和实际应用研究，理论研究主要应用于微结构模型，实际应用研究主要用于均匀化模型，其中微结构模型理论的研究主要是方形结构掏空或挖洞的理论研究；均匀化模型实际应用主要包括三维连续体问题、多工况二维平面问题等的应用研究。

Sigmund等提出的密度法也是连续体结构拓扑优化应用最为广泛的方法之一。该方法采用材料描述方式，将密度与材料属性联系起来，构成线性对应关系。该方法不需要引入细胞微结构并且求解过程不需要将过程均匀化处理，从而避免均匀化方法的缺点。变密度法是假设每个单元的材料密度是相同的，且材料的密度介于0和1之间（0表示无材料，1表示全部充满材料），经过构建材料弹性模量与单元相对密度之间的对应关系，使得优化程序编写简单，优化过程收敛迅速、计算效率高。变密度法包含固体各向同性惩罚微型结构模型和合理近似材料属性模型两种，也就是常说的SIMP模型和RAMP模型。其中，SIMP法插值模型是一种应用比较广泛的密度插值模型。RAMP引入的惩罚因子对模型结构的中间密度值进行惩罚，改变惩罚因子的大小使中间密度值逐步趋近于0或者1。

拓扑优化以其出色的优化能力而被广泛应用于汽车设计领域，如图4-32所示为汽车摆臂拓扑优化设计。不论采用高强度钢、铝合金、镁合金的材料轻量化还是采用激光拼焊、热成形等轻量化工艺，都是要求依据产品设计而制造。因此，最优的结构布局是整车及零部件产品轻量化的关键。摆臂设计中，根据零件受力状态和性能考核要求，详细验证产品设计结构设计性能并结合拓扑优化，以最小的材料体积设计出满足性能要求的产品。结合拓扑优化结果，去除摆臂中多余材料，是减小摆臂质量的关键。

整车产品设计多个总成系统，总成之间通常采用螺栓等连接方式连接。为兼顾零件空间布置和安装要求，连接支架成为车辆零部件连接的重要组成部分。随着汽车轻量化要求日益严苛，铝合金、镁合金、工程塑料等轻质材料成为支架类零件设计的主要材料选择。然而，轻量化材料还不是产品轻量化的全部。从材料和制造工艺的角度来说，零件设计体积和材料一旦确定，制造出的零件的质量就基本确定了。如图4-33a所示的支架采用镁铝合金铸造成型，其质量为950g左右。通过零件工作受力分析，优化零件拓扑结构，保证该支架零件的安装孔位置和使用强度，重新布局得到图4-33b所示的镂空支架设计。同样采用镁铝合金材料铸造成型，拓扑优化后的支架结构质量为720g左右，减重率高达24%。由此可见，轻量化结构设计是在满足产品性能要求时材料的最优化利用，并且结构优化后不改变零件的材料选用和制造工艺。

拓扑优化不仅适用于单体零件优化，还可以完成复杂结构的整体优化。如图4-34所示为自行车车架拓扑优化。自行车车架设计要满足车轮、转向把手、坐垫等安装要求，通常采用管梁结构设计成为梁框架结构。图4-34所示案例中，应用拓扑优化，以自行车车架布置空间为材料布置范围，按自行车各项承载要求进行优化材料布置，按优化结果去除对承载作用贡献极小区域的材料，得镂空布置结构。工程师根据拓扑优化结果，结合制造工艺要求，布局车架结构设计并制造出对应的车架产品。

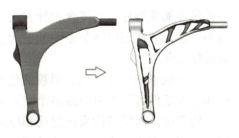

图4-32　汽车摆臂拓扑优化

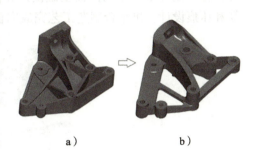

a)　　　　　　b)

图4-33　铸造支架拓扑优化

图4-34　自行车车架拓扑优化

结构拓扑优化方法是满足产品使用要求前提下的零件产品材料布局优化。根据零件设计空间，将材料布置在最有利于保证产品性能要求的位置，最终实现以最佳的材料体积达成产品性能目标。结合制造工艺性和拓扑优化结果进一步细化产品设计，实现产品材料体积最小化，从而达到轻量化产品结构的目的。正是因为拓扑优化有这一独特的技术优势，所以被广泛应用于各类工业产品设计中。

3.3　形貌优化设计应用

形貌优化是不改变结构设计域内材料堆积，而是改变结构设计域的几何形状。通过拓扑优化可以得到结构最理想的几何形貌。形貌优化是一种形状最优化的方法，即在板型结构中寻找最优加强筋分析的概念设计方法。形貌优化为形状优化的高级形式，优化的自由度是节点的位置，即使用网格节点不断迭代重定位，直到得到满足设计目标最优化的移动节点区域的最佳组合。

与一般形状优化类似，形貌优化是基于载荷和边界条件的物理特性驱动的优化，这些载荷和边界条件可以由单个或多个前置工况提供。与形状优化相比，形貌优化主要针对壳体模型，用于设计薄壁结构强化起筋和压痕结构及布局，使结构轻量化的同时能够满足刚度、强度和频率等方面要求，并且生成优化后的最佳形貌。如图 4-35 所示为车门内板形貌优化过程，基于图 4-35a 车门内板基础设计和性能要求进行仿真分析，得到图 4-35b 所示的内板起筋和压痕设计，再结合制造工艺完成内板产品，如图 4-35c 所示。

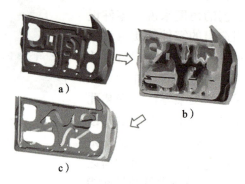

图 4-35　车门内板形貌优化

形貌优化可以被广泛应用于提高各种冲压板件的性能，如减小变形，提高模态频率，减小振动等。比如用于有效提升汽车薄壁梁耐撞性能研究，前端通过快速压溃吸收能量，后端抵制形变，根据不同位置所需性能不同去优化薄壁梁结构；用于提升汽车动力电池上盖、制动盘防尘罩、侧门或公交车围板等的结构力学和 NVH 性能，或不降低刚度和模态频率的前提下，减小总成质量，实现轻量化目标。

支架类零件是汽车产品常用的安装连接零件。如图 4-36a 所示的普通 L 形支架，同样外形尺寸和板料厚度，没有起筋设计的支架刚度、模态和强度性能都较差。为了提升 L 形支架刚度、模态等性能，通常可以通过增加板料厚度和起筋两种技术途径。很明显，起筋设计方案是不增加零件质量和材料成本的优选方案。如何设计这类支架零件的加强筋往往很考验设计工程师的设计经验。应用形貌优化方法，以支架安装刚度、模态和强度等要求为约束条件，不改变板料厚度和尺寸，优化形成如图 4-36b 所示的加强筋设计信息。形貌优化给出加强筋设计边界和起筋高度，通过设计起筋可以满足支架性能目标要求，同时不增加结构质量。

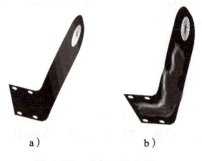

图 4-36　支架形貌优化

3.4 形状优化设计应用

形状优化是对结构的边界或者形状进行优化设计的技术，属于详细设计阶段的技术。形状优化是通过单元节点的移动或者单元变形到另一个新的位置，来实现结构形状的改变，从而提高结构振动、强度或者刚度的性能。形状优化技术不同于尺寸优化技术只改变结构的参数，形状优化将会修改结构的原始形状设计，通过算法获得更合理的形状。同样，提到形状优化技术，那就不得不提自由形状优化技术，自由形状优化技术和形状优化的区别在于两者节点变形的方式不同。

形状优化技术是基于模型基础单元网格的自动变形技术。例如，HyperWorks 中需要利用网格变形工具 HyperMorph 模块手动定义单元节点的挠动，定义单元网格变形参数，再通过求解软件 Optistruct 进行分析确定实际单元变形的最佳位置，来改变结构的形状。因此，对于复杂的工程问题，需要工程师具有丰富的经验，才能获得优质而高效的形状优化。

自由形状优化则是一种基于边界节点自由变形的技术。自由形状优化省去了设计人员手动定义单元网格变形参数的步骤，设计人员只需要在结构上选择好边界节点集合，再设定好边界节点的自由变形方式，通过 Optistruct 优化软件，就会自动得到满足设计要求的最佳结构边界形状。在优化过程中结构模型可能生成新的单元网格并且进行自适应分析，通过不断变形以减少单元的扭曲。

如图 4-37 所示，应用形状优化方法从基础模型图 4-37a 优化得到满足横梁性能要求的零件形状图 4-37b。根据零件初始设计形状、约束边界、加载载荷和零件性能要求，结合制造工艺性，优化结构时采用对称设计。定义形状优化变量和变形空间，优化后得到不改变原设计材料厚度和安装尺寸的新形状，优化形状有助于提升零件性能。

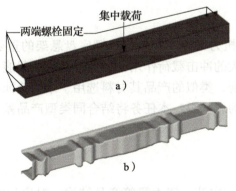

图 4-37 横梁形状优化

复习与思考

1. 请简要概述拓扑优化的作用。
2. 请简要概述形貌优化的作用。
3. 请简要概述形状优化的作用。

任务 4　典型零件成形工艺分析

4.1　任务目标

生产制造是实现汽车零部件从设计到产品的必要过程，零部件产品制造工艺技术决定了产品轻量化方案可行和轻量化效果。观察典型汽车零部件产品，分析产品结构特征，收集类似产品，对比分析产品可用的生产制造工艺技术，分析各种生产制造工艺技术的优点。

1）你了解常见汽车零部件主要制造工艺有哪些吗？
2）你能正确分析典型汽车零部件主要制造工艺吗？

为进一步熟悉汽车零部件产品制造和轻量化制造工艺，开展典型零部件制造工艺调查分析实践任务。本实践任务学习还有助于培养学生树立节能环保、绿色制造等可持续发展理念，培养生产制造基础知识和技能。

4.2　任务分析

4.2.1　任务目标解读

汽车摆臂、转向节、扭力梁等零部件是车辆底盘悬架的重要组成部分。车辆使用过程中，底盘零部件将承受较大的冲击载荷作用，因此产品的承载能力是重要考核参数。对比不同车型产品，我们不难发现，类似的产品其材料选用、结构特征和制造工艺差异明显。你了解制造工艺对产品轻量化的影响吗？本任务将结合同类型产品差异，分析制造工艺技术及其对产品轻量化的作用。

4.2.2　任务内容

分别收集多种摆臂、转向节、扭力梁等产品结构，对比分析同类产品的结构特点和差异，分析产品主要制造工艺技术及其优点。从汽车轻量化的角度思考，上述汽车底盘零部件产品采用怎样的制造工艺技术更有助于保证产品承载性能，又能有效轻量化产品结构。本任务主要实践内容如下：

1）用列表收集整理摆臂、转向节、扭力梁等关键底盘零部件（不低于3个车型）。
2）描述列表零件的名称、功能、承载特点。
3）分析每个零部件主要的制造工艺及其优缺点。
4）分析制造工艺对产品轻量化的作用效果。
5）综合评价分析对象现有制造工艺的优缺点，给出优化建议。

4.3 实施计划

汽车典型零部件制造工艺实践任务以小组为单位完成。通过小组实践活动,培养团队分工合作、相互协作的团队精神。实训小组充分发挥头脑风暴、交流讨论优势,深入理解实践任务的理论背景,培养实践操作能力。为促进高质量完成实践任务,达到实践目标,实践小组制订实施计划,包括基础理论回顾、实践任务分解、小组分工、方案设计、讨论决策等内容。小组活动实施计划参照表 4-1 完成记录。

表 4-1 实施计划记录

班级:		组长:		任务名称:	
组员:					
成员任务职责	组长负责本学习任务的组织、决策、安全管理等 组员负责: 1. 安全监督以及完成组内其他学习任务 2. 工具备料以及完成组内其他学习任务 3. 技术资料以及完成组内其他学习任务 4. 常规操作以及完成组内其他学习任务 5. 文本记录以及完成组内其他学习任务				
任务实施计划	实施计划: 1. 成员任务分工、团队协作 2. 任务目标分解与讨论 3. 任务实施结果与讨论分析 4. 任务实施记录整理提升				

4.4 任务实施

4.4.1 实施准备

本次实践任务实施前根据任务内容和要求,完成主要调研内容和调研范围选择。熟悉汽车构造、汽车零部件产品;熟悉铸造、热成形技术、激光拼焊、机械加工等工艺方法和知识;熟悉典型零部件产品的名称、功能和性能要求等内容。完成与实践内容关系密切的基础理论知识准备,熟悉办公软件、图形软件、数据分析软件等基本操作技能。

4.4.2 实施过程记录

本任务实施过程及各阶段主要实践内容记录参照表 4-2 所示的记录表执行。

表 4-2　实施记录

流程序号	任务流程及描述	完成情况
1	小组确定：明确成员、任务、职责	□是　□否
2	主题明确：明确调查对象，主题清晰	□是　□否
3	材料收集：小组分析收集产品材料，记录、整理	□是　□否
4	对象分析：选定典型悬架零部件名称、功能、特征	□是　□否
5	工艺分析：根据零部件实际状态，分析制造工艺及优缺点	□是　□否
6	总结讨论：讨论分享、总结经验	□是　□否
7	持续改善：团队协作、持续改善、全过程5S管理	□是　□否

4.5　实施评价

4.5.1　小组自评

各小组对照表 4-3 所示检查项目任务实施执行情况，对项目实施过程进行再次检查确认，完成小组自评，注重任务完成质量。

表 4-3　任务实施自评

流程序号	任务流程执行检查与评价	完成情况
1	小组确定：检查规范性	□是　□否
2	主题明确：检查分析对象是否明确，重要	□是　□否
3	材料收集：检查数据来源，准确性、完整性	□是　□否
4	对象分析：检查零部件合理性、对比对象丰富性	□是　□否
5	工艺分析：检查工艺方法分析准确性，建议可行性	□是　□否
6	总结讨论：检查合理性	□是　□否
7	持续改善：检查完整性	□是　□否
8	总体评价：小组实践任务总体自评是否合格	□是　□否

4.5.2　教师评价

教师根据各小组项目完成情况，参照表 4-4 清单对任务实施进行质量检查，并对各小组任务实施过程中所存在的问题提出改进措施与建议。

表 4-4　教师检查评价

效果评价表			
班级：	组名：		成绩：
实践任务名称：			
评价项目		分值分配	教师评价
职业素养（25 分）	团队协作能力	10	
	计划组织能力	10	
	质量意识	5	
职业技能（65 分）	任务理解与计划完整性	10	
	任务执行完整性	20	
	任务完成质量	20	
	讨论与总结归纳	15	
绿色安全考评（10 分）	落实"5S"、绿色节能意识	10	
存在问题及改进措施			

4.6　调整改进

任务实践小组成员和指导教师结合任务完成情况，整理任务实践中存在的收获和不足。重点针对任务实践发现的不足，制定调整改善方案，讨论调整方案可行性，并进一步完善实践训练。本实践任务总结反思和改进设计记录如下：

1. 记录本次实践任务的主要收获、重点、难点和不足。针对不足有何思考和建议？

_____

_____

_____

2. 结合调整方案和建议讨论，记录和整理小组讨论结果，向指导教师汇报调整方案。

_____

_____

3. 结合调整实施方案，进一步完善实践训练，验证任务实践调整方案效果。完成方案实践记录并对比方案调整的实践效果。

拓展阅读

我国能源消费与保供压力

我国是能源消费大国，能源消费总量自2009年起一直位居世界第一。2020年，全国能源消费总量49.8亿吨标准煤，约占世界的1/4。"十四五"及中长期，我国经济社会持续向好发展，带来能源需求刚性增长，能源保供压力和风险挑战持续存在，主要体现在两个方面。

一方面，油气资源短板仍然突出。近年来，随着油气消费较快增长，对外依存度不断攀升，2020年分别达到70%和40%以上。未来一段时期，油气供应依赖进口的局面难以根本改变。

另一方面，区域性、时段性能源供需平衡难度加大。2021年年初和迎峰度夏期间，全国最高电力负荷分别达到11.89亿千瓦（1月7日）和11.91亿千瓦（7月14日），均创同期历史新高，电力需求夏季、冬季"双高峰"特征明显；2021年四季度，局部地区出现拉闸限电情况。天然气消费持续快速增长，"淡季不淡"新特征凸显，给天然气储备、取暖季保供带来较大压力。

项目 5 汽车结构基本性能认识

结构基本性能主要关注结构的内在属性,包括固有频率、刚度、强度、稳定性等内容,这些性能决定了结构承受外部载荷的响应方式和能力。例如,结构的强度决定了它能够承受多大的压力或拉伸而不发生破坏;结构的刚度则决定了它对变形的抵抗能力。为了确保结构的基本性能,需要进行精确的结构分析,包括静力分析、动力分析、稳定性分析等。优化方法和理论在满足结构的基本性能要求的前提下,寻找更好的结构设计和布局方案。这涉及对多种因素的权衡和取舍,如质量、尺寸、材料、制造成本等,优化理论的目标是在这些因素之间找到最佳的平衡点,使得某个或多个目标函数达到最优值。

本项目主要介绍汽车零件结构基本性能要求以及针对结构性能优化的基础理论。学习本项目内容,我们将掌握机械结构基本性能的概念及内涵,了解结构性能仿真软件及其基本功能,理解结构优化主要类型及基本理论,为车辆结构轻量化设计奠定基础。

项目目标

学员完成本项目学习应当达到以下学习目标。

知识目标

- 理解车辆零件结构基本性能的内容及定义。
- 掌握结构刚度、强度等基本性能的意义和作用。
- 了解结构优化的基本原理和意义。

技能目标

- 能正确模拟简单结构的模态性能。
- 能正确模拟典型汽车零部件结构刚度性能。
- 能正确读取典型零部件模拟结果,撰写分析报告。

职业素养目标

严格执行产品性能要求,培养敬业精神。

任务 1　结构性能仿真认识

1.1　任务导入

结构固有频率、刚度、强度、稳定性等基本性能决定了结构承受外部载荷的响应方式和能力。结构固有频率是结构的固有特性之一，是反映结构对外界载荷激励的响应特性；结构的强度决定了它能够承受多大的压力或拉伸而不发生破坏；结构的刚度则决定了它对变形的抵抗能力。为了确保结构的基本性能，需要进行结构静力分析、动力分析、稳定性分析等仿真分析。有限单元方法（Finite Element Method）简称有限元法，是计算复杂微分方程近似解的一种非常有效的工具，也是当前工程分析领域广泛应用的数值计算方法。

1）你知道有限元法的基本内涵和意义吗？
2）你了解常用仿真工具有哪些吗？

随着计算机技术的快速发展，有限元仿真技术已经成为现代工程设计领域的重要组成部分和不可或缺的数值验证技术。本任务结合汽车零部件产品性能要求，介绍性能仿真的基础知识和技能。

1.2　有限元法简介

有限元法是比较年轻的学科分支，其基本思想可以追溯到1943年柯朗提出的在一系列三角形区域上定义的分片连续函数的最小能量原理求解圣维南扭转问题。此后，不少应用数学家、物理学家和工程师分别从不同角度对有限元法的离散理论、方法及应用开展了大量研究积累。随着电子计算机的出现，有限元法开始展现了其巨大实际应用价值。1956年钢架分析中的位移法首先被推广到弹性力学平面问题，首次给出了三角形单元求解平面应力问题的求解，并用于飞机结构的分析。三角形单元的特性矩阵和结构的求解方程是由弹性理论方程通过直接刚度法确定。1960年进一步求解了平面弹性问题，并第一次提出了"有限单元法"的名称，由此开始有限元法的早期发展。1970年以后，有限元方法开始应用于处理非线性和大变形问题。我国的一些学者也在有限元领域做出了重要的贡献，如胡海昌于1954年提出了广义变分原理，钱伟长最先研究了拉格朗日乘子法与广义变分原理之间的关系，钱令希在20世纪50年代就研究了力学分析的余能原理，冯康在20世纪60年代就独立奠定了有限元分析收敛性的理论基础。

近几十年来，随着电子计算机科学技术和商业软件的快速发展，有限元法已经成为工程分析的有效方法。在理论、方法的研究，计算机软件开发以及应用领域的开拓等方面取得了长足的发展和丰硕的成果。

1.2.1 单元类型简介

为了拓展有限元法的应用领域，新的单元形式不断涌现。例如，采用插值函数相同的表示方法获得高阶单元。将形状规则的一阶单元变换为边界为二维或者三维单元，从而更加精确地对形状复杂的求解结构进行有限元离散。为满足不同工程实际问题需要，在构造结点参数中同时出现了包含位移和位移导数的梁单元、壳单元等单元类型。构造以多个场变量（如位移、应变、温度）等为结点参数的混合单元类型。在复合材料领域，出现了用于分析复合材料、夹层材料、混凝土等的复合材料单元。

1.2.2 有限元法理论发展介绍

在提出新的单元类型、扩展新的应用领域和应用条件的同时，有限元法基础理论研究丰富，其为新单元和新应用提供了理论基础。研究工作的主要竞争包括将 Hellinger-Reissner 原理、Hu-Washizu 原理等多场变量的变分原理用于有限元分析，发展了混合型单元、杂交单元等有限元单元形式，并研究各自的收敛性条件。将与微分方程等效的积分形式的加权余量法，用于建立有限元的表达形式，从而将有限元的应用扩展到不存在泛函或者泛函尚未建立的物理问题。有限元解的误差估计和应力磨平方法的研究进展，提升了有限元解的精度，也促进了细分单元或者高阶插值函数的自适应分析理论和方法的研究和发展。

1.2.3 有限元求解介绍

当前大型复杂结构问题的有限元分析往往涉及高达几百万上千万个自由的情况，这对有限元求解的计算机硬件和软件要求越来越高，促进有限元求解技术的发展。随着计算机技术的飞速发展，基于有限元方法原理的软件大量出现，并在实际工程中发挥了愈来愈重要的作用；目前，著名的专业有限元分析软件公司有几十家，国际上著名的通用有限元分析软件有 ANSYS、Abaqus、MSC/Nastran、MSC/MARC、ADINA、ALGOR 等。还有一些针对行业的专门的有限元分析软件，如 LS-DYNA, Deform, Autoform 等。国际上著名的商用有限元分析软件发展情况统计见表 5-1。

表 5-1 主流有限元软件发展情况

年份	软件名称	开发者
1966	Nastran	Mac Neal-Schwendler Corp., USA
1969	MARC	MARC Anal. Corp., USA
1970	ANSYS	Swanson Anal. Syst., USA
1972	ADINA	ADINA R&D Inc., USA
1978	LS-DYNA	Livermore Software Tech. Corp., USA
1979	Abaqus	Hibbit, Karlsson & Sorensen, Inc., USA
1984	ALGOR	Algor Inc., USA
1989	HyperMesh	Altair Inc., USA

1.3 HyperWorks 介绍

HyperWorks 商业软件工具是由 1984 年成立的 Altair 公司开发发行的仿真产品。Altair 公司于 1989 年首次发布通用有限元建模软件 HyperMesh。该公司以 HyperMesh 为依托，为客户提供优质的产品开发工程技术咨询服务，包括但不限于设计开发、工程设计、CAE 分析模拟等。2001 年，Altair 公司在上海成立 Altair 工程软件（上海）有限公司，陆续为国内客户提供更便捷、更全面的工程技术咨询服务。

HyperWorks 软件是 Altair 公司开发的成套工程软件平台。该工程软件旨在发展和搭建完整的工程开发仿真平台，从产品诞生之初就不断升级发展和扩展功能。目前 Altair 公司旗下的 HyperWorks 软件平台是集造型设计、可视化建模、仿真计算、仿真数据后处理等功能于一体。软件分析求解功能包括基础静力学分析、动力学分析、结构振动分析、流体力学分析、成型分析、优化设计、增材制造等多学科领域。软件平台包括 HyperMesh、HyperView、HyperGraph、MotionView、OptiStruct、HyperForm、Radioss 等多个产品。结合本书内容，重点介绍 HyperMesh 和 OptiStruct。

1.3.1 HyperMesh 介绍

HyperMesh 是 Altair 公司第一款有限元仿真前处理软件，从该产品推出到现在已经历多次更新升级，目前最新版本为 2023 版。HyperMesh 是一款通用、高效的仿真分析前后处理软件，该软件平台能够方便地建立各种复杂几何模型的有限元模型并且与多种 CAD 软件和 CAE 求解器都有良好的数据结构，可以准确、高效地实现几何模型导入、有限元网格划分、边界条件设置和求解计算、文件生产与提交。

HyperMesh 具有广泛的 CAD/CAE 接口能力和可编程用户定义接口功能，可以在任意工作领域与其他工程软件实现数据交换的无缝连接。同时，该软件平台是一个通用的有限元建模分析平台，有助于提升用户工作效率和降低分析建模成本。该软件平台具有丰富的单元类型，包括梁单元、板壳单元、四面体和六面体单元。可以快速实现单元自动生成和单元质量控制。同时具备批处理网格划分功能和自动完成几何清理等工作，大幅提升前处理效率。

HyperMesh 基本界面如图 5-1 所示，图形界面主要包括图形显示区、工具栏、标签区、状态栏、下拉菜单、页面菜单和主菜单等内容，各部分的功能介绍如下。

1. 图形显示区（Graphics area）

图形显示区是用户图形交互显示的重要区域，可以根据用户的工作需要，显示零部件产品的几何模型、有限元网格模型、曲线图样和分析结果信息等内容。用户可结合在图形显示区域的可视化数据和工作需要，完成各类用户操作。

2. 工具栏（Toolbar）

HyperMesh 提供了丰富的工具栏选型，包括驱动仿真建模和仿真数据处理常用功能的快捷方式，包括坐标平面、尺寸放缩、隐藏显示、动画、边界载荷、材料参数、层组信息等内容。工具栏选项以图文并茂的形式，形象地展示了 HyperMesh 的基本功能。用户可以根据工具栏及提示完成相关建模和参数定义，快捷方便地完成相关工作。

3. 标签区（Tab area）

标签区包含标签 Solver（求解）、Model（模型）、Utility（功能）、Import（导入）、Export（导出）等内容，用户可根据使用习惯和使用频率将常用功能在标签区激活显示。例如，图 5-1 中激活的 Model（模型）模块。建模中可以通过标签区的 Model 方便快捷地进行模型管理、模型显示、模型检查、模型调整等一系列操作。

4. 状态栏（Status bar）

状态栏主要用于显示用户当前操作状态，当前活动库文件、组件集、载荷集以及用户操作的错误提示等信息。用户使用中应留意状态栏信息，如果出现操作错误或者未达到用户预期效果，就可以根据状态栏提示信息进行检查和修改。

5. 下拉菜单（Menu bar）

用户界面的顶部设计有下拉菜单栏，该下拉菜单将功能键按组分类，用户可以根据下拉菜单进入相应的功能区。HyperMesh 几乎所有功能都可以在相应的下拉菜单中查找。这一设计方案弥补了图形交互功能展示的不足，为进一步深入运用软件工具提供了方便。

6. 页面菜单（Menu page）

页面菜单区域位于如图 5-1 所示的右下角，软件根据功能不同将主面板分为几何（Geometry）、一维（1D）、二维（2D）、三维（3D）、分析（Analysis）、工具（Tool）、后处理（Post）等七个主要模块。其功能涵盖几何建模、各类仿真单元建模、分析设置、工具集成以及后处理工具等内容。每个模块还对应了丰富的主菜单选项。

7. 主菜单（Main menu）

根据不同的页面菜单模块，软件配置了对应的主菜单工具，主菜单包括多个面板菜单，在主菜单里几乎可以找到常用的操作面板菜单。

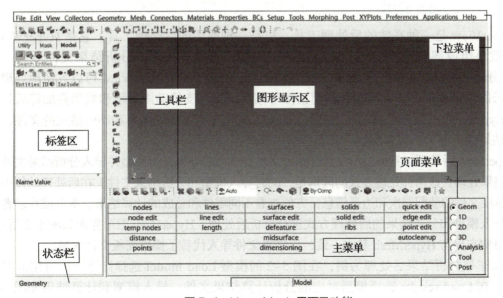

图 5-1　HyperMesh 界面及功能

1.3.2 OptiStruct 介绍

Altair OptiStruct 求解器拥有强大的结构仿真计算及优化计算能力，其可用于求解静态载荷和动态载荷条件下的线性问题和非线性结构问题。OptiStruct 因其卓越的仿真计算能力而成为结构设计优化领域的领导者，帮助设计者和工程师分析和优化各类力学结构的应力应变、耐久性能和 NVH 等性能，该产品是支持快速研发创新和轻量化的高效结构设计辅助软件。

OptiStruct 在 NVH 性能仿真分析与优化方面具有先进的求解技术，包括传递路径分析（TPA）、模型减缩技术、设计灵敏度分析和等效辐射功率响应（ERP）等技术。OptiStruct 这些功能使它很便捷地实现车辆结构优化和 NVH 性能改善，这对于高效的整车噪声和振动性能开发必不可少。

在结构疲劳耐久性能领域，OptiStruct 具有强劲的耐久性分析求解器，具有螺栓预紧、Gasket 单元和接触算法。其 Gasket 单元非常强大，不需要使用其他软件做任何附加工作即可完成相关仿真模拟。其优异的求解性能广泛应用于结构线性和非线性问题分析求解计算。

在结构优化设计与仿真计算方面，OptiStruct 使用最先进的优化算法，拥有最强的优化仿真技术。OptiStruct 可以高效解决具有成千上万设计变量的复杂结构优化问题，其先进的优化引擎方便用户使用结构拓扑优化、形貌优化、尺寸优化和形状优化等方法来创建更多更好的优化设计方案，也可以联合多种优化方法求解并实现更符合生产制造工艺的轻量化结构设计方案。在产品设计开发初期，用户基于结构布置空间、设计预期目标和制造工艺参数约束等条件，应用 OptiStruct 给出满足设计目标基础的优化设计方案，高效快捷地完成最优质的概念设计方案。

此外，OptiStruct 软件还无缝集成了基于梯度的优化计算算法，使多学科尺寸优化和形状优化更易于使用、稳定和高效。基于联合优化方法的分析结果和产品工程师设计制造建议，更有效地满足产品设计中的结构应力、结构刚度和整体质量等要求。OptiStruct 紧密集成在 HyperWorks 环境，能够方便、快速地在 HyperMesh 中创建分析模型，在 HyperView 和 HyperGraph 环境下生成仿真结果动画、云图和图表等信息。

1.3.3 HyperView 介绍

HyperView 是一种高效的后处理工具，也是一种通用的后处理工具，它是 HyperWorks 产品的重要组成部分。HyperView 可以识别不同仿真计算软件的分析结果文件形式，如 Nastran 分析的 *.op2 文件、Abaqus 分析的 *.odb 文件等。应用 HyperView 可以方便地处理结构位移云图、应力云图、矢量图和截面云图等结果，同时支持动画显示和数据叠加等后处理功能。HyperView 后处理工具可以直接生成 jpg、png、gif、avi 等图形和动画格式的文件，方便分析结果演示和分析报告编辑。

HyperView 后处理工具可以单独打开结果文件，也可以导入分析模型并导入分析结果文件进行分析结果处理。这两种处理方式的区别是，同时导入模型和分析结果文件，在后处理软件中可以保持建模文件的装配层次和边界信息，方便查看不同零件和总成的计算结果。本书推荐读者采用同时导入模型和分析结果的后处理方式进行分析后处理。HyperView 图形界面如图 5-2 所示，其界面结构布局与 HyperMesh 基本一致，以结果文件导入代替了操作面板文件区域。

以某车架分析结果后处理为例，在图 5-2 的模型 Load model 选择计算分析所用的有限元模型，在 Load results 选择模型对应的分析计算结果文件，导入模型和计算结果如图 5-3

所示。在后处理工具中,模型管理区可以方便查看模型组、装配、工况等信息;结果类型区可以根据仿真计算考察需要选择的位移、应力、应变等物理量;视图处理区可以进行局部放大,图片或者动画保存;动画播放用于位移、应力等动态显示。

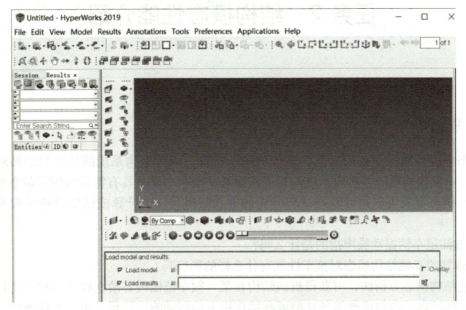

图 5-2 HyperView 图形界面

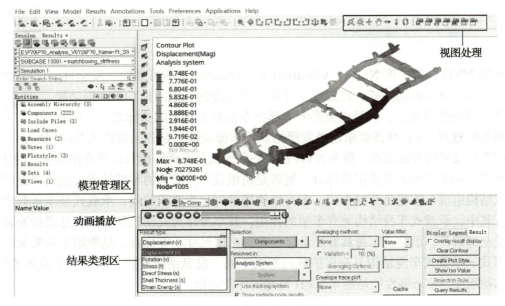

图 5-3 HyperView 后处理

复习与思考

1. 请简要说明单元的类型。
2. 请简要说明 OptiStruct 的主要功能。

任务 2　结构模态性能介绍

2.1　任务导入

模态是弹性结构系统固有的、整体的振动特性。线性结构系统的自由振动被解耦为正交的单自由度振动系统，对应系统的相应的模态。每一个模态具有特定的固有频率和模态振型。这些模态参数可以由计算或试验分析的方式获得，这个计算或试验分析过程称为模态分析。

1）你知道车辆振动噪声指的是什么吗？
2）你知道车辆结构模态对整车性能有什么样的影响吗？

通过结构模态分析法，可获得机械结构在某一频率范围内各阶次模态的振动特性，以及结构在此频段内受内部或外部各种振源激励作用下的振动响应结果。本学习任务结合车辆及零部件性能介绍结构模态相关知识和应用。

2.2　车辆 NVH 性能介绍

微课视频：车辆 NVH 性能介绍

车辆 NVH 性能（即 Noise、Vibration 和 Harshness）和可靠性、安全性、经济性及动力性等性能一样，已经成为考核汽车性能的关键指标。其中振动噪声性能越来越受到关注，已经成为影响一部汽车品牌最重要的指标之一。消费者和国家法规对 NVH 性能要求也越发严格。汽车振动噪声是各国面临的共同问题，也是制约我国汽车发展的关键技术。整车 NVH 性能的关键就是车辆结构系统固有振动特性的体现。

车身结构是车辆的重要组成部分，通常是由组成车体结构的零部件布置结构和连接形成的总成结构组成。按受负荷的方式，车身结构通常可分为非承载式、承载式及半承载式三种类型。其中，承载式车身结构兼有车架的作用，其车身作为发动机和底盘各总成的安装基础并承受全部载荷。承载式车身具有质量轻、车辆高度尺寸小等优点，是乘用车最常见的车身结构形式。承载式车身结构具有保护成员驾驶空间、底盘系统安装、承载整车载荷等作用，车身结构刚度、模态等性能是整车 NVH 性能的保障基础。

2.3　车身系统模态认识

2.3.1　内饰车身模态测试

模态是弹性结构系统固有的、整体的振动特性。线性结构系统的自由振动被解耦为正交的单自由度振动系统，对应系统的相应的模态。每一个模态具有特定的固有频率和模态振型。这些模态参数可以由计算或试验分析的方式获得，这个计算或试验分析过程称为模态分析。通过结构模态分析法，可获得机械结构在某一频率范围内各阶次模态的振动特性，以及结构在此频段内受内部或外部各种振源激励作用下的振动响应结果。模态特性是车身结构动态设计及结构优化的重要性能指标，也是整车 NVH 性能开发的基础。

在车辆开发阶段，应用测试技术分析车辆结构动态特性已经获得广泛应用。模态试验通常可以分为正则振型试验法和频响函数法两种。频响函数法是在结构一个选定点进行激励，同时在多个选定点依次测量其响应。将激励和响应的时域信号经过 FFT 分析转化成频域响应函数模型并进行数据拟合，就可以从频响函数求出系统的模态参数。该试验方法具有可同时激励出全部模态、测试时间短、实用设备简单、测试方便等优点，因此在车辆 NVH 性能开发方面得到广泛应用。

整车或零部件系统模态是指整车或零部件系统结构的固有振动特性，每一个模态具有特定的固有频率、阻尼比和模态振型。这些模态参数可以由计算或试验分析取得，这样一个计算或试验分析过程称为模态分析。这个分析过程如果是由有限元计算的方法取得的，则称为计算模态分析；如果通过试验将采集的系统输入与输出信号经过参数识别获得模态参数，称为试验模态分析。通过整车或子系统模态分析方法可以清楚了解整车或系统结构在某受影响的频率范围内各阶主要模态的特性，就可能预言在此频段内在外部或内部各种振动源作用下的实际振动响应特性。本书以某内饰车身模态测试为例介绍模态测试过程。内饰车身自由模态测试通常采用自由边界，试验中采用软绳将车辆悬挂起来。选择激振位置使用激振器进行加载激励车身结构，如图 5-4 所示。

图 5-4　内饰车身模态测试

为采集车身振动信号，需要在车身结构上布置信号采集点用于振动信息采集。信号采集点应相对均匀地布置在车身结构上，并在测试软件中勾勒车体结构基本形状以便身结构振型观察和分析。该内饰车身结构模态和阻尼比测试统计结果见表 5-2。

表 5-2　内饰车身模态和阻尼比测试

阶次	频率/Hz	阻尼比/%	振型描述
1	15.09	0.88	地板局部模态
2	17.34	1.60	前端及后围板局部模态
3	17.89	1.02	一阶扭转
4	20.58	1.43	一阶弯曲
5	25.38	2.41	前端及地板局部模态
6	27.11	1.00	前端横摆
7	32.19	2.18	前端垂弯
8	33.63	2.36	顶棚局部模态
9	35.97	2.45	复合模态

2.3.2　白车身系统模态仿真

车身模态是车身的固有属性，其模态参数包括模态频率、模态振型与模态阻尼。车身模态振型为车身在特定频率下的振动形状，而该特定频率即为模态频率，模态阻尼则是抑制结构振动的参数。车身模态分析的本质就是求解车身的模态频率、模态振型和模态阻尼等三个参数。除本章前面提及的试验法以为，有限元计算方法则是另一种重要的方法。有限元模态计算方法是将车身结构几何零件采用离散化处理并装配连接成有限元模型。通过计算软件对该车身有限元模型对应的质量矩阵 $[M]$、刚度矩阵 $[K]$ 和阻尼矩阵 $[C]$ 进行计算并得到系统振动的动力学方程。通过数值计算求解运动方程对应的特征根就可得到车身系统的模态频率和模态振型。

车身有限元模型是车身模态分析的基础，按照前面介绍的仿真建模要求和建模规范，完成车身零部件网格划分，焊点、焊缝等连接装配。为方便车身模型仿真计算，完成车身装配建模后还需要检查整个车型模型的 2D 单元的最小单元尺寸，检查零部件材料信息、厚度信息、四边形单元翘曲、单元角度等。单元尺寸过小、单元翘曲过大等会导致计算时间过长或者计算报错等问题。因此，单元质量是仿真建模必须保证的基本要求。以某带玻璃车身模态分析模型为例，在 HyperMesh 中选择 OptiStruct 角色并导入模型，如图 5-5 所示。

边界条件是仿真分析对象物理边界状态的描述，不同分析工况结构所处的边界

图 5-5　白车身模型

状态不一定相同。边界条件通常是约束条件和载荷条件的统称。车身模态分析实质上是对模态试验状态反映。在模态试验中采用弹性带子将车身吊挂悬空，仿真分析中采用自由边界来模拟车身状态，因此也称为车身自由模态分析。结构模态分析是典型的结构分析工况之一，其结果可以用于考察车身结构固有频率和振型，同时也可以用于检查模型连接情况是否与设计状态相符。

模态分析后处理主要是查看结构固有频率和振型，对于装配连接结构还可以通过模态振型和频率检查模型连接情况。车身结构是由数百个片体零件通过焊点、焊缝、粘胶等连接成形构成整个车体总成结构。模型连接检查重点通过模态和振型检查有限元模型与实物模型连接的一致性。首先，从车体总成自由度而言，车体总成前6阶模态应属于刚体模态。刚体模态超过6阶则很可能模型中存在非连接零件。其次，通过振型放大重点查看顶盖粘胶和车体焊点连接数量和连接层次是否正确。在HyperView后处理软件的模型载荷（Load model）和结果载入（Load result）中分别选择计算的模型文件和结果文件并选择apply即可进入如图5-6所示的后处理界面。该白车身模型第7阶模态频率为35.7Hz，振型表现为整体扭转模态；第11阶模态频率为46.1Hz，振型表现为车体结构整体弯曲模态。

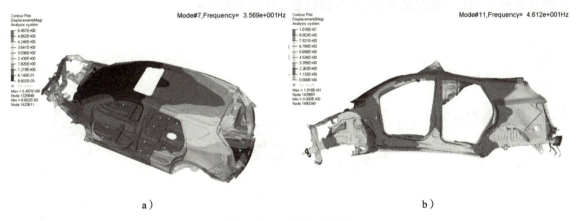

图5-6 车身模态后处理

2.4 排气系统模态认识

排气系统是燃油车非常重要的组成部分之一，包括排气管、排气挂钩、消声器等结构。在乘用车舒适性中，排气系统设计重点关心的就是系统模态、振型和排气挂钩动刚度等问题。排气系统涉及的排气挂钩、排气吊耳以及排气系统与发动机的连接等模型处理是排气系统建模的关键。

排气系统整体模型建模结果如图5-7所示。排气管、消声器等均采用壳单元模拟，基本单元尺寸为5mm。其中，消声器应具有完整的内部结构并采用壳单元模拟建模。排气挂钩与排气管以及消声器等保护焊焊缝采用rigid单元建模或者焊缝单面模拟。波纹管是排气系统中的柔性连接段，采用bush单元建模，其中bush的刚度根据波纹管刚度进行赋值。橡胶吊耳是排气侧挂钩和车身侧挂钩的连接件，采用bush单元一端连接排气侧吊耳，另一端在车身侧吊耳位置约束，bush刚度与橡胶吊耳刚度一致。排气系统与发动机总成连接时，采用mass

单元模拟发动机质量、转动惯量和质心信息。发动机与悬置之间采用 rigid 单元并采用 bush 单元模拟悬置刚度。

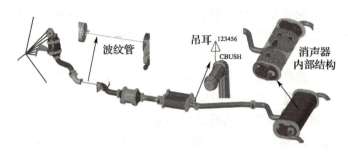

图 5-7 排气系统模型

排气系统模态通常考虑其安装状态的模态，仿真分析中采用约束排气系统车身侧吊耳 bush 单元 123456 自由度，约束发动机悬置 bush 单元 123456 自由度开展约束模态分析，分析频率范围可以设置为 0~80Hz。完成模态分析即可查看排气系统主体模态及振型分布，其中一级模态为 17.4Hz，振型表现为整体弯曲模态，如图 5-8 所示。

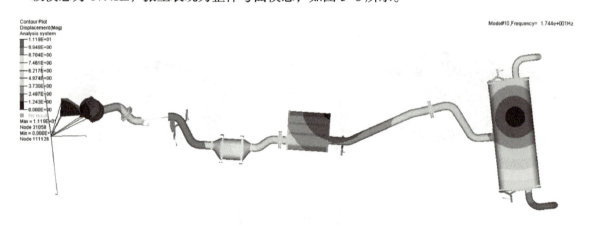

图 5-8 排气系统模型

在车辆开发阶段，应用测试技术分析车辆结构动态特性已经获得广泛应用。模态试验通常可以分为正则振型试验法和频响函数法两种。频响函数法是在结构一个选定点进行激励，同时在多个选定点依次测量其响应。将激励和响应的时域信号经过 FFT 分析转化成频域响应函数模型并进行数据拟合，就可以从频响函数求出系统的模态参数。该试验方法具有可同时激励出全部模态、测试时间短、实用设备简单、测试方便等优点，因此在车辆 NVH 性能开发方面得到广泛应用。

复习与思考

1. 请简要说明模态的概念和意义。
2. 请简要说明获取结构模态的常用方法优缺点。

任务3 结构刚度性能认识

3.1 任务导入

刚度是指材料或结构在承载载荷时所表现出的结构抵抗弹性变形的能力，是材料或结构弹性变形难易程度的表征。在物理学中，刚度是零件荷载与位移成正比的比例系数，即引起单位位移所需的力或者力矩载荷。在工程领域，刚度对于机械结构、车辆结构、飞行器和舰船等结构的稳定性至关重要。如果结构刚度不足，可能会导致失稳或者在流场中发生颤振等灾难性事故。

1）你知道刚度性能对车身结构的重要性吗？
2）你知道如何评价一个车身结构轻量化技术水平吗？

在车身设计开发过程中，必须按照规范要求确保结构有足够的刚度。此外，研究刚度的重要意义还在于通过分析物体各部分的刚度可以确定物体内部的应力和应变分布，这也是固体力学的基本研究方法之一。本学习任务将结合典型车辆零部件系统介绍结构刚度以及车身结构轻量化技术水平评价的相关知识。

3.2 车身刚度性能介绍

3.2.1 车身整体刚度

多数乘用车都采用承载式车身结构，车身是车辆结构的承载基础，因此应具备基本的刚度、强度等性能。其中，车体结构总成刚度是车身结构的基本性能之一。就车体总成而言，车身刚度主要包括整体弯曲刚度和扭转刚度性能。

将车辆简化为图5-9所示主要包括左右纵梁、门槛梁等结构和地板平面的框架模型。整车坐标X轴由车头指向车尾为正方向，其中点3和点10位置的X坐标标识车辆轮心位置。车身弯曲刚度主要反映车身在车轮支撑条件下，承受垂向载荷的整体抗变形能力。因此，试验中通常在车身前后轮心X向坐标位置建立类似简支梁的约束状态，在前后约束中间加载试验载荷。试验测量点位于车身底部，排布位置参考图5-9所示的测量点。通过测量各点位移量，可以绘制出车身结构变形曲线。车身弯曲刚度则是加载载荷量与加载载荷对应的最大位移的比值。

车身扭转刚度主要反映车身结构抗扭矩载荷作用的变形能力，在试验中通常是将后轮轮心与车身后纵梁截面交点，图5-9中点10位置约束其移动自由度。通过车辆左右减振塔中心加载扭转载荷，测量各点位移并计算前轮减振塔加载点的连线的扭转角度。车身扭转刚度通常采用扭转载荷与最大扭转角度的比值来表达。车身刚度试验台架搭建和车身安装固定如图 5-10 所示。

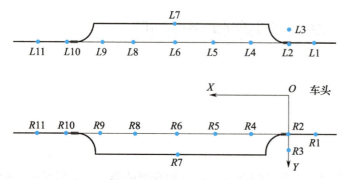

图 5-9　车身刚度试验简化模型　　　图 5-10　车身弯曲刚度试验

车身扭转刚度试验中还可以根据用户需要，增加测量点。比如，车身承受扭转载荷时，车身扭转变形将带动车身门洞、前风窗玻璃窗口、天窗窗框、后背门框等区域搓动变形。为考察上述区域的变形，可以采用拉线式位移传感器测量各门窗对角线的相对位移量。

测试数据通常采用三次测量取平均值作为数据记录。同时，测试中还需考虑结构安装间隙等因素，采用不同载荷加载测试，观察测试数据分布情况。以某车身弯曲刚度测试为例，试验数据记录见表 5-3。弯曲试验加载载荷分别为 1000N、2000N、3000N 和 4000N。测试点以 X 坐标分布为参考布置，其中 X 坐标 1360mm 和 1361mm 位置的测点分别布置在地板纵梁和门槛梁上。每组载荷对应的车身位移数据均为 3 次测试读数的平均值。

表 5-3　纵梁及门槛梁位置处弯曲刚度测量变形结果

测量点位置	1000N	2000N	3000N	4000N
$L1/R1$	0.001	0.003	0.003	0.005
$L2/R2$	0.000	0.001	0.001	0.001
$L4/R4$	0.050	0.100	0.154	0.197
$L5/R5$	0.079	0.161	0.252	0.343
$L6, L7/R6, R7$	0.105	0.229	0.331	0.460
$L8/R8$	0.081	0.174	0.255	0.347
$L9/R9$	0.099	0.202	0.291	0.411
$L10/R10$	0.032	0.069	0.107	0.136
$L11/R11$	0.003	0.006	0.009	0.010

根据主机厂对试验结果计算要求，选择测试考察点的最大位移量作为弯曲刚度的计算依据。通常定义车身弯曲刚度 $K = F/\Delta$，计算车身刚度并绘制不同测点位移曲线。此外，针对不同载荷测试计算车身弯曲刚度，分析各测量载荷刚度的线性度。就车身刚度问题而言，结构加载载荷处于线性阶段，不同载荷测试的刚度值应符合线性特征。结合车身刚度线性

度分析，可以评价测试数据合理性，并可以针对测试异常值开展问题分析，保证试验数据的可靠性。

3.2.2 车身局部刚度

微课视频：
车身刚度介绍

承载式车身结构是车辆的承载基础，也是车辆零部件安装固定的基础，因此车身结构上设计布置了众多用于零件安装的固定点。车身安装点刚度体现了零件安装位置的刚度性能，是车身重要的性能考察项。通过车身安装点刚度分析有助于在车身设计阶段评估安装点性能并优化提升性能指标。

车身安装点重点是考察安装面法向刚度性能，由于车身结构安装的零部件多，安装点法向布置与车辆整体坐标方向往往存在不一致的情况。因此，车身安装点刚度分析需要结合每个安装点的位置分布，创建局部坐标系。理论上，每个安装点应创建一个局部坐标系。为方便加载和结果后处理，参照分析规范并规定局部坐标的 Z 轴沿安装孔的法线方向且方向朝外，安装孔平面构成局部坐标的 XY 平面。

结合车身安装孔刚性试验和车身底盘连接关系，车身刚度分析通常约束车身前后支柱连接孔中心 123 自由度。在局部坐标下对车身关键安装点施加 200N 的法向载荷，并测量加载点的法向位移。车身安装点刚度涉及几十甚至上百个分析点，实际分析应用中推荐采用一个模型设置多个工况并输出一个计算模型的方式。这种方式可以有效节省项目计算总时间，同时也方便模型和结果文件的管理。如图 5-11 所示，该白车身安装点刚度分析包括前后车门上下铰链安装点、座椅安装点、雨刮器安装点、发动机罩铰链安装点、冷却水箱安装点和灯具、蓄电池等安装点，模型共计 81 个分析点。安装点刚度是单独考察每个安装点刚度性能，这就要求每个加载具有独立性，互不影响。

首先，针对车身安装点的螺栓孔建模中需要创建 washer 孔，并用 rbe2 将螺栓孔内外圈节点进行连接。参照局部坐标创建方法，在每个螺栓孔中心创建局部坐标，局部坐标的 Z 向与螺栓孔法向一致。其次，根据安装点刚度性能试验和仿真规范，分别创建 81 个载荷加载组和 1 个约束组。最后，每个安装点的法向载荷对应一个载荷组，而 81 个载荷组共用一个约束条件，组成 81 个工况组，其部分工况展示如图 5-12 所示。需要注意的是，由于车身安装点刚度分析的位置较多，模型中的载荷组、工况组命名需要准确表达分析的点位信息，以便后续结果读取和更新管理。例如，本案例中的 Hood-Lock-3-90025786 即表示发动机罩锁的第 3 个安装孔位置，其中心节点编号为 90025786。其他分析工况的命名也同样是对工况分析位置的信息表达。

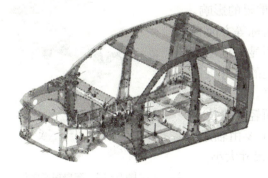

图 5-11 车身安装点刚度工况　　　图 5-12 车身安装点刚度分析部分工况

完成模型分析计算并在 HyperView 中导入模型文件和结果文件，在后处理界面中，将结果类型选择为位移（displacement）并且指定方向为 Z 向。将坐标系（system）设置为用户坐标（user system）选项并选择结果查看位置对应的局部坐标系，即表示结果读取数据是在安装点局部坐标系下的位移值。以某车型前门上铰链 1 号安装孔刚度为例，完成上述设置并查看分析结果如图 5-13 所示。结果数据显示，前车门上铰链 1 号安装孔局部坐标系下 Z 向位移为 –0.134mm。因为加载力的方向是沿局部坐标 –Z 方向，最大位移值在局部坐标下为负是正确结果。根据安装点刚度分析规范，加载点的载荷为 200N，其对应位移的绝对值为 0.134，因此该安装点的局部刚度值为 k = 200N/0.134mm=1492N/mm。按照类似的方法，分别读取车身每个安装点在其局部坐标系的位移值，即可计算各安装点的刚度值。

图 5-13　车身安装点位移

3.3　车身轻量化系数介绍

车身结构是整车的关键系统之一，尤其是乘用车领域广泛采用的承载式车身结构，其车身不仅是整车各零部件的安装基础，也是整车强度耐久性能、整车安全性能、整车 NVH 性能等性能的基础和重要保障。因此，车身结构在整车质量占比中也具有重要分量。通常，承载式车辆结构中，焊接车身总成结构占整车质量的 30% 左右。正因为如此，车身结构轻量化设计往往是整车轻量化最重要和最关注的领域。

我们知道，车辆除了材料选用、生产制造工艺、车身结构设计会影响车身质量外，车身尺寸也是重要的影响。由于不同车辆在尺寸设计、功能定位和性能指标等方面有不同的要求，车身结构尺寸、车身性能差异明显。正是因为不同车型之间有这么明显的差异，依靠单纯的车身质量难以客观地反映车身结构轻量化技术应用水平。那么如何评价不同车身结构在结构设计、生产制造方面轻量化技术水平呢？如图 5-14 所示，车身结构设计中主要由轴距、轮距以及车身高度等尺寸参数来衡量车身整体尺寸大小。

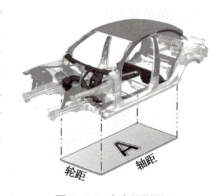

图 5-14　车身投影面积

技术研究和汽车生产应用发现，车身扭转刚度是衡量车身结构性能的重要参数，也是车身模态、车身耐久性能设计的基础。为综合评价车身尺寸、车身性能要求差异等条件下车身轻量化水平，行业中引入车身轻量化系数作为评价车身轻量化技术的参考指标。车身轻量化系数如公式（5-1）所示，主要以车身质量（kg）和车身扭转刚度与投影面积的乘积比值进行评价。

$$L = \frac{m}{C_T A} \times 10^3 \qquad (5-1)$$

式中，m 为白车身焊接总成（BIW）的质量，单位为 kg；C_T 代表车身扭转刚度，单位为牛·米每度 [N·m/（°）]；A 为图 5-14 所示的车身结构轮距、轴距投影相乘所得的面积，单位为 m^2；经量纲计算，白车身轻量化系数 L 的单位 kg/[N·m·m^2/（°）]。

白车身轻量化系数的概念最初是由宝马公司提出，目前已经成为汽车行业普遍认可的评价白车身轻量化水平的参数。由轻量化系数的定义可知，轻量化系数越小，表示白车身轻量化水平越高。白车身轻量化系数小，则说明车身质量一定时，获得了更大的车身扭转刚度或者车身尺寸结构设计，即以一定的车身质量，获得了高的车身性能或者获得了较大车身尺寸空间。

3.4 部件系统刚度介绍

除车身结构以外，前后车门、尾门、发动机罩、底盘零部件等部件系统都有相应的刚度性能要求。以尾门为例，尾门系统刚度分为整体刚度和局部刚度两种类型，整体刚度包括尾门弯曲刚度、扭转刚度和侧向刚度等。局部刚度主要用于考察尾门铰链安装点、锁扣点、支撑杆安装点、刮水器安装点等位置局部刚度。尾门扭转刚度主要考察尾门整体结构抗扭转变形的能力。如图 5-15 所示为某尾门扭转刚度分析模型和位移结果。图 5-15a 的分析模型包括尾门本体和铰链结构。约束铰链与车身连接螺栓孔中心 123456 自由度，约束尾门锁扣中心 123 自由度。分别在尾门下缓冲块位置施加大小相等方向相反的集中载荷，集中载荷作用形成的力矩为 200N·m。左右缓冲块距离为 1200mm，根据加载力矩计算，左右缓冲块加载的集中载荷大小为 166.7N。

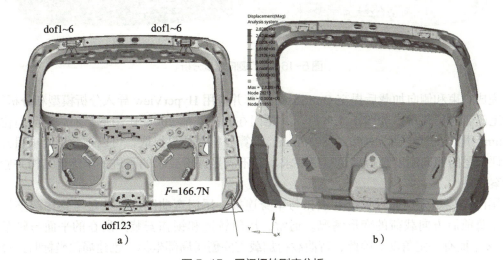

图 5-15 尾门扭转刚度分析

扭转刚度通常是考察单位扭矩作用的结构扭转角度，因此需要将结构位移变形转化为扭转角度。由式（5-2）正切函数可知，转角的正切值等于加载点位移量与加载点间距的比值。因此，扭转刚度采用式（5-3）进行计算。

$$\tan\theta = \frac{\Delta}{L} \tag{5-2}$$

$$k = \frac{T_{or}}{\theta} = \frac{FL}{\arctan(\Delta/L)} \tag{5-3}$$

应用 HyperView 导入分析模型和分析结果，提取尾门扭转位移量。左右加载点沿加载方向的位移值分别为 2.55mm 和 2.54mm，如图 5-15b 所示。尾门扭转刚度计算中同样需要将扭转位移转换为扭转角度，其中扭转角度和尾门扭转刚度计算方法仍可参考公式（5-2）和公式（5-3）执行。本案例中，左右加载点位为 5.09mm，加载点间距为 1200mm，计算尾门扭转角度为 0.243°，尾门对应的扭转刚度为 823N·m/°。

尾门侧向刚度主要考察侧向载荷作用下尾门整体结构的抗变形能力。如图 5-16 所示为某尾门侧向刚度分析模型及位移结果。图 5-16a 所示的尾门侧向刚度分析模型包括尾门本体和铰链结构。约束铰链与车身连接螺栓孔中心 123456 自由度，约束尾门锁扣中心 13 自由度。由于侧向刚度的载荷是沿车身 Y 向施加，所以加载点需要释放 2 方向的自由，允许尾门沿作用力方向移动。在锁扣中心沿 Y 向施加 200N 的集中载荷。

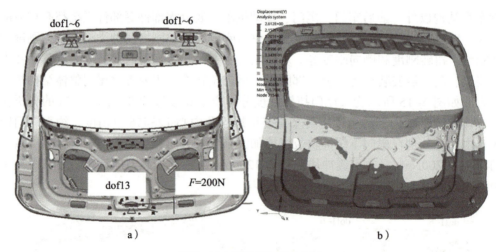

图 5-16 尾门侧向刚度分析

完成约束和侧向加载后提交 OptiStruct 计算并应用 HyperView 导入分析模型和分析结果，查看尾门侧向位移量。如图 5-16b 所示，尾门在侧向载荷 200N 作用下，加载点侧向位移为 2.24mm，尾门对应的侧向刚度为 89N/mm。计算分析和结果提取，可以结合不同项目开发需要，评价尾门侧向刚度是否满足目标要求，对不满足评价要求的需进一步优化结构并验证优化方案效果。

尾门安装是分别通过铰链和锁扣与车身连接，尾门弯曲刚度主要是考察尾门整体结构承受车身前后方向载荷的变形情况。通常，尾门铰链和锁扣安装点所在的平面与整车坐标的 Y-Z 平面有一定角度。因此，弯曲载荷加载需要创建局部坐标。创建局部坐标时选择锁扣中心点为坐标原点，锁扣中心点与左右铰链安装孔中心点连线为 X 轴，锁扣点和左右铰链点所在平面为 X-Y 平面。由此创建的局部坐标 Z 轴即为尾门加载点的法向方向。

尾门弯曲刚度测试和仿真模拟尾门与车身上下安装状态如图 5-17a 所示，约束铰链安装孔 123456 自由度，约束锁扣中心 12 自由度。在尾门左右支撑杆安装孔位置，沿局部坐标 Z 轴加载 200N。完成尾门弯曲刚度分析约束和加载后提交 OptiStruct 计算，分析结束后应用 HyperView 导入分析模型和分析结果，查看尾门在弯曲载荷作用下的法向位移量。如图 5-17b 所示，尾门结构总的受载载荷为 400N，尾门整体弯曲载荷加载点最大位移为 2.5mm，尾门对应的弯曲刚度为 160N/mm。

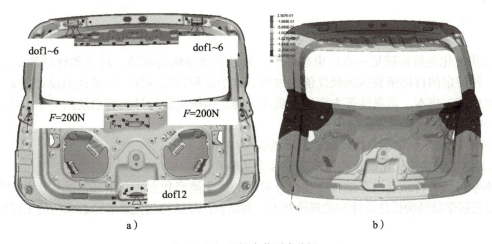

图 5-17 尾门弯曲刚度分析

尾门弯曲刚度分析结果测量的位移取值为加载点的位移量，其原因是加载点设计有加强板结构，加载点局部刚度对测量结果影响不大。此外，如果加载区域局部刚度较差，通常推荐选择载荷加载线与尾门外板的交点作为位移分析结果的测量点。也可以参考尾门弯曲刚度测试中测量点作为分析结果提取的测量点，这样的测量更有利于仿真计算与试验对标。

复习与思考

1. 请简要说明结构刚度的概念。
2. 请简要说明车身整体刚度内容。
3. 请简要说明车身轻量化系数的定义。

任务 4　结构优化基础理论介绍

4.1　任务导入

结构优化是指在满足一定约束条件下,通过调整结构的布局、尺寸和材料等设计参数,使得某种特定的目标函数达到最优值的过程。这个过程旨在寻找一种最优的设计方案,使得结构在性能、成本、可靠性等方面达到最佳平衡。结构优化设计是有系统的科学方法,并且在工程技术领域已有成熟的应用。

1) 你知道车辆结构常用优化包括哪些类型吗?
2) 你了解结构优化设计的基本理论和方法吗?

本学习任务将结合汽车结构优化设计常用的优化类型和方法介绍基本结构优化和相关理论,以拓展学员结构优化设计相关理论知识。并结合产品结构优化培养精益求精的工匠精神。

4.2　结构优化基本认识

结构优化技术(Structural Optimization Design),在不同文献书籍里概念解读不同,但意思都是一样的,就是在实际边界条件下,按照工程设计目标(质量最小、刚度最大、成本最低)得出最佳设计方案的技术。它是一门综合性的学科,涉及的领域非常广泛。其最早可以追溯到 19 世纪的无约束桁架最优结构布局问题,到 20 世纪中叶有人提出可以处理一些简单问题的"同步极限准则",但这个准则具有非常大的局限性,后来又有人提出"满应力设计准则",但是在处理不静定结构时同样受限。直到 20 世纪 70 年代初,才有人提出现代结构优化技术理论,随着科技的进步和计算机工程软件的高速发展,结构优化技术在理论模型研究和数值方法的实现上取得了巨大的进步,结构优化技术逐步成熟起来。时至今日,结构优化技术已经渗入航天航空、土木建筑、交通运输、装备制造等各个工程领域,几乎所有主流商用软件如 ANSYS、Abaqus、Nastran、HyperWorks 等都具备了非常完善的结构优化设计模块,极大地促进了结构设计技术的发展。

结构优化设计其实可以分为两个阶段:概念设计阶段和详细设计阶段。概念设计属于产品研发初期,而详细设计属于研发后期,简单地说,概念设计就是先得出结构的基本形状,详细设计就是在此基础上做更加细化的设计。概念设计阶段的结构优化技术有拓扑优化(Topology)、形貌优化(Topography)和自由尺寸优化(Free Size)。详细设计阶段的结构优化技术有尺寸优化(Size)、形状优化(Shape)、自由形状优化(Free Shape)。总体而言,结构优化技术大体上可以分为三种:拓扑优化、尺寸优化和形状优化。

4.2.1 拓扑优化

拓扑优化的核心思想是在给定工程结构和边界条件下，通过设计材料的分布，改变物体的拓扑结构，从而达到减小体积、减小质量、提高强度等实际应用需求的目标。其基本流程包括建立结构模型、定义设计目标和限制条件、设计初步材料分布、评估设计结果、调整并继续迭代，直到满足设计要求。

拓扑优化方法主要包括两类：有限元法（FEA）优化和 Level-set 方法。前者将结构划分成许多小单元进行离散，并用有限元法计算物理量，然后使用优化算法寻找最优设计。后者基于曲线与表面演化，对具有重叠、断开等不规则特性的形状进行描述，然后通过流体演化方程求解。

拓扑优化应用广泛，如建筑物结构、车身设计、飞机零件、医学设备、柔性机器人、微电子器件等领域。例如，利用拓扑优化技术设计轻量化空气动力学支架和导航系统，在保持机载设备良好性能的前提下降低油耗和碳排放，成为改善航空工业环保问题的一种途径。

4.2.2 尺寸优化

尺寸优化方法用于探索超出设计者经验的新的结构形式，有助于零件的结构创新。其重要特征是结构形状和拓扑构型在优化设计之前就已知，并且在整个优化设计过程中保持不变。优化目标一般是零件的最小质量的尺寸形式，要求其必须满足一定的约束条件，如强度、静力、动力等。尺寸优化问题的另一种表述是在给定的结构质量下，寻求使结构强度、刚度等力学性能最优的尺寸形式。尺寸优化是结构优化中最简单的一类优化问题，设计变量与目标函数和约束条件之间一般存在较为简单的数学表达关系，并且在结构优化过程中基本不需要重新划分网格。无论是数学规划法还是准则法都可以十分方便地求解尺寸优化设计问题。近年来，优化准则法和数学规划法相互结合，形成了序列近似规划法，在结构尺寸优化中取得了很大的成功。利用这种优化设计，设计者可以对结构局部尺寸进行优化，达到诸如材料用量最少、某处变形最小、降低应力集中程度等目的。经过几十年的研究，尺寸优化设计已经发展得十分成熟，并且在航空航天、建筑工程、船舶和汽车设计等方面得到了广泛的应用。

4.2.3 形状优化

形状优化的研究起步比尺寸优化稍晚。早期的形状优化开始于桁架结构的设计。1968年，C.A.康奈尔提出一种有运动极限的序列线性规划算法用于求解使结构性能最优的杆件面积和节点坐标。19 世纪 70 年代初，N.L. 彼得森以杆件截面积和节点坐标为设计变量，先后提出了单工况下平面桁架的形状优化方法和多工况下空间桁架的形状优化方法。1973 年，O.C. 辛克维奇和 J.S. 坎贝尔利用有限元将连续体结构离散化，并将有限元单元节点坐标作为设计变量，首次实现了连续体结构的形状优化。在此之后，许多新的形状优化方法不断涌现出来。计算机科学技术的进步也推动了形状优化技术的发展。

相对于尺寸优化而言，形状优化既可改变结构组件的尺寸，也可改变结构边界的形状。由于在迭代求解过程中结构的边界形状不断变化，因此在形状优化过程中一般需要不断更新或者重新划分有限元网格。形状优化设计中另一个关键问题是结构边界的描述模型，一般是通过某种方式将结构边界参数化或者离散化，从而实现结构边界的演变。例如，通过设计边界控制点来改变结构的形状，在优化过程中，设计变量是控制点的坐标；还可用某种具有待定参数的曲线函数描述结构边界，通过确定这些参数获得结构边界。另外，也可采用水平集模型实现边界形状的定义和优化。结构形状优化设计如今已经在航空航天、土木建筑、船舶、汽车等领域得到了广泛应用。

4.3 结构优化基础理论

如何在多种具有利益冲突的条件下寻找最合理解决方案是工程设计领域最重要也是最困难的事情。产品性能与产品成本之间如何选择一个合理平衡方案，往往需要结合多种条件相互比较论证才能获得。而这一过程，又无疑是一个影响产品开发周期和产品开发成本的过程。基于这样的设计需要，从应用数学的角度研究多边界、多目标条件下的最优解问题得以快速发展并陆续取得丰富的成果。例如，在最简单的情况下，优化问题包括通过系统地从允许的集合中选择输入值并计算函数的值来最大化或最小化实函数。

经典的优化设计过程包括：选择设计变量、分析设计指标、评估设计结果、确定控制边界或者条件（如成本、需求、周期等）、获得满足需求的设计效果、再验证设计产品性能指标。OptiStruct为工程师提供有效的概念设计工具，最大限度地减少"重新设计"成本和上市时间。基于优化设计过程所涉及的输入与约束，OptiStruct优化工具包括以下内容。

设计变量：设计变量是指影响产品结构设计的因素，一个设计结构可以包括多个变量。OptiStruct对设计变量的定义为 $Y_i^L \leqslant Y_i \leqslant Y_i^U$，其中，$L$ 和 U 分别代表变量的上下限，i 代表变量数，$i=1, 2, 3, \cdots, N$。

响应量：响应量是反映变量在约束状态下，与结构考核指标结果相关的量。响应量可以是一个，也可以是多个，通常可以定义为：$J, J=1, 2, 3, \cdots, M$。

约束条件：约束条件是结构设计结果需要遵循的要求，也就是设计结果必须满足的目标要求。约束条件可以是一个，也是可以多个。约束参数可以定义为函数：$G_j(Y) \leqslant \text{data}$，$j=1, 2, 3, \cdots, M$。其中，约束条件中的参数与响应参数对应。

目标函数：目标函数是定义满足边界条件要求下的结构的目标参数的函数 $\min f(y)$，如材料最少、成本最少等。例如，以求解满足条件要求的某最小值优化方程可以表示为如式（5-4）所示。

$$\begin{cases} \text{Minimize:} \ f(Y) = f(y_1, y_2, \cdots, y_N) \\ \text{Subject to:} \ g_j(Y) - g_j^U \leqslant 0 \quad j=1, 2, \cdots, M \\ \qquad\qquad\ y_i^L \leqslant y_i \leqslant y_i^U \quad i=1, 2, \cdots, N \end{cases} \quad (5-4)$$

此外，约束条件 $G_j(Y)$、目标函数 $F(Y)$ 可以是线性方程，也可以是非线性方程。例如，$y^3 - y^2 x + xy = 0$ 等。

复习与思考

1. 请简要说明结构拓扑优化的基本原理。
2. 请简要说明结构拓扑优化的变量及意义。

任务 5 模态性能仿真实践

5.1 任务目标

副车架等部件总成是车辆底盘系统的重要组成部分，副车架系统既是车辆重要的承载结构，也是传递车辆振动和影响整车 NVH 性能的部件系统之一。因此，模态性能是副车架产品开发重点考虑的性能参数之一。

1）你了解副车架模态频率及振型的特点和意义吗？
2）你是否可以正确模拟和评估副车架模态性能？

本任务以虚拟仿真的形式引导学生动手完成副车架总成模态仿真，结合仿真结果，深入理解副车架模态频率、振型等参数特征，增强学生对副车架结构振动、固有频率等知识的理解。培养和提升学生动手能力，增强团队协作精神，以虚拟仿真教学培养学生绿色环保发展意识。

5.2 任务分析

5.2.1 任务目标解读

模态是弹性结构系统固有的、整体的振动特性。副车架结构的每一个模态具有特定的固有频率和模态振型。这些模态参数可以由仿真计算或试验分析的方式获得，其中仿真计算是以副车架结构的几何设计、物理参数、连接关系、边界条件等基本条件为前提，建立合理的仿真模型，并求解计算。

本实践任务以现有副车架仿真模型输入为基础，检查模型连接、零件材料信息、零件厚度信息，设置分析工况和边界条件、提交分析计算然后整理分析结果并形成副车架模态仿真报告。完善基础实践练习，可进一步调整零件板料厚度、修改零件材料等参数并重新仿真并记录结果。对比不同材料、不同板料厚度对副车架模型和振型的影响。

5.2.2 任务内容

本实践案例以某承载式车身前副车架模型为基础，开展副车架模态仿真分析并整理形成分析报告。进一步结合仿真实践效果，鼓励学生尝试修改材料参数、零件厚度等信息，仿真并对比参数修改对副车架结构模态的影响。本任务主要实践内容如下：

1）熟悉仿真模型导入和基本操作技能。

2）检查模型连接、模型材料、零件厚度等基本信息。
3）设置分析工况和分析边界条件。
4）使用基本后处理工具，查看分析结果。
5）整理分析数据，完成分析报告编写，对比材料参数、厚度参数的影响。

5.3 实施计划

副车架系统模态仿真分析实践任务以小组为单位完成。通过小组实践活动，培养团队分工合作、相互协作的团队精神。实训小组充分发挥头脑风暴、交流讨论优势，深入理解实践任务的理论背景，培养实践操作能力。为促进高质量完成实践任务，达到实践目标，实践小组制订实施计划，包括基础理论回顾、实践任务分解、小组分工、方案设计、讨论决策等内容。小组活动实施计划参照表 5-4 完成记录。

表 5-4 实施计划记录

班级：		组长：	任务名称：
组员：			
成员任务职责	组长负责本学习任务的组织、决策、安全管理等 组员负责： 1. 安全监督以及完成组内其他学习任务 2. 工具备料以及完成组内其他学习任务 3. 技术资料以及完成组内其他学习任务 4. 常规操作以及完成组内其他学习任务 5. 文本记录以及完成组内其他学习任务		
任务实施计划	实施计划： 1. 成员任务分工、团队协作 2. 任务目标分解与讨论 3. 任务实施结果与讨论分析 4. 任务实施记录整理提升		

5.4 任务实施

5.4.1 实施准备

本次实践任务实施前根据任务内容和要求，完成基础模型下载，材料信息、零件厚度等基础信息收集整理。熟悉汽车构造、汽车零部件产品，尤其是副车架结构特点、连接关系等内容。完成与实践内容关系密切的模态仿真流程、模态仿真工具和仿真结果读取等操作技能训练，熟悉办公软件、图形软件、数据分析软件等基本操作技能。

5.4.2 实施过程记录

本任务实施过程及各阶段工作内容记录参照表 5-5 所示的实施记录表执行。

表 5-5 实施记录

流程序号	任务流程及描述	完成情况	
1	小组确定：明确成员、任务、职责	□是	□否
2	主题明确：明确工作内容、知识点和技能要求	□是	□否
3	工程流程：熟悉模态仿真工作流程，检查基础参数	□是	□否
4	工具应用：熟悉模态仿真工具操作技能	□是	□否
5	结果处理：确认数据信息、参数信息，编写报告	□是	□否
6	总结讨论：差异对比讨论、总结经验	□是	□否
7	持续改善：团队协作、持续改善、全过程 5S 管理	□是	□否

5.5 任务评价

5.5.1 小组自评

各小组对照表 5-6 所示检查项目任务实施执行情况，对项目实施过程进行再次检查确认，注重任务完成质量，完成实践自评并记录。

表 5-6 任务实施自评

流程序号	任务流程执行检查与评价	完成情况	
1	小组确定：明确成员、任务、职责	□是	□否
2	主题明确：任务主题明确，基础知识储备良好	□是	□否
3	工程流程：工程流程是否熟悉，是否理解流程意义	□是	□否
4	工具应用：是否熟悉仿真工具的基本操作	□是	□否
5	结果处理：参数数据的准确性、完整性	□是	□否
6	总结讨论：讨论分享、总结经验	□是	□否
7	持续改善：团队协作、持续改善、全过程 5S 管理	□是	□否
8	总体评价：小组实践任务总体自评是否合格	□是	□否

5.5.2 教师评价

教师根据各小组项目完成情况，参照表 5-7 清单对任务实施进行质量检查，并对各小组任务实施过程中所存在的问题提出改进措施与建议。

表 5-7　教师检查评价

效果评价表			
班级：	组名：	成绩：	
实践任务名称：			
评价项目		分值分配	教师评价
职业素养（25 分）	团队协作能力	10	
	计划组织能力	10	
	质量意识	5	
职业技能（65 分）	任务理解与计划完整性	10	
	任务执行完整性	20	
	任务完成质量	20	
	讨论与总结归纳	15	
绿色安全考评（10 分）	落实"5S"、绿色节能意识	10	
存在问题及改进措施			

5.6　调整改进

任务实践小组成员和指导教师结合实践任务完成情况，整理任务实践中存在的收获和不足。重点针对任务实践发现的不足，制定调整改善方案，讨论调整方案可行性，并进一步完善实践训练。本实践任务总结反思和改进设计记录如下：

1. 记录本次实践任务的主要收获、重点、难点和不足。针对不足有何思考和建议？

_____

_____

_____

2. 结合调整方案和建议讨论，记录和整理小组讨论结果，向指导教师汇报调整方案。

_____

_____

_____

3. 结合调整实施方案，进一步完善实践训练，验证任务实践调整方案效果。完成方案实践记录并对比方案调整的实践效果。

___

___

___

拓展阅读

以科教融汇促进科学素养培养

党的二十大报告强调，"统筹职业教育、高等教育、继续教育协同创新，推进职普融通、产教融合、科教融汇，优化职业教育类型定位"。其中，关于"科教融汇"的新提法引起各方广泛关注，是指科技元素与职业教育的深度融合交汇，增强技能人才可持续素养培养，促进职业生涯可持续发展。科技是国家强盛之基，科教融汇为职业教育发展注入新动能，为职业教育改革指明了方向。

科教融汇对于深化现代职业教育体系建设改革起到重要作用，是未来职业教育的重中之重。深入贯彻党的教育方针，促进现代职业教育体系建设，推动科教融汇实践，最终形成科技赋能现代职业教育人才培养创新，带动经济社会高质量发展。职业教育的科教融汇主要指的是将科学技术研究与职业教育教学相结合，以科技引领职业教育发展，增强职业教育适应性。新一代信息技术、数字技术、数字经济等前沿科技正在以前所未有的深度和广度迅速渗透到社会的各个方面。新的历史条件下，以科技引领职业教育发展，不仅可以不断加强职业教育的适应性，还可以不断增强技能人才科学素养，促进职业生涯可持续发展和适应产业转型升级要求。

新能源汽车轻量化技术

项目 6 结构仿真优化案例介绍

车辆结构以及机械产品结构性能主要包括固有频率、刚度、强度、稳定性等内容,这些性能决定了结构承受外部载荷的响应方式和承载能力。例如,结构固有频率和振型决定了结构在外部激励下的自身响应,结构的刚度则决定了它对变形的抵抗能力。任何结构设计都不是一蹴而就的,而是在不断的优化中完善和提升。我们如何应用仿真工具模拟结构基本性能,当零部件性能不满足设计目标,如何进行优化改进设计是工程应用中最常见的问题。本项目以典型结构基本静力学分析为基础,介绍典型的结构优化设计方法及案例应用,主要包括拓扑优化、形貌优化等常用结构优化方法和优化工具的使用。

项目目标

学员完成本项目学习应当达到以下学习目标。

知识目标

- 理解结构刚度和模态的意义。
- 理解机械结构常用性能指标及仿真方法。
- 理解结构拓扑优化、形貌优化的方法和作用。

技能目标

- 能正确应用仿真工具完成简单结构刚度和模态仿真。
- 掌握结构拓扑优化流程,完成结构拓扑优化。
- 掌握形貌优化流程,完成支架结构模态形貌优化。

职业素养目标

培养追求卓越、持续改进、精益求精的工匠精神。

任务 1　结构静力分析优化

1.1　任务导入

机械结构性能主要包括静力学、运动学和动力学等方面，是反映结构承受各类载荷的响应特性。静力学主要是研究质点系及结构受力作用时的平衡规律。静力学问题在工程技术领域有广泛的应用，如设计房梁的截面轮廓时，一般须先根据平衡条件由梁的受载条件求出未知的约束力，然后再进行梁结构的强度和刚度分析。

1) 你知道简单结构静力学中主要关心哪些物理量吗？
2) 你知道如果应用仿真方法获得结构静力学特性吗？

静力学有限元分析广泛应用于现代工程设计领域，尤其是机械结构刚性和强度等性能仿真计算。本任务结合典型零部件静力学加载案例，介绍结构静力学性能仿真分析和性能优化。结合结构性能优化培养追求精益求精的职业精神。

1.2　C形结构静力分析

如图 6-1 所示，某 C 形钣金零件结构，左侧端点 C 和 D 受固定约束条件，GH 为零件的对称轴线，钣金零件厚度为 1mm，右侧 C 形槽端点 A、B 分别承受载荷为集中力 $F = 100\mathrm{N}$ 的作用，试求解要求加载点位移小于 0.07mm。其中材料弹性模量为 $E = 210\mathrm{GPa}$，泊松比 $\nu = 0.3$，材料密度为 $\rho = 7.85\mathrm{kg/m^3}$。

微课视频：
拓扑优化分析
演示

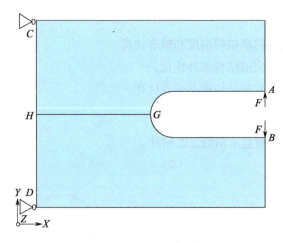

图 6-1　C 形结构受载示意图

分析零件受载情况，该问题属于求解零件结构承受典型稳定载荷（静态载荷）作用对应的结构位移分布。本案例应用 OptiStruct 线性问题求解分析功能，首先完成零件有限网格划分得到如图 6-2 所示的有限元网格模型。结合零件设计的对称型，有限元建模也采用对称建模的方式完成。

完成零件有限网格处理，开定义边界条件。根据问题求解要求，零件在左侧端点 C、D 位置采用固定约束，右侧 A、B 位置施加集中力 F 的作用。同时为了体现结构的对称性，在对称轴线端点 G、H 施加对称约束。为创建约束和载荷，首先应用

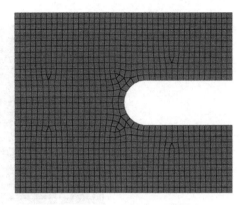

图 6-2　C 形结构有限网格模型

HyperMesh 的 Load collector 模块创建载荷组，如图 6-3 所示。边界约束和加载载荷分别属于两个不同类型的组，需要分别创建，其创建方法类似。进入创建模块，分别设置组的名称，并将 card image 设置位置 no card image。

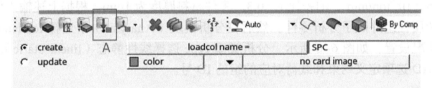

图 6-3　C 形结构有限元模型

完成载荷组创建后即可进入分析模型的边界设置。如图 6-4 所示，设置边界条件需要在 HyperMesh 分析模块（Analysis）进行。分别在分析模块中的 constraints 模块定义模型边界约束条件。然后进入 froces 模块进行载荷加载。值得注意的是，进行约束和加载设置时，载荷组选项要与设置内容对应。

load types		interfaces	control cards	○ Geom
constraints	accels		output block	○ 1D
equations	temperatures	entity sets	loadsteps	○ 2D
forces	flux	blocks		○ 3D
moments	load on geom	contactsurfs	optimization	● Analys
pressures		bodies		○ Tool
		nsm	OptiStruct	○ Post

图 6-4　边界设置

根据本案例特点，该 C 形薄板结构在位移求解仿真过程进行必要的简化，采用平面单元建模分析。零件左侧端点 C、D 约束自由度 1、3，再结合对称结构要求，约束对称轴线端点 H、G 连点自由度 2。零件加载施加点 A、B 分别承受沿 Y 向的载荷作用，载荷大小为 100N，载荷方向相反。完成边界条件实践的零件模型如图 6-5 所示。

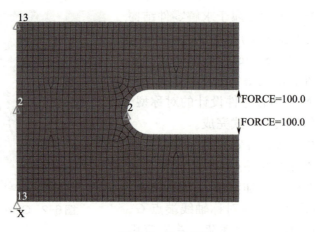

图6-5 边界条件

鉴于零件长度单位为毫米（mm），力的单位为牛顿（N），质量单位为吨（ton），则应力单位为兆帕（MPa）。根据本案例设计输入信息，创建材料参数，弹性模量 E =210000MPa，密度为 7.85×10^{-9} ton/mm³，泊松比 ν = 0.3。零件材料厚度为1mm。根据上述输入信息，创建材料信息和属性组并赋予分析零件。然后在分析模块（Analysis）下选择 loadsteps 子模块，进入分析工况设置，如图6-6所示。分析类型 type 选择线性静态（linear static），分别通过 SPC 和 LOAD 选项定义约束和载荷对应的组的 ID 号。

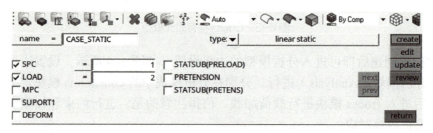

图6-6 分析工况设置

返回分析模块（Analysis）面板并选择控制卡（control cards）选项设置输出控制等参数。选项卡可以通过 prev 和 next 进行前后翻页，找到用户需要定义的输出选项。本案例分析主要考察位移情况，所以可以只设置位移输出。同时，OptiStruct 针对常规的分析内容，系统默认会输出节点位移、单元应力等物理量，因此也可以直接采用默认输出形式。另外，在 PARAM 卡片中可以设置输出类型为 op2 或者 h3d 等格式，其中默认输出类型为 h3d 格式，如图6-7所示。

MSGLMT	PRETPRM	RESTART	delete
OMIT	PFGRID	RESTARTR	disable
OSDIAG	PFMODE	RESTARTW	enable
OUTFILE	PFPANEL	RESULTS	
OUTPUT	PROPERTY	SCREEN	next
P2G	RADPRM	SENSITIVITY	prev
PARAM	RESPRINT	SENSOUT	return

图6-7 分析工况设置

返回分析模块（Analysis）面板并选择 OptiStruct 模块进入分析设置界面，如图 6-8 所示。在输入文件位置设置文件名称和存放位置，export options 用于定义模型计算输出范围，通常选择 all 以定义输出所有模型；run options 选项下包括分析、重启动、优化等选择，本案例设置为 analysis。memory options 用于定义的存储空间，通常可以采用默认设置，对于大规模计算，需要将存储空间设置在合适范围以便计算可以顺利完成。完成上述设置选择，选择 OptiStruct 进行求解分析计算。

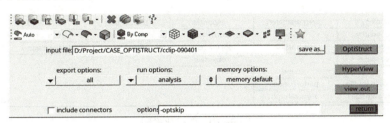

图 6-8　分析工况设置

完成仿真计算并使用 HyperView 导入模型文件 *.fem 和计算结果文件 *.op2。查看结构位移云图，如图 6-9 所示。分析结果显示，该零件在边界约束和载荷作用下，加载端位移最大，且最大位移为 0.025mm。此外，从分析位移云图分布可见，零件上下结构位移分布对称，仿真计算结果与结构设计状态吻合。

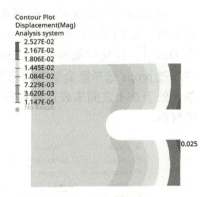

图 6-9　位移云图分布

1.3　C 形结构拓扑优化

拓扑优化（Topology Optimization）是一种研究结构在给定的负载条件、约束边界和评价指标等条件下，结构在给定区域内的材料分布优化的数学计算方法。在产品结构概念设计阶段，拓扑优化是最实用的优化方法之一。

图 6-1 所示的 C 形零件静力仿真结果显示，该零件加载点在加载载荷作用下的最大位移为 0.025mm。而设计要求是加载点位移小于 0.07mm，这表明现有设计状态存在明显的设计余量。根据输入条件分析可知，本案例是要求解 C 形钣金零件在约束边界和载荷作用下，如何使用最少的材料设计零件结构并满足加载点位移小于 0.07mm 的指标要求。该案例也是在静态分析应用的基础上进一步探讨概念设计优化。通过之前的静态分析，我们了解到零件在规定的边界和载荷作用下，加载引起的最大位移为 0.025mm。而现在对加载点位移评价指标调整为位移小于 0.07mm，随着位移考核指标的降低，说明原结构设计必然存在设计富余量。这就有了优化材料布置并减少材料使用的要求，这也是优化问题的初衷，即满足一定技术指标要求下，寻找最优结构或者最优成本等问题。本案例基于 C 形钣金结构静力学分析模型进一步开展优化分析，模型网格和基础参数设置沿用静力学分析状态。

结合 OptiStruct 拓扑优化方法，该问题的设计变量就是零件材料分布情况，在拓扑优化中对单元使用 0 和 1 表示材料的有无。所以将零件材料属性定义为设计变量，零件整体体积和加载点 A、B 的位移量作为响应变量。约束函数 $G_j(Y)$ 即为加载位移目标要求，

disp ≤ 0.07mm。目标函数 $F(Y)$ 就是求解满足条件下零件最小体积值，也就是最少的材料分布。

如图 6-10 所示，在分析面板（Analysis）选择 optimization 进入设计优化模块。OptiStruct 的优化模块包括了拓扑结构（topology）、形貌优化（topography）、自由尺寸优化（free size）、自由形状优化（free shape）以及符合条件下的优化分析等功能模块。本案例具体优化过程和参数设置如下。

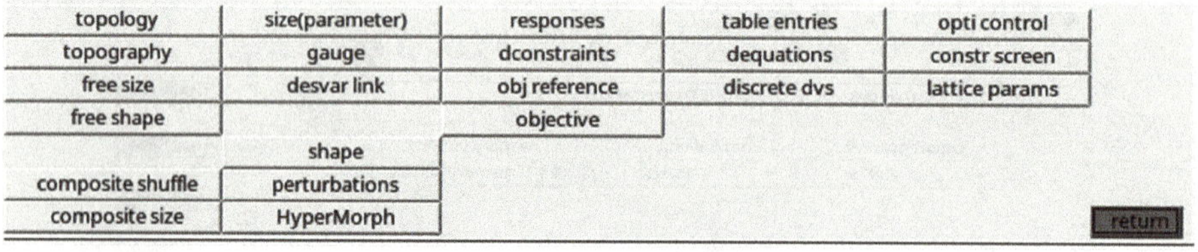

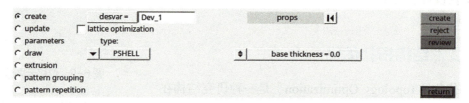

图 6-10　C 优化类型

首先创建设计变量：根据本优化案例的特征，选择 topology 优化并设置相应的优化控制条件。如图 6-11 所示，进入 topology 优化设计模块，应用 desvar 创建设计变量并命名为 Dev_1，优化对象的类型 type 选择 PSHELL（因为本案例模型采用的是 shell 单元模型），并通过 props 选择钣金结构的属性组。设置 shell 单元基础厚度为 0.0mm。根据拓扑优化采用单元处于 0~1 之间来表达材料分布情况，当单元厚度为 0 即表示单元为空白，即为可以去除的材料。

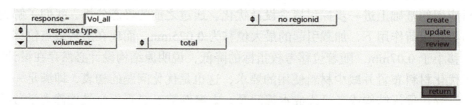

图 6-11　设计变量定义面板

接着创建优化响应：返回 optimization 界面并选择 responses 选项，设置响应变量。将零件总体积作为响应变量 1，并在响应类型 response type 选项中选择 volumefrac 和 total 选项，如图 6-12 所示。类似的，将加载点 A、B 沿 y 方向的位移作为响应变量 2 和变量 3，设置其变量类型为 displacement。

图 6-12　响应变量定义模板

继续创建控制参数：返回 optimization 界面并选择 dconstraints 选项，设置位移响应控制目标。由于加载点 A、B 载荷方向相反，其对应的位移量相对 y 轴就有正负之分。控制目标设置时需要分别定义加载 A 和 B 的控制变量。如图 6-13 所示，在 constraint 输入控制参数 1 的名称 disp_upper_A，对应的响应 response 选择加载点 A 的响应变量。通过 loadsteps 选择静力分析作为考察工况，并且对其位移指标要求选择 upper bound 选项并设置为 0.07mm。类似的方式创建加载点 B 的控制参数，其中变量选择加载点 B 的位移，其中加载点 B 是受到向 $-y$ 轴的载荷，其对应的位移应选择 lower bound 并设置位移目标值为 -0.07mm。

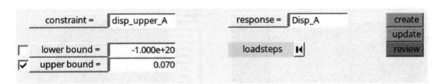

图 6-13　控制条件设置

最后定义目标函数：返回 optimization 界面并选择 objective 选项，设置求解目标为 min，对应响应为 Vol_all，即求解满足约束边界载荷下零件体积最小的材料分布特征，如图 6-14 所示。

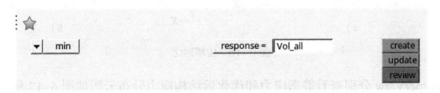

图 6-14　目标函数设置

完成设计变量、边界条件、控制参数等信息设置提交 OptiStruct 计算，其中分析类型需要设置为 optimization。完成分析计算，从 HyperView 导入运算模型和后缀名为 *_des.h3d 的结果文件。如图 6-15 区域 A 所示，查看内容设置 Design，并选到最后一步计算值。区域 B 结果类型选择 element density，并将进度条设置为 0.3，表示单元密度小于 0.3 的区域不显示，优化后的材料分布结果如图 6-15 所示。

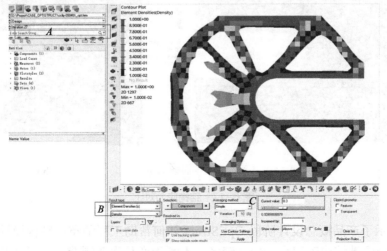

图 6-15　优化结果

再次应用 HyperView 读取分析结果，选择后缀名为 *_s1.h3d 的结果文件并导入查看优化前后结构在规定载荷下的位移情况。其中 Design0 表示基础结构的静态位移载荷如图 6-16a 所示，其 y 向最大位移为 0.029mm，优化后结构加载点 y 向最大位移为 0.069mm，如图 6-16b 所示。优化去除材料密度小于 0.3 的单元，所得结构满足 0.07mm 的位移目标要求。

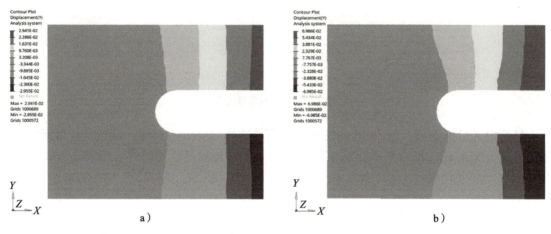

图 6-16 位移对比

应用 HyperView 分别查看静态应力和优化后结构应力分布云图如图 6-17 所示。初始结构最大应力为 55.4MPa，最大应力出现在加载区域附近，C 形槽周边应力较大，如图 6-17a 所示。优化结构仅保留了材料密度大于 0.3 的区域，结构最大应力为 7.34MPa，应力集中在保留材料区域并且与材料保留状态一致，如图 6-17b 所示。

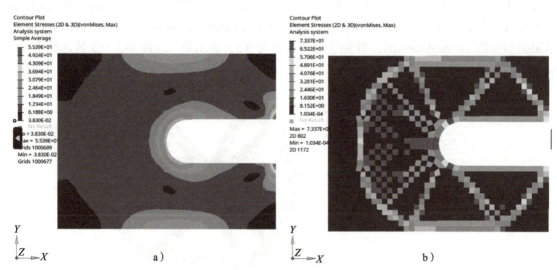

图 6-17 结构应力对比

本案例展示了产品概念设计阶段 OptiStruct 如何帮助工程师布局结构设计。仿真结果也表明还存在部分区域结构较细小，分支较多，不利于产品生产制造。为了让产品设计便于生产制造，必须满足相应的制造要求。为此，我们可以进一步添加约束条件控制结构优化效果。如图 6-18 所示，返回设计变量模块，对板料厚度的设计变量增加参数控制，设计最小尺寸为 5mm 并使用 update 进行参数更新。完成参数更新设置并再次提交计算分析。

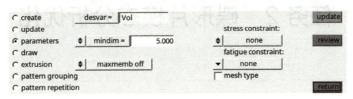

图 6-18　约束参数控制

导入分析结果并选择最后迭代步，去除材料密度小于 0.3 的单元，得到如图 6-19 所示的优化结构。对比分析表面，是最小尺寸参数控制约束的优化结构材料分布更合理，各连接筋分布相对均匀，且最小尺寸均大于 5mm，方便加工制造。该优化结构在工程设计上更具有可行性和良好的制造工艺性。因此，概念设计阶段的结构优化设计，更需要综合考虑产品工况、制造因素等条件，设置必要的约束参数，让优化结构更理想。

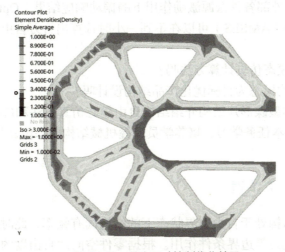

图 6-19　最小尺寸控制优化结果

复习与思考

1. 请简要说明结构刚度仿真计算的基本流程。
2. 请简要说明结构拓扑的基本流程。
3. 请简要说明工艺尺寸约束对拓扑优化的意义。

任务 2　碟形片模态分析优化

2.1　任务导入

模态是弹性结构系统固有的、整体的振动特性。线性结构系统的自由振动被解耦为正交的单自由度振动系统，对应系统的相应的模态。每一个模态具有特定的固有频率和模态振型。这些模态参数可以由计算或试验分析的方式获得，这个计算或试验分析过程称为模态分析。通过结构模态分析法，可获得机械结构在某一频率范围内各阶次模态的振动特性，以及结构在此频段内受内部或外部各种振源激励作用下的振动响应结果。OptiStruct 拥有的自动化多级子结构特征值求解器（AMSES）可以在不到一小时计算出百万自由度模型的成千上万阶模态。

1) 你了解常见结构模态仿真计算方法吗？
2) 你了解如何以结构模态为目标优化产品结构设计吗？

本学习任务将结合典型碟形片结构介绍结构自由模态仿真方法和应用，结合模态目标优化零部件结构设计。结合本任务学习，培养学员掌握机械结构模态仿真基本岗位技能。

2.2　碟形片自由模态仿真

自由模态是指机械结构处于自由边界状态下的结构固有频率，此时结构振动特性未受到任何位移或力等边界条件作用。根据零件空间六自由度约束原理可知，自由模态的振型会出现固有频率为 0 的模态，称为刚体模态。刚体模态主要表征了零件结构在控制三个平动和三个转动自由运动的状态。自由模态分析就是对待分析结构不施加边界约束下进行的结构模态仿真计算，其刚度模态不是绝对的 0Hz，其他各阶模态均为结构固有弹性模态。如图 6-20 所示，碟形零件采用普通低碳钢生产，材料厚度为 1.5mm，零件给定区域配置集中质量。应用 HyperWorks 工具完成零件有限元建模、结构自由模态分析和模态振型分析结果查看。

应用 HyperWorks 建模工具，结合零件设计进行分组建模，以弹性模量 $E=200\text{GPa}$，泊松比 $\nu=0.3$，密度 $\rho=7.85\times10^{-9}\text{ton/mm}^3$ 创建钢材材料参数，并根据碟形零件几何厚度创建属性组，基础模型目录树如图 6-21 区域 B 所示。

微课视频：
模态优化分析
演示

图 6-20　碟形片自由模态

完成模型创建和基本属性赋值，通过如图 6-20 区域 A 的 load collectors 选择创建自由模态分析载荷，定义载荷名为 Mod，通过 card image 下拉菜单选择稀疏矩阵模态计算方法 EIGRL。

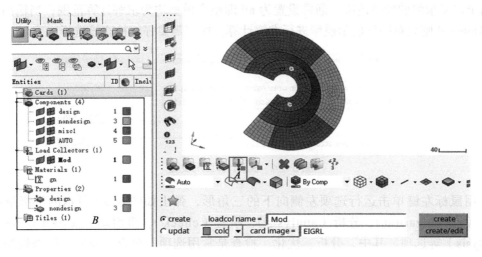

图 6-21 建模基础设置

模态计算需要定义计算范围，通过 create edit 选择进入图 6-22 所示的模态计算边界设置面板。V1，V2 用于定义模态计算的频率范围，ND 用于定义模态输出振型阶数。本案例中对分析零件的模态频率缺乏大致判断，不便于设置频率范围，所以采用输出前 20 阶模态作为计算边界。系统自动计算零件模态，模态计算截止频率即为结构第 20 阶模态对应的频率。

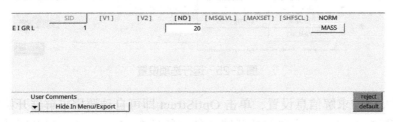

图 6-22 模态计算设置

通过 HyperMesh Analysis 模块选择 loadsteps 进入分析工况创建界面，如图 6-23 所示。首先创建工况名称，不同工况名称不能重复；通过 type 选择 normal modes，即计算类型设置为模态计算。然后根据求解对象通过勾选框选择合适模态方法 METHOD，并在后续选项中选择之前创建的模态方法。本案例模态计算对象是结构零件，所以选择 struct 作为模态计算类型。如果进行汽车声腔模态计算或者其他流体材料进行模态分析时，则需要选择 fluid 作为模态计算类型。最后使用 create 完成模态分析工况创建。

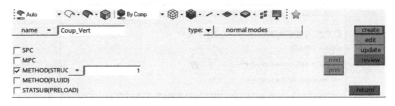

图 6-23 模态计算工况设置

完成分析工况设置后通过 OptiStruct 选项设置求解文件，如图 6-24 所示。设置内容包括文件名称、输出选项 export options、运行选项 run options 以及存储空间选项等。其中，输出选项用于定义求解的模型范围，通常设置为 all 即整个模型均为求解计算范围；当输出选项设置为 displayed 则只对图形显示模型进行求解计算，所以需要仔细检查该选择内容。

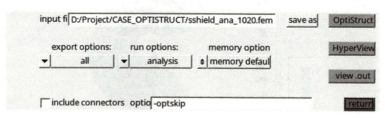

图 6-24　模态计算工况设置

使用鼠标左键单击运行选项左侧向下的三角形，弹出如图 6-25 所示的下级选项。包括优化（optimization）、分析（analysis）、检查（check）、重启动（restart）、重新分析（reanalysis）等选项。其中，分析、优化、检查是常用选项。检查主要用于检查模型设置情况，避免运行报错；优化是进行结构优化求解；分析是用于常用的基本分析计算，求解结构特征参数等。此外，存储空间通常可以采用默认设置，当模型规模很大，同时计算设备内存较大时，可以增大存储空间设置。

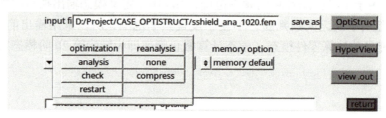

图 6-25　运行选项设置

完成模型文件与求解信息设置，单击 OptiStruct 即可自动调用求解器开始求解计算。求解计算信息如图 6-26 所示，主要包括区域 A 的运行日志 Message log 以及区域 B 对应的运行

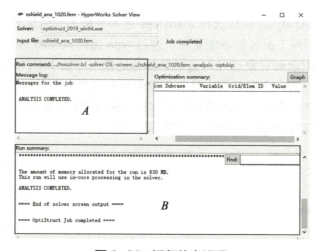

图 6-26　运行信息记录

摘要 Run summary 两个重要部分。通过运行信息提示，用户可以快速了解运行状态、运行记录文件以及主要计算报错内容和报错原因等运行摘要信息。用户可以根据运行信息快速检查和修改模型设置，或者读取 message 文件查阅详细错误信息并对应修改。

应用 OptiStruct 工具完成模型模态分析计算，分析文件夹里将自动出现模型文件 *.fem、结果文件 *.h3d 或者 *.op2、信息文件 *.mesg 等过程性记录文件。其中，结果文件 *.h3d 或者 *.op2 是以 ASCII 码编译而成，模型文件 *.fem 和信息文件 *.mesg 等是以文本文件的形式记录，可以使用记事本或者文本阅读器查阅相关信息。

应用 HyperView 后处理软件查看分析结果。如图 6-27 所示，选择导入并在区域 A 分别选择需要读取结果的模型文件 *.fem 和结果文件 *.h3d 或者 *.op2，并使用 Apply 确认设置和导入文件。图中区域 B 包括了云图等显示类型，显示以动画以及测量等方式查看结果文件。图中区域 C 以目录树的形式展示结果文件包括的内容。以本模态分析结果为例，Mode1 到 Mode6 对应的频率都是 10^{-3} 数量级，即为 6 阶刚体模态频率，其对应的振型为空间物体沿三个平动和三个转动方向的整体运动形态。

图 6-27　结果文件查看

进一步观察可知，Mode7 的频率为 324Hz，是该碟形零件第一阶非刚体自由模态。分析该碟形零件组成可知，碟形零件在设计上包括不同的区域，并且配置有质量点建模，但零件结构是通过相关连接关系成一个整体，也就是说，分析模型属于一个连接总成。单个整体零件在空间中应该只有 6 阶刚体模态，这与分析结果吻合，表明分析模型建模连接关系正确。大型复杂结构通常包括更多的零件组合，零件连接关系建模的正确性是保证整体结构分析结果正确的基础。因此，自由模态分析通常也被用于检查复杂结构有限元建模效果，尤其是检查零件之间连接关系表达的正确性。由于刚体模态通常是接近 0 的频率值，作模型检查性质的模态分析通常可以选择 0~1Hz 作为计算频率范围。

2.3 碟形片约束模态

约束模态是相对自由模态而言的一种模态计算方法。在实际产品或结构工作环境，模型结构通常会受到边界条件的限制作用，因此在求解该类型结构工作模态时，需要考虑边界约束条件。例如，汽车蓄电池支架是通过螺栓安装的形式将带有蓄电池的支架结构固定在车身纵梁等位置，安装螺栓在蓄电池支架与车架之间形成固定连接。为对比自由模态和约束模态的差异性，本案例仍以上述碟形片零件为例，约束碟形片安装螺栓孔，并保持其他条件一致，进行模态分析和结果对比。

如图 6-28 所示，为了模型管理方便，不同载荷、约束类型，甚至不同工况对应的载荷和约束都需要单独创建。通过图中区域 A 的载荷组选项创建约束载荷并命名为 SPC，card 选择设置 no card image，然后使用 create 完成约束组创建。

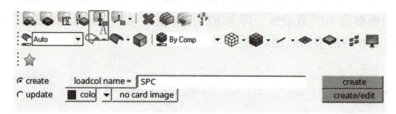

图 6-28　约束载荷组创建

通过 Analysis 模块并选择 constraint 选项进入如图 6-29 所示的约束条件定义子面板。进行约束或者加载等边界条件设置时，首先要确认载荷组是否正确，如图 6-29 区域 A 所示，尤其是存在多个载荷组的时候。如果载荷设置对应的载荷组不正确，后续引用的载荷就与零件实际工况不对应。为了避免这类问题，建议载荷组创建时，每个组选用不用颜色，创建载荷后可以根据载荷颜色快速区分。本案例中，在约束载荷组 SPC 环境下，对碟形片安装孔中心节点实施全约束载荷。通过 nodes 选项选择图中螺栓孔中心节点，勾选 dof1-dof6 并设置其值为 0，表示约束安装孔中心节点所有的平动和转动自由度。载荷约束的显示效果可以通过图 6-29 区域 B 的相对尺寸设置显示效果，最后使用 create 完成约束条件创建。

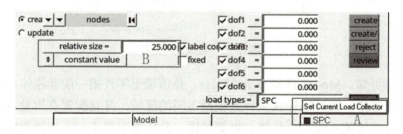

图 6-29　约束条件定义

再次应用 HyperMesh Analysis 模块选择 loadsteps 进入分析工况创建界面，如图 6-30 所示。碟形片零件约束模态分析是在其自由模态分析计算模型的基础上增加约束条件。通过 name 选项选择模型中已有的 Coup_Vert 模态分析工况，保持分析类型 type 为 normal modes，勾选并激活 SPC 选项并选择创建的约束载荷组，选择框中自动更新成为该约束载荷组对应的

ID 编号。保持其他选择不变，使用 update 选项完成分析工况的更新设置。对于新创建的约束模态分析，则使用 create 选项完成工况创建。

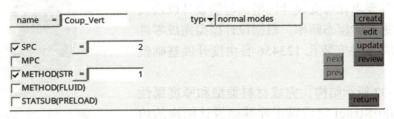

图 6-30　分析工况更新设置

打开 HyperView 后处理软件，在结果读入区域分别选择需要读取结果的模型文件 *.fem 和结果文件 *.h3d，并使用 apply 确认设置和导入文件，如图 6-31 所示。分析结果显示，约束模态和自由模态分析结果有明细的差异性。展开左侧分析结果目录树，可以清晰地查阅各阶模态对应的频率和结果。约束模态分析结果没有刚体模态，第一阶模态频率为 284.6Hz，从模态振型观察，碟形片螺栓孔约束位置对应的各阶模态振型位移均为 0，表明螺栓孔中心处于固定状态。进一步观察发现，相同模型约束模态的频率和振型与自由模态的非刚体模态频率和振型也不是完全一致，这体现了约束状态对结构频率和振型的影响。

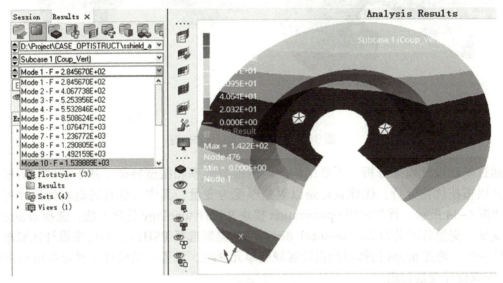

图 6-31　约束模态分析结果

2.4　碟形片模态优化

结构模态也是结构设计重要的性能考察内容，针对钣金类零件设计，起筋设计通常是提高结构刚性和模态的重要方法。因此，如何设计起筋结构以及分布起筋位置才更有效地提升结构模态性能成为钣金设计工程师的重要技能。熟练应用 OptiStruct 拓扑优化功能，有助于工程师快速完成钣金结构起筋设计。

现以图 6-32 所示碟形钣金零件为例，介绍基于结构模态性能的钣金起筋设计优化。图中深色区域为可变设计区域，设计要求在可变设计区增加起筋设计以最大可能提升结构第一阶模态频率。根据设计模型完成零件有限建模并约束零件安装孔 123456 自由度开展基础模型模态分析。

根据图 6-32 所示结构，完成材料类型和厚度属性设置并应用 OptiStruct 完成碟形片基础设计结构的约束模态仿真。应用 HyperView 读取仿真结果显示零件约束模态第一阶模态频率为 43.6Hz，第二阶模态频率为 68.7Hz，零件初始设计模态振型如图 6-33 所示。

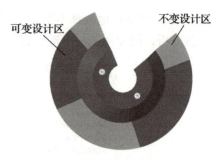

图 6-32 碟形钣金零件优化

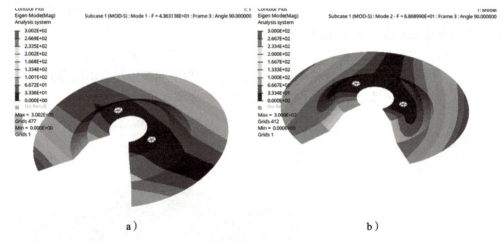

图 6-33 零件初始设计模态振型

通过基础设计模态分析，了解结构前两阶模态频率和振型特征。基于基础分析模型进一步开展拓扑优化分析。优化设计是以钣金厚度为变量，其中可优化的材料为设计可变区域。如图 6-34 所示，首先使用 optimization 模块并选择 topology 优化方法，选择 create 创建设计变量，变量名定义为 desvar=sheel_dev；变量类型选择 PSHELL 与可变设计区域单元属性保持一致；通过 props 选择可变设计区域的单元属性，设置基础材料厚度为 0.3mm 并使用 create 完成设计变量创建。

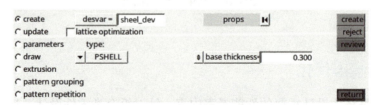

图 6-34 模态优化变量定义

通常设计变量定义就创建了拓扑设计空间，属于该设计空间的所有单元将参与拓扑优化运算。基础厚度设置为 0.3mm，还需要在设计变量的 PSHELL 卡定义厚度为 1.0mm，表示设计区域材料厚度可以在 0.3~1.0 变化。进一步应用 responses 模块功能定义结构第一阶频率为响应参数。如图 6-35 所示，设置变量 =freq_1；类型（type）选择 frequency，模态阶数 Mode Number 选择 1 并通过 create 完成响应参数创建。

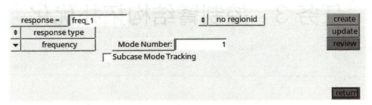

图 6-35　模态优化响应定义

本案例是提升零件结构第一阶模态频率的起筋设计，通过 objective 选项将响应函数设置为频率计算结果，并设置目标函数类型为 max，就是求解第一阶模态频率最大的结构设计。最后通过 dconstraints 选项控制卡定义体积参数上限为 0.4。完成优化分析各项参数设置并提交 OptiStruct 求解器计算。完成求解计算并应用 HyperView 导入计算结果文件，选择查看最后一步迭代计算的单元厚度分布，并通过 components 选项设计变量组作为输入显示内容，如图 6-36 所示。单元密度大的区域起筋设计对结构模态形态提升贡献大，优化结果为工程师起筋设计提供了有效的参考信息。

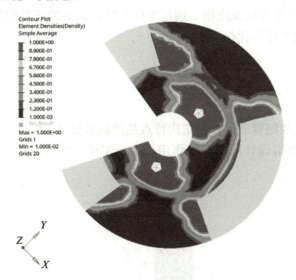

图 6-36　模态优化结果

复习与思考

1. 请简要说明结构模态仿真的基本流程。
2. 请简要说明结构自由模态和约束模态的差异。

任务 3 控制臂结构拓扑优化

3.1 任务导入

除了钣金结构设计，在机械产品结构设计领域还有需要采用实体组成的大型复杂零件结构。这类机械零件结构和受载情况都比较复杂，同时因为零件尺寸通常会比较大，结构优化带来的成本控制效果好，是现代大型机械结构零件轻量化设计和绿色制造研究的重点。

1）你了解实体类零件拓扑优化和钣金结构优化的差异吗？
2）你了解拓扑优化方法在汽车产品中的应用情况吗？

本学习任务将结合汽车控制臂结构静力分析和结构拓扑优化案例进一步介绍汽车或机械结构中的实体零件拓扑优化方法及应用。通过本任务学习，有助于我们进一步熟悉和掌握应用 OptiStruct 完成产品结构拓扑优化的技能。

3.2 控制臂拓扑优化

如图 6-37 所示为某控制臂产品，其结构特点是控制通过 A、B、C、D、E 等位置与其他零件连接并达到零件在整机设计中的连接作用。由于零件与零件在连接位置存在螺栓连接、

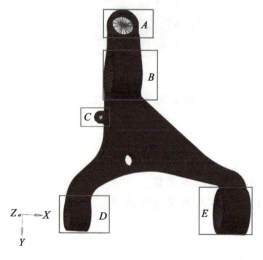

图 6-37 控制臂结构

球铰连接、转动幅连接以及轴承等辅助结构安装等原因，其连接位需要必要的设计空间用于上述零件安装或者连接。因此本案例中，设计区域 A、B、C、D、E 等位置不纳入拓扑优化设计变量定义区域。本案例除上述区域外均作为优化设计的范围。由机械零件连接关系可知，连接点既是运动传递的节点，也是载荷作用的节点，也可能是安装约束的固定点，本案例中 B 点位置属于零件安装约束位置，其余连接位置均承受相应的载荷。

根据该零件典型工作状态，通过载荷计算获得典型工况 1 和工况 2 对应连接点在不同方向受到的力和力矩，统计结果见表 6-1。摆臂零件在区域 B 进行安装连接，该点用于仿真计算的约束边界施加。

表 6-1 工况与载荷表

载荷工况	作用点	载荷 /N		
		X	Y	Z
工况 1	A	1301.3	−313.7	1019.5
	C	0.6	0.4	−1.8
	D	−5.2	21.2	4.2
	E	−1909	−2358	10.1
工况 2	A	−923.5	−272	14.8
	C	−0.5	−0.3	−1.6
	D	932.9	−815.5	38.1
	E	881.5	2248.5	255.8

根据零件结构特征和受力情况，完成零件有限建模。根据设计优化可执行情况，将模型 A、B、C、D、E 等连接及周边一层单元设置为不变设计区。其余几何空间定义为可变设计区，对应的单元区域分别使用两个组进行定义。根据零件受力情况，分别创建两个加载工况并进行结构受力分析。分析结果如图 6-38 所示，该零件初始设计结构最大位移为 0.03mm，最大应力为 14.56MPa。零件材料为球墨铸铁，零件质量为 21.63kg，结构最大应力远小于材料许用应力，且结构质量较大。这说明零件设计存在明显的富余量，不利于结构轻量化和成本控制。

为优化产品结构材料布置，减小零件质量和降低产品成本，应用拓扑优化工具 OptiStruct 开展控制结构仿真分析。在汽车零部件开发设计中，零件在整机中的布局需要受到整机各零件连接、间隙等几何边界的约束。因此，本案例结构材料布局优化，以控制现有外部轮廓为边界，材料布局在零件现有几何边界以内。

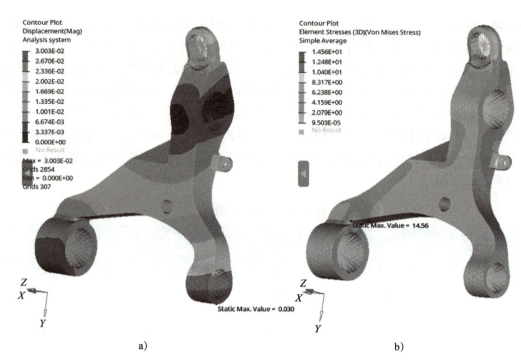

图6-38 控制臂受力分析

根据零件安装约束和装配连接关系,该控制臂结构 A、B、C、D、E 等区域及局部安装范围不允许设计变化。根据这一原则,将控制臂零件分为可变设计区和不变设计区。拓扑优化执行的范围仅仅局限于零件可变设计区。如图6-39所示,首先进入 optimization 模块并选择 topology 选项,定义设计变量 desvar=dev1_vol。因为本案例零件是使用 solid 单元建模,因此类型 type 设置为 PSOLID,通过 props 选择可变设计区域属性作为变量区域,并单击 create 完成设计变量设置。

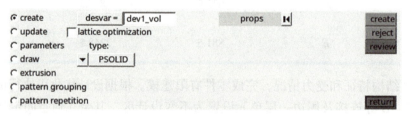

图6-39 控制臂设计变量定义

零件材料是球墨铸铁,其成形方式是采用铸造成型。根据铸造工艺特点,产品制造时具有特定的脱模方向,因此,本优化设计中也需要考虑铸造脱模工艺要求,设置脱模方向。如图6-40所示,在设计变量界面选择 Draw 定义脱模方向,draw type 设置为 single 即为单一方向脱模。通过 anchor node 和 first node 两节点定义脱模方向,分别选择其对应的节点 ID 为 3209 和 4716。最后通过 props 选择变量区域,并使用 update 添加设计变量拔模方向控制。

进一步创建响应变量,返回 optimization 界面选择 response 子模块。如图6-41所示,定义响应变量名 response=sta_vol,类型定义 volumefrac 为 total,即以设计变量区总体积为响应

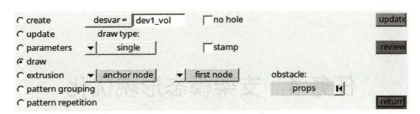

图 6-40　铸造脱模方向设置

变量。本次仿真分析并不是单一工况，针对多工况仿真需要定义各工况的权重系数。因此，在 response 再次创建响应变量，其中类型选择 weighted comp，在 loadsteps 选项中选择工况 1 和工况 2 并返回，使用 create 完成创建确认。再次返回并选择目标函数定义模块，将目标函数类型 min 并将权重响应作为控制目标。最后使用 dconstraints 定义目标约束函数，定义体积响应变量作为控制目标，并设置其上限值 upper bound=0.3，应用 create 确认参数设置。

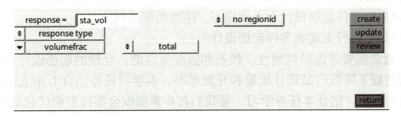

图 6-41　体积响应设置

完成结构优化参数设置并提交 OptiStruct 求解计算，应用 HyperView 查看优化结果。导入优化结果文件后，选择最后一步迭代计算结果读出数据，设置结果类型为 element densities，并将门槛值设置为 0.3。完成上述设置即可获得如图 6-42 所示的优化结果。优化结果模型仅保留了单元密度大于 0.3 的单元。其中非可变设计区单元密度均为 1.0，优化后满足结构强度和刚度要求，同时大幅降低材料应用，零件整体轻量化率达到 34.7%。

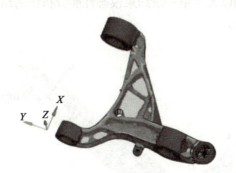

图 6-42　控制臂优化结果

复习与思考

1. 请简要说明模型可变设计区域定义的意义。
2. 请简要说明实体结构与片体结构模型模拟差异。

任务 4　支架模态形貌优化

4.1　任务导入

支架零件是机械结构设计中常用的零件形式之一，可以用于安装、连接、支撑其他零件结构。以汽车产品开发为例，汽车底盘、电气等系统常常设计管路、线路等零件，管路、线路布置需要支架进行安装固定以保证车辆使用时零件处于正常的布置状态。

1）你知道支架零件起筋设计对支架模态、刚度的影响吗？
2）你知道如何进行支架类零件起筋设计吗？

支架设计通常需要考虑结构刚性、模态和强度等性能，合理的起筋设计有助于在满足支架基本性能的前提下降低产品设计质量和开发成本。本学习任务结合 L 形支架零件模态优化介绍形貌优化的应用。结合本任务学习，帮我们初步掌握钣金零件形貌优化基本技能。

4.2　任务描述

如图 6-43 所示为典型的 L 形支架零件，支架通过底板四个螺栓孔进行固定约束，支架安装孔 E 用于安装固定零件的质量为 0.5kg，质心位于图中 G 点。通常来说，这类安装支架承受的载荷较小，强度性能都可以满足设计要求，因此重点关注支架模态性能从而避免支架受外界激励导致共振问题。本案例以支架第一阶约束模态性能分析作为结构优化设计的考察工况，介绍案例优化流程和主要方法。

微课视频：
形貌优化分析
演示

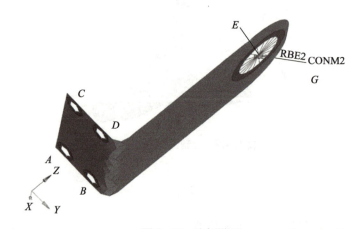

图 6-43　支架模型

4.3 支架形貌优化

根据零件结构特征以及安装条件可知，支架固定螺栓孔和质量安装螺栓孔周边局部结构因螺栓安装需要，在工艺上需要设计为平整结构。因此，在形貌优化设计变量定义时，需要去除螺栓孔局部及周边部分单元。如图 6-43 所示，设计变量区域定义为支架 A、B、C、D、E 螺栓孔单元层以外的支架区域。此外，支架模态仿真通常需要考虑支架安装质量的影响，因此分析模型需要添加安装零件信息。在此案例中，支架安装零件采用集中质量单元 mass 建模，mass 单元位移零件质心位置，并同 rigid 单元与支架连接，如图 6-43 所示，质量单元 mass 位于 G 点位置，mass=0.5kg。

完成支架零件建模并将支架分为可变设计组和固定约束组，其中固定约束组包括支架底板安装螺栓孔和零件安装螺栓孔及质量单元。如图 6-44 所示，在 optimization 界面选择 topography 模块，定义设计变量并通过 props 选择可变设计组为形貌优化区域。完成设计变量定义并使用 create 确认信息定义。

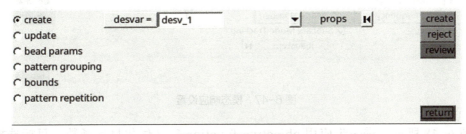

图 6-44 设计变量定义

本案例支架模型采用基本单元尺寸为 4.5mm 的三角形单元模拟支架结构。为保证优化方案具有良好的制造工艺性，在形貌优化中需要进一步定义参数控制。如图 6-45 所示，激活 bead params 选项，设置最小设计宽度为 15mm，设置拉伸角度为 85° 和拉伸高度为 5mm。设置拉伸方向为单元法向，并勾选 buffer zone 和选择边界条件为 load & spc。应用 update 完成形貌优化参数更新。

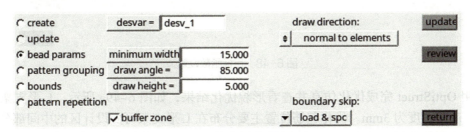

图 6-45 形貌控制参数定义

结合本支架初始设计，增加形貌优化对称性约束有助于提升零件设计的美观性和制造工艺性。如图 6-46 所示，在 topography 设计子面板，激活 pattern grouping 选项，对设计变量 desv_1 添加对称约束。在 pattern type 下拉选项中选择 1-pln sym 并通过节点选项选择 x 轴方向两个节点，再使用 update 更新设计。进一步通过 bounds 选项定义上下限系数分别为 1.0 和 0。

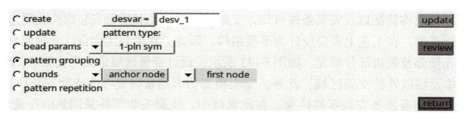

图 6-46　支架对称性约束

本案例以支架第一阶模态频率为响应行数，即在材料、厚度和边界条件一致的情况下通过起筋设计尽可能提升支架模态频率。如图 6-47 所示，应用 response 选项定义响应函数名为 mod_1，设置 response type 为 frequency，并设置 Mode Number=1。

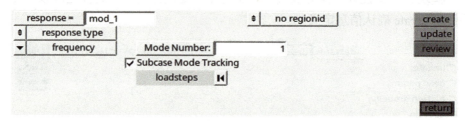

图 6-47　模态响应设置

如图 6-48 所示，进一步应用 objective function 定义优化目标函数，目标选择 max，response 选项设置为 mod_1，并应用 loadstep 选择模态分析工况。即将支架模态分析对应的模态频率作为优化目标，并求解结构最大模态频率对应的结构设计。

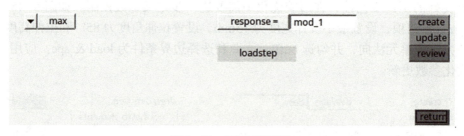

图 6-48　目标函数设置

应用 OptiStruct 完成优化仿真并查看形貌优化结果，如图 6-49a 所示，L 形支架完成起筋布置，起筋高度为 3mm。优化起筋位置主要分布在 L 形支架可变设计区的中间部分，呈中间突起两边保持原设计状态。进一步打开后缀名为 *_s1.h3d 的结果问题，用于查看优化结果对应支架模态。将结果置于迭代初始状态 Iteration=0，支架模态为 48.3Hz，如图 6-49b 所示。进一步选择最后迭代步，得到优化后支架第一阶模态为 93.7Hz。通过形貌优化，在不增加支架质量的情况下将第一阶模态频率提升了 94%。

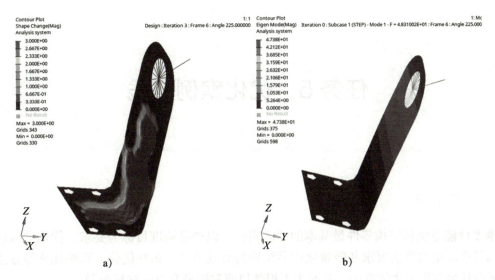

图 6-49 优化结果

复习与思考

1. 请简要说明支架结构形貌优化的基本流程。
2. 请简要说明形貌优化对支架起筋设计的意义。

任务 5　优化案例实践

5.1　任务目标

刚度性能是机械结构零件最基本的性能指标，以产品刚度目标为要求，优化结构设计布局是满足产品结构性能要求和轻量化产品结构的有效途径。拓扑优化、形貌优化等方法是产品结构设计最常用的优化方法，有助于工程师快速掌握最有效的材料布局。

1）你了解拓扑优化基本要求和工作流程吗？
2）你知道如何在拓扑优化中考虑制造工艺条件的影响吗？

本实践任务以 C 形结构刚度性能要求为基础，开展结构设计拓扑优化，在设计空间内更合理布置材料，达到最优化产品结构和轻量化的效果。以理论和实践相结合的方式培养学生动手能力、团队协作精神和持续改进的责任意识。以虚拟仿真的方式开展实践教学，增加课程学习的多样性，深化知识学习和技能培养，培养学生节能环保意识。

5.2　任务分析

5.2.1　目标解读

本项目介绍了基于结构静载荷位移约束的 C 形钣金零件拓扑优化问题，以及应用形貌优化方法提升支架模型刚度的起筋结构设计。为进一步熟悉拓扑优化和形貌优化两种常用的优化方案，我们修改该 C 形钣金结构零件厚度和加载条件，修改 L 形支架初始板料厚度、安装质量等设计参数。通过改变零件输入条件和约束条件，丰富拓扑优化和形貌优化的应用案例。结合案例实践，培养学员进一步熟悉优化流程、掌握常用优化工具和优化方法，丰富结构优化设计案例。同时考虑工艺条件等制造因素的约束，获得方便生产制造的结构设计，培养和巩固产品设计岗位技能，和不断追求卓越、精益求精的职业素养。

5.2.2　任务内容

如图 6-50 所示，C 形结构初始材料厚度为 2mm，该零件已完成网格划分和网格质量检查，可以直接导入网格模型。零件结构关于 HG 连线对称，左侧端点 C 和 D 受固定约束条件，右侧 C 形槽端点 A、B 分别承受载荷为集中力 $F=150\text{N}$ 的作用。优化设计时考虑最小制造尺寸因素，要求优化结构最小尺寸不小于 5mm，零件设计使用的材料弹性模量为 $E=210\text{GPa}$，泊松比 $v=0.3$。试求解满足加载点位移小于 0.1mm 的结构最小材料分布问题。

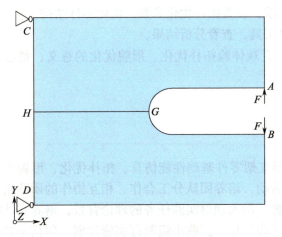

图 6-50 C 形结构受载示意图

如图 6-51 所示,某 L 形钣金结构零件,材料厚度为 2mm,该零件已完成网格划分和网格质量检查,可以直接导入网格模型。支架通过 A、B、C、D 四个螺栓点实现安装固定,螺栓孔 G 安装连接被安装零件的质量为 0.6kg。优化设计时考虑制造工艺因素,要求优化后的起筋结构最大尺寸不超过 8mm,零件设计使用的材料弹性模量为 $E=210$GPa,泊松比 $\nu=0.3$。试求解支架一阶模态频率不小于 45Hz 的支架起筋结构设计,并验算优化结构对应的模态频率和振型。

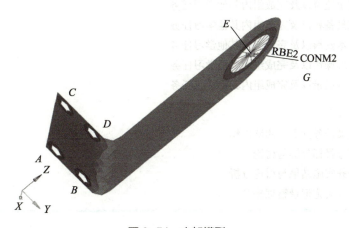

图 6-51 支架模型

以 C 形零件、L 形支架等初始模型为基础,根据本实践任务要求完成模型更新设置。根据实践任务定义的零件基本信息、边界条件等内容完成初步分析,获得零件加载点位移量、支架模态等基础信息。然后根据性能目标要求,开展零件拓扑优化,获得更合理的材料布置并整理形成分析报告,本任务主要实践内容如下:

1)熟悉仿真模型导入和基本操作技能。
2)检查模型材料、零件厚度等基本信息。
3)设置分析工况和分析边界条件并分析基础性能。

4）根据性能目标要求，设置拓扑优化参数，优化零件结构。

5）使用基本后处理工具，查看分析结果。

6）结合仿真结果，直观体验拓扑优化、形貌优化的意义，整理分析数据，完成分析报告编写。

5.3 实施计划

C形钣金零件、L形支架零件基础性能仿真、拓扑优化、形貌优化实践任务以小组为单位完成。通过小组实践活动，培养团队分工合作、相互协作的团队精神。实训小组充分发挥头脑风暴、交流讨论优势，深入理解实践任务的理论背景，培养实践操作能力。为促进高质量完成实践任务，达到实践目标，实践小组制订实施计划，包括基础理论回顾、实践任务分解、小组分工、方案设计、讨论决策等内容。小组活动实施计划参照表6-2完成记录。

表6-2 实施计划记录

班级：	组长：	任务名称：
组员：		
成员任务职责	组长负责本学习任务的组织、决策、安全管理等 组员负责： 1. 安全监督以及完成组内其他学习任务 2. 工具备料以及完成组内其他学习任务 3. 技术资料以及完成组内其他学习任务 4. 常规操作以及完成组内其他学习任务 5. 文本记录以及完成组内其他学习任务	
任务实施计划	实施计划： 1. 成员任务分工、团队协作 2. 任务目标分解与讨论 3. 任务实施结果与讨论分析 4. 任务实施记录整理提升	

5.4 任务实施

5.4.1 实施准备

本次实践任务实施前根据任务内容和要求，完成基础模型下载及材料信息、零件厚度等基础信息收集整理。熟悉拓扑优化、形貌优化基本流程、约束条件、制造工艺要求等内容。完成与实践内容关系密切的模态分析、静刚度仿真等基本仿真工具和仿真结果读取等操作技能训练，熟悉办公软件、图形软件、数据分析软件等基本操作技能。

5.4.2 实施过程记录

本案例实施工作资料和过程文件整理记录如表 6-3 所示,任务实施各阶段工作内容、工作记录等参照任务实施记录表执行。

表 6-3 任务实施记录

流程序号	任务流程及描述	完成情况	
1	小组确定:明确成员、任务、职责	□是	□否
2	主题明确:明确工作内容、知识点和技能要求	□是	□否
3	模型检查:模型导入和模型参数检查	□是	□否
4	基础分析:根据边界分析基础性能	□是	□否
5	优化设置:设计变量、设计边界、优化目标	□是	□否
6	优化实施:拓扑优化、形貌优化、结果读取、优化验证	□是	□否
7	结果处理:确认数据信息、参数信息,编写报告	□是	□否
8	总结讨论:讨论分享、总结经验	□是	□否
9	持续改善:团队协作、持续改善、全过程 5S 管理	□是	□否

5.5 任务评价

5.5.1 小组自评

各小组对照表 6-4 所示检查项目任务实施执行情况,对项目实施过程进行再次检查确认,注重任务完成质量,完成任务实践自评并记录。

表 6-4 任务实施自评

流程序号	任务流程执行检查与评价	完成情况	
1	小组确定:明确成员、任务、职责	□是	□否
2	主题明确:明确工作内容、知识点和技能要求	□是	□否
3	模型检查:检查模型,参数信息正确性、完整性	□是	□否
4	基础分析:检查基础分析的正确性、完整性	□是	□否
5	优化设置:检查优化参数设置完整性、合理性	□是	□否
6	优化实施:检查拓扑优化结果正确性、合理性	□是	□否
7	结果处理:确认结果处理正确性、完整性	□是	□否
8	总结讨论:讨论分享、总结经验	□是	□否

（续）

流程序号	任务流程执行检查与评价	完成情况
9	持续改善：团队协作、持续改善、全过程 5S 管理	□是　□否
10	总体评价：小组实践任务总体自评是否合格	□是　□否

5.5.2　教师评价

教师根据各小组项目完成情况，参照表 6-5 清单对任务实施进行质量检查，并对各小组任务实施过程中所存在的问题提出改进措施与建议。

表 6-5　教师检查评价

效果评价表			
班级：	组名：		成绩：
实践任务名称：			
评价项目		分值分配	教师评价
职业素养（25 分）	团队协作能力	10	
	计划组织能力	10	
	质量意识	5	
职业技能（65 分）	任务理解与计划完整性	10	
	任务执行完整性	20	
	任务完成质量	20	
	讨论与总结归纳	15	
绿色安全考评（10 分）	落实"5S"、绿色节能意识	10	
存在问题及改进措施			

5.6　调整改进

任务实践小组成员和指导教师结合实践任务完成情况，整理任务实践中存在的收获和不足。重点针对任务实践发现的不足，制定调整改善方案，讨论调整方案可行性，并进一步完善实践训练。本实践任务总结反思和改进设计记录如下：

1. 记录本次实践任务的主要收获、重点、难点和不足。针对不足有何思考和建议?

_____

_____

_____

2. 结合调整方案和建议讨论,记录和整理小组讨论结果,向指导教师汇报调整方案。

_____

_____

_____

_____

3. 结合调整实施方案,进一步完善实践训练,验证任务实践调整方案效果。完成方案实践记录并对比方案调整的实践效果。

_____

_____

_____

_____

拓展阅读

我国可持续发展与"双碳目标"

碳达峰和碳中和也被称为"双碳目标",是中国政府在应对气候变化方面提出的重要目标。这一目标的提出不仅对中国自身的可持续发展有着重要意义,也对全球应对气候变化有着重要的影响。

碳达峰是指在一个特定区域或行业中,二氧化碳的排放量在某一时期达到最高值后,不再继续增长,经过一个平台期后,最终转入持续下降的过程。这一过程标志着二氧化碳排放量从增加转为减少,是一个重要的转折点。碳达峰的目标包括具体的达峰年份和对应的峰值水平。

碳中和是一个更为广泛的概念,它涉及将人类活动直接和间接排放的二氧化碳,通过各种手段如植树造林、节能减排等措施进行吸收和抵消,以达到二氧化碳的净零排放。碳中和不仅限于一个地区内部,也可以是全球范围内所有人为活动的总和。中国政府承诺到2060年实现碳中和,这意味着在此之前需要大幅减少碳排放并寻找方法来吸收剩余的二氧化碳排放量。

参考文献

[1] 刘鸿文.简明材料力学[M].北京：高等教育出版社，2008.

[2] 杨王玥，强文江.材料力学行为[M].北京：化学工业出版社，2009.

[3] 詹胜，穆翠玲.工程材料力学试验[M].广州：广东科技出版社，2005.

[4] 李岩，罗业.天然纤维增强复合材料力学性能及其应用[J].固体力学学报，2010（6）：18.

[5] 叶荣昌，强文江，李成华，等.材料力学性能实验课教学改革探索[J].实验室研究与探索，2011，30（9）：136-138.

[6] 凌树森.金属材料力学性能试验[J].理化检验（物理分册），2014，30（1）：55-58.

[7] 高怡斐.金属材料力学性能试验方法和试验设备的新进展[J].山东冶金，2012，34（4）：5.

[8] 杨桂通.弹塑性力学引论[M].北京：清华大学出版社，2013.

[9] 毕继红.工程弹塑性力学[M].天津：天津大学出版社，2008.

[10] 王勖成.有限单元法[M].北京：清华大学出版社，2003.

[11] 卓家寿，黄丹.工程材料的本构演绎[M].北京：科学出版社，2009.

[12] 石亦平，周玉蓉.ABAQUS有限元分析实例详解[M].北京：机械工业出版社，2006.

[13] 张景栋.工程材料的选用[J].科技信息，2013（4）：2.

[14] 赵君怡.从需求收入弹性的视角分析中国乘用车市场[J].汽车纵横，2020（3）：3.

[15] 张丹阳，陈川，李宏伟.2020年中国新能源乘用车市场发展特点及趋势展望[J].时代汽车，2020（23）：4.

[16] 袁煜材，吕国成.新能源汽车节能与结构轻量化[M].北京：机械工业出版社，2020.

[17] 汤宏雪.2022年我国汽车行业发展及用钢预测[J].冶金管理，2022（4）：5.

[18] 韩青.汽车业与中国经济增长研究[D].杭州：浙江大学，2019.

[19] 杜颖，雷菁.能源消耗、污染排放与区域经济增长关系的空间变化特征研究[J].生态经济，2020，36（10）：6.

[20] 张创.中国原油进口贸易的国际市场势力研究[D].南昌：江西财经大学，2020.

[21] 祝孔超.中国主要原油进口来源国供应安全定量评估及障碍因素分析[D].兰州：兰州大学，2020.

[22] 王斌.车用激光拼焊高强度钢板冲压成形特性研究[D].上海：上海工程技术大学，2014.

[23] 赵俭.汽车钣金液压成型技术应用研究[J].时代汽车，2021（18）：2.

[24] 程琳.面向汽车轻量化的车身激光焊接热力学分析[D].武汉：武汉理工大学，2015.

[25] 陈亚柯.热成形工艺在汽车轻量化中的应用研究[D].长沙：湖南大学，2012.

[26] 何维聪，郑小艳，李金华，等.后扭力梁系统研发及某液压成型结构梁改型优化设计[J].汽车实用技术，2012（5）：3.

[27] 龙海强.HyperMesh联合OptiStruct的结构有限元建模与分析案例[M].北京：线装书局，2023.

[28] 刘文华.高强度钢板在汽车轻量化中的应用研究[D].武汉：武汉理工大学，2009.

［29］周利辉. 汽车侧碰安全与轻量化优化设计［D］. 长沙：湖南大学，2012.

［30］李纪雄. 基于热成形高强钢板的车身结构轻量化分析与优化［D］. 广州：华南理工大学，2014.

［31］张明新. 白车身前端结构安全件的轻量化优化设计［D］. 长春：吉林大学，2013.

［32］黄书山. 车身关键部件耐撞性研究［D］. 南昌：南昌大学，2015.

［33］杨铁江. 7075铝合金动态试验及其本构关系研究［J］. 制造业自动化，2016（11）：5.

［34］王杰. 基于变密度法的结构拓扑优化研究［D］. 太原：中北大学，2014.

［35］王赢利. 新能源汽车白车身结构拓扑及尺寸优化设计［D］. 大连：大连理工大学，2012.